CW00922370

LES HOMMES DE LA BIBLE

DU MÊME AUTEUR

Chez le même éditeur :

Jérusalem. Une ville sanctuaire, 1998.

Chez d'autres éditeurs :

La Bible, Desclée de Brouwer, 2007.
Le Sage et l'artiste, avec Élie Chouraqui, Grasset, 2003.
Histoire du judaïsme, Presses universitaires de France, 2002.
Mon testament. Le feu de l'alliance, Bayard Éditions, 2001.
Les Dix Commandements aujourd'hui, R. Laffont, 2000.
La Pensée juive, Presses universitaires de France, 1997.
Moïse, Flammarion, 1998.
Lettre à un ami arabe, J.-C. Lattès, 1994.
Un visionnaire nommé Herzl : la résurrection d'Israël,
    Robert Laffont, 1991.
Cantique pour Nathanaël, Albin Michel, 1991.

ANDRÉ CHOURAQUI

LES HOMMES DE LA BIBLE

HACHETTE
Littératures

Collection fondée par Georges Liébert
et dirigée par Joël Roman

ISBN : 978-2-01-279494-8
Ouvrage paru en première édition dans la collection « La Vie Quotidienne ».
© Hachette Littératures, 1978 pour la 1ère édition ; 1994 pour la nouvelle édition.

LE ROYAUME DE DAVID

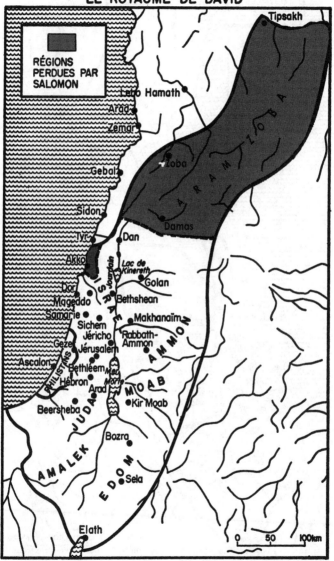

RÉGIONS PERDUES PAR SALOMON

Tipsakh

Lebo Hamath
Arad
Zemar

Zoba

Gebal

Sidon

Damas

Tyr
Akko
Dan
Lac de Kinereth
Golan
Dor
Bethshean
Mageddo
Samarie
Makhanaïm
Sichem
Jéricho
Rabbath-Ammon
Gezer
Jérusalem
Ascalon
Bethléem
Hébron
Arad
Beersheba
Kir Moab

Bozra

Sela

Elath

ARAM ZOBA

ISRAEL

Jourdain

PHILISTINS

JUDA

AMMON

MOAB

AMALEK

EDOM

Mer Morte

0   50   100km

LE ROYAUME DE JUDA ET CELUI D'ISRAEL

ROYAUME
DE JUDA

ROYAUME
D'ISRAEL

Tipsakh

Lébo Hamath

Arad

Zemar

Zoba

Gebal

ARAM ZOBA

Sidon

Damas

Tyr

Dan

Akko

Lac de
Kinéreth

Golan

Dor

Magéddo

Bethshéan

Samarie

Makhanaïm

Sichem

Jéricho

Rabbath-
Ammon

Gézer

Jérusalem

AMMON

Ascalon

Bethléem

Hébron

Mer
Morte

PHILISTINS

Arad

MOAB

Béarsheba

Kir Moab

JUDA

Bozra

AMALEK

ISRAEL

Jourdain

EDOM

Sela

Elath

0   50   100 km

Prologue

Ils vivent parmi nous

Les hommes de la Bible vivent parmi nous. D'Adam à Daniel nous connaissons les noms, les généalogies et souvent les histoires détaillées de plus de 2 400 personnages répartis sur près de deux millénaires entre le XVIIIe et le IIe siècle avant l'ère chrétienne. Malgré leur éloignement dans le temps et dans l'espace, nous les connaissons de l'intérieur : nous les voyons agir, parler, penser jusque dans l'intimité de leur tente ou de leur lit.

Tels sont les jours de la Bible : un paysan se lève à l'aube, prépare ses outils, va aux champs, tandis que sa femme, dans leur humble maison, s'affaire à élever les enfants, à préparer la cuisine, à nourrir les bêtes; un artiste achève une sculpture sur ivoire pour la prostituée sacrée d'un sanctuaire de Dor; un village est razzié par des pillards venus de Moab; un enfant vient de naître : ses parents tressaillent de joie et préparent la fête de sa circoncision; un prêtre plonge son couteau dans la gorge d'un agneau : il fait à YHWH l'offrande de sa vie et de celle de tout Israël, tandis que coule le sang du sacrifice; un lépreux hurle de douleur dans la nuit; à Lakhish, un chirurgien contemporain de Salomon pratique avec succès une trépanation; une femme adultère est lapidée; un voleur fouetté; des milliers d'esclaves bâtissent un palais un grand de ce monde embrasse les sept femmes de son harem et quitte sa demeure, monté sur son char, chargé de cadeaux, pour rendre visite à son roi; celui-ci, à Jérusalem ou à Samarie, est entouré d'une cour et d'une administration qui lui permettent de suivre les difficiles affaires intérieures de son royaume; il reçoit les nobles, rend la justice, accueille les ambassadeurs venus de Mésopotamie, d'Égypte, de Damas ou même parfois du lointain royaume de Shéba; il est le premier parmi ses pairs, les enfants d'Israël, élu de Dieu mais non pas Dieu; il offre ses sacrifices au Temple où les prêtres, qui mangent beaucoup de viandes – celles des bêtes immolées à la gloire de YHWH –, ont la réputation d'avoir bien mauvais caractère : il est vrai qu'ils ont la vocation ingrate d'instruire leur peuple. Dominant le tumulte des affaires et des guerres, transcendant le temps et forçant toutes les frontières de l'espace, à jamais actuelle, s'élève la voix des prophètes, des voyants, ces fous de Dieu qui osent défier tous les paganismes de l'Antiquité, y compris celui de leurs propres frères, pour lancer au monde un message inouï, celui de la justice, de la fraternité, de l'unité, de l'amour, de la paix...

Désormais, faisant écho à cette voix, Israël met tout son génie à exprimer une conception nouvelle de Dieu, de l'homme, du monde, de l'histoire. Là, son originalité est absolue et sa fécondité sans fin – si grande, saint Paul l'a dit, qu'elle constitue un «mystère» dont les racines nous portent... Un mystère se constate, il ne s'explique pas. Ce livre se propose de faire franchir au lecteur les trois seuils de l'univers quotidien des Hébreux, les portes de la Terre, du Temps, et du Ciel.

Nous les connaissons intimement

L'homme ne s'éprouve pas homme de la même façon à l'âge du bronze ou à l'ère atomique. Une même situation – une naissance, un mariage, un adultère, un meurtre – est ressentie différemment si elle est vécue à Ur en Chaldée, dans l'ancien Empire d'Égypte, à l'époque royale à Jérusalem, dans la France gothique ou dans le gratte-ciel d'une cité moderne.

Nous ignorons le visage d'Abraham mais nous connaissons intimement les principaux épisodes de sa vie : nous le
voyons s'arracher à son milieu familial dont il conteste les
idées et les usages, nous l'accompagnons à travers les déserts
asiatiques lorsqu'il se lance dans sa grande aventure qui marquera en fait le début d'une ère nouvelle dans l'histoire des
hommes. Nous saisissons le regard de Jephté au moment où
il tranche, au couteau, le cou de sa fille [1] : le sang jaillit,
bientôt calciné avec la chair de ce jeune corps dans les
flammes d'un holocauste. Nous découvrons la psychologie
du désir, du meurtre et du salut dans le drame d'amour que
David vit avec Bethsabée [2]. Nous voyons Salomon grandir
à la cour de son père et devenir le plus fameux roi de l'Orient
à travers les intrigues du palais et les fastes du harem. Les
détails de la vie quotidienne des rois, des princes, des
notables, des prêtres, des prophètes, des ouvriers et des paysans se déroulent sous nos yeux à la lecture de la Bible comme
les images d'un film.

Non seulement les faits extérieurs sont décrits avec l'exactitude et la minutie du mémorialiste, mais encore la
psychologie des héros est mise en relief avec une étonnante
économie de mots, si puissamment que les hommes de tous
les temps et de tous les pays ne cessent de se reconnaître en
eux et souvent de les prendre pour modèles de leur propre
existence. La Bible constitue ainsi un fabuleux réservoir de
renseignements : elle ne néglige, dans ses lois ou ses récits
historiques, aucun détail, ni le prix d'un char ou d'un cheval
à l'époque de Salomon, ni les intrigues de la cour et du
harem, ni la manière d'offrir un sacrifice ou de faire la guerre.

Depuis un siècle, la critique biblique a défini avec précision des méthodes qui permettent une utilisation scientifique
des données essentielles de ce livre. Une immense littérature, patiemment élaborée en Israël et dans le monde, jette
des lumières nouvelles sur les textes bibliques, dont la valeur
historique fondamentale et l'antiquité ne cessent d'être confir-
mées par les recherches et les découvertes contemporaines.
Ces travaux se sont étendus, pour la même époque, aux
empires voisins d'Israël, la Mésopotamie et l'Égypte,

comme aux peuples de Canaan, renouvelant et élargissant le champ de nos connaissances.

Enfin, l'archéologie nous donne un flot chaque jour grandissant d'informations variées et sûres : les chantiers, par centaines, révèlent aux équipes de savants qui y travaillent les traces palpables de la vie des Hébreux. Ici, le contact avec le passé est immédiat, il ressuscite sous nos yeux, sous forme d'objets ou d'inscriptions, ses irréfutables réalités. « La terre nous a reconnus, elle s'est mise à nous parler... », me disait récemment un berger d'un kibboutz de Galilée.

Des documents épigraphiques, en hébreu, en araméen, en phénicien, la stèle de Mésa, roi de Moab, l'inscription de Siloé, les multiples ostraca découverts en Samarie, à Lakhish, ou au Néguèb, à Arad, la stèle de Sheshak d'Égypte, les inscriptions du sanctuaire de Karnak, celles, multiples, d'Assyrie et de Babylonie – annales royales de Salmanasar, de Teglat Phalasar III, de Sennachérib – nous donnent un abondant matériel qu'il faut cependant utiliser avec circonspection. Les chroniques néo-babyloniennes, qui rapportent l'histoire des années 745 à 538, notamment celle du règne de Nabuchodonosor, confirment d'une manière frappante les informations qui nous viennent de la Bible.

Voici une poterie qui a pu contenir l'huile ou le vin d'Abraham; ces murs, ces palais ont été bâtis par Salomon et habités par lui. Ce crâne trépané date du IXe siècle : il prouve l'existence de chirurgiens savants à Lakhish – bien que la Bible ne dise pas un mot d'eux. L'homme qu'ils ont opéré, probablement un grand de ce temps, a survécu à son opération pendant des années, l'état du crâne en témoigne. Voici des chaises, des tables, des instruments, des objets d'art de ce siècle. Petit à petit, l'époque nous révèle ses secrets : pendant que j'écris ces lignes, la radio d'Israël annonce la découverte à Eshtamoa, près d'Hébron, d'un trésor d'argent et de bijoux, le plus important que nous possédions de l'époque royale – dont le vrai visage nous est connu avec une précision sans cesse grandissante.

Si bien que l'historien se trouve en présence d'une masse considérable de documents de toutes sortes qui le

condamnent, par leur richesse et leur diversité, à la plus grande
prudence critique.

Le visage d'Abraham

À quoi ressemblaient ces hommes que nous connaissons
parfois mieux que nos contemporains ? Comment pourrions-
nous les représenter, les peindre, les sculpter sans faire comme
les artistes d'Ile-de-France ou de Florence qui prenaient les
visages et les paysages de leur pays et de leur temps pour
évoquer ceux des hommes de la Bible ?

Depuis longtemps on sait qu'ils n'étaient pas des «sémites»
pour la bonne raison qu'il n'y a pas de «race sémitique». Les
Hébreux naissent de la fusion des nations qui peuplaient le
Proche-Orient ancien. Abraham et Sarah, sa femme, étaient
des Chaldéens; Isaac et Jacob épousent des Araméennes;
Ephraïm et Manassé sont les fils de Joseph et d'une mère
égyptienne. Moïse se marie à une Ethiopienne; au temps de
Néhémie, des Hébreux s'allient à des Moabites, des
Ammonites, des Philistines, des Cananéennes [3].

Nous ne possédons que de très rares représentations pic-
turales des Hébreux de la Bible. Partout dans le monde
antique, en Égypte, en Mésopotamie, aux Indes, en Chine,
en Grèce, à Rome, l'effort de l'homme consiste à sauver tout
ce qui peut l'être de l'effacement général que provoque le
temps. L'architecture, la sculpture, la peinture s'emploient
et parviennent magnifiquement à fixer les fragiles réalités
quotidiennes. Regardez les bas-reliefs et les peintures d'un
tombeau égyptien : vous voyez un homme, sa femme, ses
enfants, sa domesticité. Vous savez s'il aimait parcourir son
domaine à pied, en litière, en barque, s'il préférait la pêche
à la chasse et quels instruments il utilisait en pratiquant son
sport favori. Vous connaissez quelles attitudes prenaient son
pédicure et sa manucure dans leur travail délicat, quels étaient
leurs habits, leurs bijoux, leur visage. Vous voyez les corps
de métiers défiler comme dans un film : le paysan sème,

laboure, moissonne, lie ses gerbes, les engrange. Vous assistez à la fabrication de la farine, à celle du pain, du vin. Vous voyez les artistes travailler le limon, la pierre, les métaux, le bois, les bijoux et ceux-ci orner les beautés dont le visage nous est aussi familier que celui de nos contemporaines. Dès les débuts de la IVe dynastie, les artistes égyptiens ont mis au point l'immense répertoire d'images et de sculptures qui représentent les travaux et les jours de la vie. On voit, au cours des siècles, évoluer les techniques, les arts, les coutumes, les modes. Ce qui est vrai de l'Égypte pendant trois millénaires se vérifie dans toutes les grandes civilisations qui ont, par ce biais, échappé au naufrage du temps.

On connaît le visage de Séti Ier, de Ramsès, d'Our Manshé, roi de Lagash, de Naram-Sin, roi d'Agadé, de Mélichapak II, roi de Babylone, on sait quelle expression avait Assourbanipal debout sur son char, on connaît l'extraordinaire beauté du roi-prêtre de Cnossos, on possède le buste d'Aristophane, celui de César, mille autres encore, datant de toutes les époques, provenant de tous les pays.

Rien de tel en Israël dont les prophètes, au nom de l'éternel, ont mené une guerre, en vérité, victorieuse, contre les images. Celles-ci ont été vérité, victorieuse, contre les images. Celles-ci ont été définitivement chassées de la cité hébraïque au nom de YHWH, créateur du ciel et de la terre, dont la loi interdisait la représentation des formes. On ignorera à jamais le visage d'Abraham, de Moïse, de David, d'Isaïe et d'Ézéchiel, arrachés à nos regards par une volonté transcendante, qui tend à effacer le contingent – fût-il le plus exceptionnel – au profit de l'éternel.

Toutes les civilisations anciennes ont connu le vertige du sacré : chez les Hébreux, celui-ci a été tel, il a provoqué en leur conscience un tel traumatisme, et si constant, que les réalités de leur vie quotidienne politique, sociale, religieuse, nationale, de leur art, de leur littérature, de leur poésie ont pris des dimensions et des caractères proprement inouïs dans l'histoire de l'humanité. C'est dans la profondeur de ce choc, là où l'éternel incréé s'insère dans la création – et nulle part ailleurs – qu'il faut rechercher la clé de l'existence et de la permanence d'Israël. Les conditions naturelles de la vie des Hébreux, de ce fait, s'accordent à une organisation sociale qui subordonne l'individu et le peuple à l'ordre voulu par la révélation religieuse. Celle-ci nous apparaît d'autant plus omniprésente que d'autres sources de connaissance du monde hébraïque ont disparu; si elles ont jamais existé, elles ont été censurées, soit volontairement par les gardiens de l'orthodoxie nationale, soit naturellement recouvertes, sans que personne y prenne garde, par le sable des siècles. Si mystère il y a dans le fait de l'acceptation par un peuple d'une religion qui fait peser sur lui la plus lourde des contraintes, il se situe aux différents niveaux de la définition du message religieux nouveau; de sa réception par le peuple; de sa transmission, de génération en génération, des origines à nos jours, sans solution de continuité; de son éclatement enfin aux dimensions de l'univers, après la naissance des trois religions monothéistes, le judaïsme, le christianisme, et l'Islam.

À priori, il semblerait que l'entreprise de peindre la vie quotidienne des Hébreux de ces temps lointains est de celles qui peuvent difficilement se mener à bonne fin. Les prophètes prédisent et, dans un certain sens, provoquent le naufrage du quotidien dans l'éternel. Par surcroît, leur pays se situe au carrefour des principales voies de communication de l'Antiquité. Il est convoité et conquis par tous les grands empires; les Égyptiens, les Assyriens, les Babyloniens le pillent à toutes les époques et dans toutes ses régions; les Perses, les Grecs, les Romains, les Byzantins, les Arabes, les Croisés, les Séljucides, les Turcs, les Anglais occupent successivement la Terre sainte, y effaçant le peu de formes qui aurait pu échapper à la vigilance prophétique et nous apporter les témoignages directs et concrets de la vie de tous les jours. Nulle part, sans doute, les vestiges du passé n'ont été plus chassés – parfois même dans des intentions louables – que dans ce pays inspiré.

Que reste-t-il de ce passé prestigieux? Quelques sites archéologiques dont les rares trésors peuvent être encore exhumés, et quelques livres dont le contenu est limité dans leur volume et résolument tendancieux dans leur esprit. Que saurions-nous de l'Occident si, pour décrire les deux millénaires de son histoire après le Christ, nous ne disposions que du *Code* de Justinien, de la *Somme théologique* de saint Thomas d'Aquin, de quelques fabliaux médiévaux et d'une histoire de l'Église écrite voici quatre siècles, le tout sous forme d'extraits ne dépassant pas le cadre d'un volume de mille pages? Nous sommes cependant dans cette situation lorsqu'il s'agit de reconstituer les réalités quotidiennes du peuple de la Bible – d'autant plus que les sources littéraires extra-bibliques, en Israël et hors d'Israël, parmi les peuples voisins, ont à peu près complètement disparu, écrasées sous le sabot des siècles.

Ils ressuscitent devant nous

Mais voici que les hommes de la Bible ressuscitent eux-mêmes du fond de leurs caveaux pour répondre à notre désir de les connaître. L'aventure a commencé voici un siècle lorsque Guérin, le «Fonds pour l'exploration de la Palestine», Warren (1867), Frédéric de Bliss, R. A. S. Macalister, Flinders Petrie (1890) entreprennent de fouiller le sol sur lequel vécurent les hommes de la Bible. Depuis, des savants venus du monde entier, notamment de Grande-Bretagne, des États-Unis, de France, d'Allemagne, se sont associés aux archéologues des universités israéliennes pour exhumer le passé. Des centaines de chantiers archéologiques ont été ouverts à Jérusalem, dans toute l'étendue du pays de la Bible, en Galilée, sur les deux rives du Jourdain, mettant au jour les cités, les objets usuels, les vestiges souvent insoupçonnés d'une histoire que nous connaissons chaque jour avec plus de précision.

Le 8 décembre 1863, Saulcy découvre à Jérusalem un premier squelette, celui de la reine Hélène d'Abiadène. Depuis, des centaines de squelettes d'hommes qui vivaient, en chacun des siècles et chacun des sites de la Bible, ont été mis au jour, par exemple à 8 km au sud-est de Meguido, à Ta'anakh, des tombeaux contenant quinze squelettes d'adultes, seize squelettes d'enfants de moins de neuf ans, certains conservés dans des jarres. À Meguido même, on a trouvé six squelettes, deux femmes, trois hommes, un enfant. Les adultes mesuraient entre 1, 67 m et 1, 74 m ; dans une fosse commune il y avait douze squelettes dont deux enfants âgés de douze à quinze ans.

À Guézer, les tombeaux révèlent différentes méthodes d'inhumation et des squelettes d'époques différentes, les adultes n'ayant jamais plus de 1, 74 m, la moyenne étant de 1, 62 m, avec pour les hommes, en général, 6 cm de plus que pour les femmes. On pourrait prolonger cette énumération sans fin. L'étude de ces squelettes nous permet un contact direct avec l'humanité dont la Bible décrit la vie quotidienne. Cet homme souffrait de rhumatismes à l'épaule droite et à la main ; cet autre présente une denture rongée de caries ; un autre encore avait des séquelles de poliomyélite et tel autre a survécu grâce à une audacieuse opération du trépan. Par ces découvertes, nous pouvons établir avec précision la fiche signalétique et même le carnet de santé de l'homme de la Bible : appelons-le Joël, un Joël qui nous accompagnera tout au long de notre plongée dans le passé biblique au côté de sa compagne que nous désignerons sous le nom de Mikhal.

Portrait de Joël

Joël est de toute évidence un Méditerranéen qui ressemble comme un frère aux paysans arabes de la Galilée ou des montagnes de Samarie ou de Hébron. C'est un blanc à la peau bronzée : ses femmes, moins souvent exposées au soleil, ont le teint plus clair, comme leurs sœurs égyptiennes qui sont peintes en blanc sur les fresques où leurs maris figurent en ocre. Avec leur stature moyenne de 1, 68 m, les Hébreux se considéraient comme de petite taille par rapport à leurs voisins qu'ils décrivaient souvent comme d'impressionnants géants. Un Hébreu de grande taille constitue une exception : ainsi Saül qui dépassait ses sujets d'une tête [4]. La saga des Hébreux souligne l'épopée du petit David dont l'astuce a raison, sans coup férir, du géant Goliath [5], y reconnaissant probablement la manifestation d'un fait connu. Comme les Méditerranéens, Joël est brun, mais ce qu'il apprécie le plus c'est une belle peau blanche, à la différence de nos modernes, surtout chez les femmes. Relisez la description de l'idéale Sulamite du Cantique des Cantiques ; lorsque le soleil l'a brunie dans les vignobles, elle se cache en disant :

« Ne me voyez pas, moi la noirâtre ;
oui, il m'a mirée, le soleil [6]. »

Au contraire, elle aspire à avoir un teint de rose, des lèvres écarlates, sa tempe doit évoquer un émincé de grenade à travers son litham. Légère, elle est comparée à un palmier. L'homme idéal a lui aussi un teint fleuri, vermeil, roux, mais ses cheveux sont généralement « bruns comme le corbeau [7] ». Tous, hommes et femmes, portent les cheveux longs ; ils sont caractéristiques du sexe de la femme comme la barbe et la moustache désignent le mâle, sa force, sa sagesse. Samson porte sept nattes qui sont, il aura la faiblesse de l'avouer à Dalila, le secret de sa formidable puissance musculaire [8] : la chevelure contient un pouvoir quasi magique, bénéfique ou maléfique, inséparable de la personne. Si le barbier était connu, le coiffeur n'apparaît jamais : Absalôm se coupait les cheveux une fois par an [8 bis]. Ézéchiel conseille aux prêtres de porter les cheveux courts [9]. Le *nazir* qui se consacre plus spécialement à Dieu, fait le vœu de ne pas boire de vin mais aussi de ne pas se tondre la chevelure. De même les prêtres ne doivent pas être trop chevelus en temps de deuil [10].

La barbe joue aussi un rôle tout à fait particulier dans la vie quotidienne de l'homme de la Bible. Symbole de force, de virilité, elle est aussi un signe de maturité, de sagesse. Elle s'appelle en hébreu *zaqân*, de la même racine qui désigne

l'*Ancien*. Les Hébreux portaient-ils des barbes postiches luxu-
riantes à la manière des grands Assyriens? Rien ne permet
de le supposer. Après tout, Esaü, le mauvais sujet, est décrit
comme un personnage au poil abondant et hirsute, tandis que
le doux Jacob est glabre [11].

L'homme de la Bible est élancé, svelte, et de puissante
musculature. Il vit, non pas dans des bureaux, mais sur des
sols arides qu'il doit féconder par son très dur labeur. C'est
le plus souvent un paysan montagnard habitué à soulever de
lourdes charges sur ses épaules ou sur sa tête. Les femmes
portent quotidiennement les jarres d'eau de la citerne ou
de la source à la maison; leurs maris gagnent leurs champs
sur le désert, ou en montagne, bâtissent des terrasses sur les
rocs, y répandent la terre des vallées pour y planter leurs
vignes ou leurs arbres fruitiers. Ils ont l'indolente puissance
des corps habitués à l'effort physique. La Bible se complaît
à rapporter leurs exploits : Élie le prophète, en état extatique, court devant le char d'Achab, du Carmel à Jezréel,
pendant plusieurs heures [12]. Le héros est souvent comparé
au lion, à l'aigle, à la gazelle [13]. Samson se bat contre un
lion, David attaque lions et ours et les bat [14]. Benayahou,
le fils de Yehoyada, descend un jour de neige dans une
citerne où s'était réfugié un lion et il l'abat. Il tue les deux
héros de Moab et un grand Égyptien armé d'une lance, avec
son simple bâton [15].

Le jeune David est recommandé à Saül pour six qualités
qui donnent sa valeur à un homme : il sait jouer d'un instrument de musique; il est un héros vaillant – sous-entendez
qu'il a aussi du bien au soleil; il est un homme de guerre apte
à combattre pour défendre les siens; il est sage en ses paroles,
et il est beau [16]. Telle est l'image idéale d'un paysan de
Bethléem appelé à devenir le roi d'Israël, voici trois millénaires. Mais par-dessus tout – et ceci résume et prouve les
cinq premières vertus que je viens d'énumérer – *YHWH est
avec lui*. Si YHWH, le Dieu d'Israël, est avec lui, il a tout
pour triompher dans la vie. Il pourrait tout avoir, ce tout ne
serait rien, si YHWH, bien suprême et source de tout bien,
n'était pas avec lui.

Durée et valeur de la vie des Hébreux

Ouvrez une Bible : vous serez dès les premières pages choqué par les chiffres qu'elle donne pour âge de ses héros. Adam a vécu 930 ans ; Seth, 912 ans ; Enoch, 905 ans ; Kenan, 910 ans ; Mahalaël, 895 ans ; et, plus vieux que tous, Mathusalem meurt presque millénaire à l'âge de 969 ans.

Ces généalogies, qui sont mises ici au service d'une eschatologie, n'ont cessé de poser d'insolubles problèmes aux exégètes. Différentes hypothèses ont été proposées pour interpréter la longueur des années dont il est question afin de ramener la durée de la vie des patriarches en d'acceptables limites. Les uns ont supposé que les années étaient simplement des mois, de telle manière qu' Adam serait mort à 77 ans environ, et Mathusalem, non pas millénaire mais à peine octogénaire. Pour ingénieuse que soit l'hypothèse, elle se heurte à une autre impossibilité. En divisant par 12 les nombres de ces généalogies, on s'aperçoit qu' Adam aurait été père à l'âge de 10 ans, Énoch à 7 ans et demi et Mahalaël à moins de 6 ans. Qu'à cela ne tienne : on tourne la difficulté en supposant que l'âge des patriarches est compté en années d'un mois et leur âge à l'époque où ils deviennent pères en années de 12 mois. L'ingéniosité des exégètes n'a d'égale que la résistance des textes et de leur mystère : ils se réfèrent probablement non pas à des faits historiques mais à des considérations qui nous échappent, probablement d'ordre mythologique, comme nous en avons des exemples chez les héros des traditions babyloniennes qui meurent plus vieux encore.

Penchons-nous, plus humblement, sur les faits que nous révèlent les ossements des nécropoles. Nous avons déjà noté la forte mortalité infantile due à des causes constantes en milieu traditionnel. Il ne suffit pas de mettre des enfants au monde, la vraie bénédiction est de les élever jusqu'à l'âge adulte [17]. Dans une famille de ce temps, la mort frappe si souvent qu'elle fait partie de la vie normale : c'est une voisine redoutable, mais non terrifiante, qui œuvre presque chaque jour dans une maison ou l'autre du clan ou de la tribu.

Dès que nous quittons l'âge patriarcal, les données bibliques confirment celles de l'archéologie. Moïse, dit le texte, a vécu 120 ans; Aaron, 123 ans; Josué, 110 ans [18]. Ces chiffres sont sans doute encore symboliques, mais par la suite, nous entrons dans des normes qui sont encore les nôtres : Elie a vécu 98 ans; Caleb, 85 ans. Douze rois, qui se succèdent sur une durée de plus de 500 ans, meurent à l'âge moyen de 47 ans. Le plus vieux avait 77 ans, le plus jeune, 23 ans [19].

L'âge moyen que le peuple envisage comme souhaitable est fixé non pas aux 120 ans inaccessibles de Moïse mais aux 70 ans du Psalmiste [20]. Les prophètes ont d'autres idées sur la longévité de l'homme : Isaïe prévoit qu'un jour l'homme qui n'aura pas dépassé l'âge de 100 ans sera pleuré comme un mort prématuré, victime d'une malédiction [21].

L'homme est dans la force de l'âge entre 30 et 50 ans, époque de l'entrée en service, puis de la mise à la retraite des lévites officiant au Temple de Jérusalem [22]. Ailleurs le début du travail sacré est fixé à 25 et même à 20 ans [23].

Un surprenant document, qui n'est pas sans rappeler les tables de nos modernes assureurs, fixe la valeur des êtres humains : elle est définie à propos des vœux. La vie humaine est divisée en cinq périodes et dans chacune l'homme et la femme sont évalués différemment :

> De 1 mois à 5 ans, le garçon vaut 5 sicles
> De 1 mois à 5 ans, la fille vaut 3 sicles
> De 5 à 20 ans, l'homme vaut 20 sicles
> De 5 à 20 ans, la femme vaut 10 sicles
> De 20 à 60 ans, l'homme vaut 50 sicles
> De 20 à 60 ans, la femme vaut 30 sicles
> Au-delà de 60 ans, l'homme vaut 15 sicles
> Au-delà de 60 ans, la femme vaut 10 sicles.

Ce tableau est évidemment établi d'après les données concrètes de la vie quotidienne et non sur des spéculations abstraites. La période créatrice de l'homme va donc de 20 à 60 ans. Au-delà l'être humain est, on le voit, fortement dévalué : une vieille femme vaut à peine plus que 3 nouveau-nés [24]!

Pour ce qu'elle vaut, la vie reste cependant la valeur suprême. Le Dieu de la Bible, nous le verrons, est un Dieu *biologique*, l'Élohim de la vie, l'Élohim des vivants. La mort, comme la maladie, sont des malheurs, mais le plus grave désastre pour une personne est de demeurer sans enfant, stérile. Il est à souligner que les matriarches Sarah et Rachel étaient stériles, ce qui leur vaut l'intervention personnelle de Dieu dans la naissance de leurs enfants, les pères du peuple d'Israël [25]. Il en est de même pour Samson, un héros, et pour Samuel, un suffète, un juge [26].

La stérilité est une punition pour Mikhal, la sévère femme de David [27]. Rien de plus amer pour un couple biblique que de ne pas pouvoir réaliser le premier commandement : « Fructifiez, multipliez, remplissez la terre [28]. » Puisque les enfants sont un don de Dieu [29], la prière est efficace pour vaincre la stérilité. Rébecca est stérile, mais quand Isaac prie pour elle, elle a des jumeaux : Jacob et Ésaü [30]. Une Sunamite mariée à un vieil homme cesse d'être stérile en récompense de l'hospitalité qu'elle a donnée à un prophète et à son assistant [31]. Le cri de Rachel à Jacob.

« Donne-moi des fils,
sinon, je suis morte, moi ! [32] »

est le cri perpétuel de la femme faite pour porter et donner la vie. D'où sans doute les pratiques magiques pour vaincre la stérilité : si la prière, le pèlerinage, les vœux n'ont pas donné de résultats, la femme passe alors aux pratiques naturelles. Ruben apporte à Léa un aphrodisiaque cueilli aux champs, les mandragores que Rachel convoite [33]. Le caractère surnaturel de la naissance d'un enfant paraissait d'autant plus grand que mal connu ou inconnu était le mécanisme de la fécondation de la femme. Le lien visible entre grossesse et naissance est toujours souligné. Le rôle joué par l'homme dans la fécondation de la femme n'a été pleinement compris qu'à une époque relativement tardive.

L'avortement est aussi un malheur qui menace les humains. Si la Bible connaît et condamne le *coïtus interruptus* en tant que moyen anticonceptionnel, elle ne mentionne pas un seul cas d'avortement volontaire dont les techniques étaient pratiquées par ailleurs de très haute antiquité [34]. L'avorton est un *tombé*, un *déchu*, un *néphél* de la vie et il est en hébreu tout un vocabulaire technique pour désigner les infirmités dues à des naissances malheureuses : aveugles, sourds-muets, paralytiques, becs-de-lièvre, strabiques, boiteux, etc. Nombreuses devaient être enfin les femmes qui mouraient en couches, comme Rachel donnant le jour à Benjamin [35].

Un Dieu, un peuple, une terre

Les trente-neuf livres de la Bible, écrits entre la deuxième moitié du IIe millénaire et la deuxième moitié du Ier millénaire avant l'ère chrétienne, décrivent une période qui va de la vocation d'Abraham à l'époque post-exilique : ils entendent embrasser non seulement l'histoire d'Israël depuis sa formation jusqu'à sa dispersion, mais aussi le destin de l'humanité entière depuis la création du monde.

Le rayon lumineux le plus intense du livre éclaire cependant la période monarchique. Aussi cet ouvrage lui est-il consacré sans pourtant interdire les regards que nous pourrons lancer sur les siècles qui l'ont précédée ou qui l'ont suivie. De toute manière, dans cette partie du monde, après la diffusion des outils de fer, au début du premier millénaire, les techniques fondamentales, donc le mode d'existence des Hébreux, demeureront à peu près inchangées pendant les 445 ans qui constituent l'objet central de notre étude, jusqu'à l'époque post-exilique où les structures politiques, religieuses, sociales et mentales du peuple de la Bible seront profondément bouleversées.

La Bible nous rapporte l'histoire d'un petit peuple sémitique qui vivait en Asie, voici trois millénaires, et qu'elle a rendu singulièrement proche de nous. Catéchisme d'une grande partie de l'humanité, sa diffusion fait d'elle, aux yeux d'un grand nombre, un livre d'histoire *contemporaine*. Cela même en France, où le Livre des livres est absent de l'université créée à l'origine pour en être l'interprète. Cette carence de l'enseignement français, historiquement explicable, provoque d'ailleurs un besoin qui s'assouvit en dehors du cadre de l'école : chaque année voit paraître de multiples traductions et commentaires de ce livre, que des revues et des films de large diffusion répandent dans le monde avec le succès que l'on connaît.

Le passé biblique, de mille manières, hante notre temps. En Israël, il ressuscite ; dans les pays d'influence chrétienne, il se rénove en leur théologie, leurs catéchismes, leur pensée, leur littérature, leur art, leurs liturgies. Il n'est pas jusqu'à la contestation révolutionnaire de notre temps qui ne reprenne, consciemment ou non, les attitudes et le message des prophètes. Aussi sommes-nous tentés de projeter nos réalités actuelles dans le passé biblique. Ainsi Kierkegaard, dans *Crainte et Tremblement*, projette son drame personnel semblable à celui d'Abraham conduisant Isaac au lieu du sacrifice. Ainsi encore Darmesteter ou, plus près de nous Henri Pirenne décrivent la société biblique en y projetant nos préoccupations contemporaines. Des erreurs de cette espèce n'ont pas été sans risques ni sans conséquences d'autant plus graves que la recherche, en cette matière, se dégage difficilement du souci apologétique : la tentation pousse trop souvent les chercheurs à vouloir prouver ce qu'ils pensent eux-mêmes aujourd'hui dans le sens des théologies juives ou chrétiennes issues de la Bible ou en leur défaveur.

Le conflit permanent que nous rencontrons en Israël entre vie quotidienne et éternité, entre nature et révélation, entre le monde et Dieu, a pour résultante et pour correctif le fait essentiel que voici : dès ses origines et avec une force croissante, la religion des Hébreux est une religion historique en contraste permanent avec les religions naturelles de l'Antiquité. D'où la profonde complexité des réalités qu'il nous faut étudier ici : chez les Hébreux, nous assistons à la naissance relativement tardive et simultanée de la religion et du peuple établi sur une terre où son destin doit s'accomplir. Dès l'origine, nous assistons au mariage d'un Dieu, celui du Sinaï, d'un peuple, Israël, et d'un pays, la Terre de Canaan. La vie quotidienne des Hébreux est ainsi animée par trois réalités indissociables un Dieu, un peuple et une terre. Le message ici est inséparable du peuple qui le reçoit, et celui-ci ne se conçoit que par rapport à sa terre. Alliance d'autant plus contraignante qu'elle est indissoluble. Les infidélités du peuple pourront le chasser de sa terre, l'aliéner de son Dieu : pour autant, il ne cessera pas d'être lié à sa double appartenance céleste et terrestre.

Cette intuition globale du divin, de l'homme et de la terre, nous situe dans le concret de l'histoire et confère peut-être sa parcelle de vérité à la thèse de Dubnov pour qui « l'histoire d'Israël doit être connue comme coexistensive à la totalité de l'histoire». Et de fait, la vie quotidienne des hommes de la Bible ne cesse d'avoir pour nous un intérêt actuel pour ce qu'elle ne cesse d'éclairer l'avenir de l'huma-nité entière.

Dans les vastes horizons qui s'étendent de la Chine à l'Égypte, en passant par l'Inde, la Mésopotamie, l'Elam, l'Iran, la Syrie, Canaan, l'Anatolie et le monde égéen, depuis le IVe millénaire avant l'ère chrétienne, le peuple hébraïque occupe un espace des plus réduits : quelques milliers, par-fois même quelques centaines de kilomètres carrés, avant que tout support géographique lui soit refusé en ses exils. Sa durée ne l'emporte en ancienneté ni sur l'Égypte, dont le calendrier est fixé à la fin du Ve millénaire avant l'ère chré-tienne; ni sur la Mésopotamie dont la civilisation s'affirme dès les débuts du IVe millénaire; ni sur Suse dont les lumières s'allument quelque huit cents ans avant qu'Abraham ne quitte Ur; ni sur Byblos qui naît dès les débuts du IIIe millénaire; ni sur la Crète qui utilise le métal dès cette époque; ni même sur la civilisation de l'Indus ou sur la dynastie chinoise des Hsia qui remonte au milieu du IIIe millénaire. À la diffé-rence de l'Égypte, de la Mésopotamie ou de la Perse, Israël est contraint, par l'exiguïté de ses dimensions, de dissocier nécessairement le fait civilisateur de l'ambition impériale. Car le Proche-Orient offre une particularité, longtemps ori-ginale sur les rives de la Méditerranée : la naissance de civilisations est bientôt suivie par l'apparition d'empires qui se découvrent, plus ou moins vite, une vocation de

gouvernement du monde. Et les voilà, poussant si haut le
rocher, qu'il finit par retomber, les écrasant...

Par ses dimensions mêmes Israël est préservé de telles
aventures. Petit et pauvre par surcroît. Sur sa terre, rien de
comparable, nous le verrons, au Nil, au Tigre, à l'Euphrate!
Parce que son pays est un lieu de passage qui unit l'Afrique
à l'Asie et celle-ci à la Grèce, il doit constamment se
défendre contre l'appétit des conquérants. D'où un gaspillage
de ses ressources, une cause supplémentaire et constante de
son appauvrissement, pas d'Acropole, pas de pyramides, pas
même d'architecture ou d'art éblouissants, pas de science
originale ni de technique nouvelle à l'actif des Hébreux. Dans
tous ces domaines – qui font la splendeur des civilisations
voisines – l'apport d'Isarël est à peu près nul.

Mais les Hébreux compensent une si grande faiblesse par
l'ampleur démesurée de leurs idéaux et de leurs aspirations
spirituelles. Ils servent un seul Dieu dont ils proclament qu'il
est le créateur du ciel et de la terre et dont ils pensent qu'il
sera un jour le seul Dieu de toutes les nations. Ainsi, préser-
vés par leur petitesse nationale des pires tentations de
l'impérialisme – celles auxquelles ni l'Égypte, ni la
Mésopotamie, ni la Grèce, ni Rome ne surent résister –, sous
la motion de leur foi, ces Hébreux aspirent non seulement à
l'unité spirituelle du monde, mais encore à sa mutation. Les
prophètes d'Israël trouvent qu'en fin de compte le ciel et la
terre qu'ils connaissent ne sont pas dignes de leur Dieu qui
les a créés. Ils annoncent un ciel nouveau, une terre nouvelle,
un homme nouveau, une humanité enfin délivrée de ses tares
et même de son poids de mort. Ainsi la vie quotidienne la
plus humble comporte toujours aussi un contenu sacral : l'histoire est conçue par les Hébreux comme un rite dont la scène
est l'univers et l'enjeu l'accomplissement de la libération
de l'homme.

Première porte
l'homme et la terre

Va-t'en…
Vers la terre que je te ferai voir
… toute la terre que tu vois
je te la donne à toi
et à ta semence à perpétuité… »

Gn. XII, 1-13, 15-17.

« YHWH te fait venir vers une bonne terre
une terre de torrents d'eaux, de sources et d'abîmes
qui jaillissent dans la faille et dans la montagne
terre à blé, à orge, à figue, à grenade
terre à olive, à huile, à miel
où tu ne manqueras de rien
et tu béniras YHWH ton Elohim
sur la bonne terre qu'il te donne. »

Dt. VIII, 7-10

La société

Un peuple nomade

Les hommes de la Bible sont d'abord des hommes de la terre et d'une terre particulière, la terre d'Israël, la terre de YHWH, qu'ils aiment et ne cessent de chanter. Leur peuple a le souvenir vivant du temps où, dépourvu de patrie, il nomadisait entre la Chaldée, la terre de Canaan et l'Égypte, à l'époque des Patriarches. La saga nationale chante l'épopée des pères de la nation, Abraham, Isaac, Jacob, puis le long esclavage en Égypte, l'apparition du libérateur, Moïse, qui arrache Israël à la maison de servitude pour le lancer à la conquête de cette terre promise : elle est pour lui un don de Dieu.

La préhistoire d'Israël laisse en lui d'ineffaçables souvenirs. Les premiers livres de la Bible nous transmettent l'unique littérature jamais écrite par un peuple nomade : nous pénétrons non seulement le mécanisme des événements et des institutions de la tribu, mais encore l'intimité des consciences et du destin personnel des héros. Nous connaissons les Patriarches, les fils de Jacob, Moïse, Aaron, les Juges, leurs femmes, leurs concubines, les hauts faits ou les méfaits de chacun d'entre eux avec une précision clinique : c'est un film qui se déroule sous nos yeux dans le cadre grandiose des déserts du Proche-Orient ou des montagnes du Sinaï, en trois épisodes principaux : la période des Patriarches, marquée par l'apparition des premiers groupes hébreux en Canaan et par la descente de certains d'entre eux en Égypte; la période mosaïque avec l'épopée de la libération nationale; enfin la période où, après avoir conquis la terre de Canaan, les Hébreux s'y installent sous la juridiction des Juges, les suffètes.

La dynamique de la conquête de la terre de Canaan par les Hébreux apparaît dans les textes de la Bible qui nous décrivent l'organisation interne des tribus [1]; nous avons là des documents exceptionnels dans l'Orient ancien et dans toute l'histoire de la littérature [2]. Entre les puissants empires de Mésopotamie, Babylone, Assyrie et l'Égypte, un groupe minuscules tribus apparaît ainsi dans l'histoire, dans la première partie du IIe millénaire avant l'ère chrétienne. Ces tribus vivent de leurs troupeaux qu'elles élèvent, de pâturage en pâturage, aux confins des frontières d'Edom, Moab, 'Amon, Aram, Canaan, des territoires des Philistins et des Phéniciens. Ces hommes, sous leurs tentes, vivent en se nourrissant des produits de leurs troupeaux, qu'ils complètent par les revenus de cultures saisonnières et, peut-être, d'un certain commerce.

Les découvertes archéologiques des dernières décennies nous permettent de mieux connaître la vie de la tribu dans ses déplacements perpétuels de point d'eau en point d'eau, sur des routes et selon un calendrier aussi régulier que le rythme des saisons. Les ânes et les mulets transportent les tentes et le matériel de la tribu avant que ne se généralise, entre 1500 et 1000, l'utilisation du chameau. Celui-ci élargit les horizons du nomade en portant de plus lourdes charges sur des distances plus longues. L'âne et le mulet doivent boire tous les deux jours au moins; le chameau, lui, peut vivre dix-sept jours sans eau. Avec lui, les grands nomades peuvent vaincre le désert et établir des courants d'échange réguliers entre les cités. Plus tard encore, le cheval permettra une plus grande mobilité et plus de puissance, surtout en cas de razzia ou de guerre.

Les Hébreux sont en contact avec les nomades qui sillonnent les pistes de l'Orient, les Ismaéliens, les Madianites, les Amalécites et ces Fils de l'Orient qui venaient razzier leurs campements aux temps de Gédéon ou de Saül [3].

Eux-mêmes ont pratiqué surtout le semi-nomadisme plus conforme à leur vocation que l'existence facile de l'agriculteur. Abraham, Isaac, Jacob, Esaü, Joseph sont des familiers des pistes du désert [4]. Au Sinaï, après la sortie d'Égypte, cette tradition patriarcale devient le mode de vie des tribus et le demeurera un temps après la conquête de Canaan pour celles d'entre elles qui s'établiront dans les régions arides au Sud et à l'Est du pays [5]. Des groupes, comme celui des Rékhabites, s'opposeront à l'enracinement sur une terre, fût-elle promise par Dieu, pour lui préférer le style de vie plus ascétique du nomade : à leurs yeux, l'homme doit préférer le désert qui est le lieu normal de la présence de YHWH [6].

La loi mosaïque reflète la coutume des Hébreux nomades, la pratique de la vengeance du sang [7], la consécration de la famille patriarcale, la protection du résident étranger et le droit d'asile [8].

La société hébraïque primitive est composée par une fédération de tribus semi-nomades et d'agriculteurs en quête d'établissement que cimentent les traditions communes et un même culte de YHWH. L'homme se souvient toujours du désert qui a deux visages puisqu'il est le lieu privilégié de la présence de YHWH mais aussi une terre criante d'horreur et de désolation où règnent la soif et la peur.

Les douze tribus d'Israël issues des douze fils de Jacob constituent un cadre idéal dont les composantes n'ont cessé de changer au cours des temps. Ces tribus sont organisées avec l'extrême rigueur qui peut seule permettre de vaincre la dureté de la vie nomade. Chaque tribu comprend un certain nombre de clans, *mishpaha* [9], qui fournissent les unités militaires chargées de la défense contre les razzias, *elef* [10]. Chaque clan est formé de *Maisons de pères, Beit ab*. Les chefs de ces unités, souverains, *nassi*, chefs de clans, *rosh mishpaha*, et «chefs des maisons de pères» gouvernent la tribu : ils en assument les fonctions politiques et judiciaires. Ils sont élus en fonction de leur ascendance, de leur expérience, de leur sagesse et de l'importance du groupe qu'ils représentent.

En temps de crise, les Anciens pouvaient désigner un chef,

naguid, nadib ; hoqeq ; qassîn ; shophet moshia, ou suffète sauveur [11]. Ce sont des chefs charismatiques recrutés en marge
du traditionnel conseil des Anciens, *zéqénîm,* pour sauver les
tribus de leurs ennemis, pour les aider par leurs pouvoirs, à
surmonter une situation périlleuse. En temps normal le *nassi*
ou souverain de la tribu est élu parmi les Anciens [12].

Une mosaïque de nations

Les Cananéens pénètrent dans l'histoire trois mille ans
avant l'ère chrétienne. À la diversité des paysages de cette
terre correspond une multiplicité de facteurs ethniques, religieux, culturels. C'est au point de convergence de cultures
diverses, parmi une population composite que le fait
hébraïque doit prendre racine.

Dès le IIIe millénaire, des Sémites vivaient dans des
villes fortifiées à Meguido, Jéricho, Guezer, Lakhish,
Jérusalem. De souche sémitique sont également les
Amorrhéens établis en Transjordanie et le long des côtes de
Phénicie. Certains savants les considèrent comme les pion-
niers, dès le IVe millénaire, de la civilisation de la
Mésopotamie. Les Araméens turbulents, nomades comme
les Hébreux, sont longtemps errants entre la Mésopotamie
et les rives de la Méditerranée; ils constitueront les cités-
royaumes dont la Bible nous transmet les noms :
Aram-Coba, Aram-Maacha, Aram-Rohot autour d'Aram-
Damas, centre politique; ils deviendront province assyrienne
à l'époque où le royaume d'Israël tombera lui-même sous
la domination de la même puissance (730-720 env.). Mais
l'araméen restera la langue diplomatique et commerciale
de toute la région, pendant des siècles. Les Hébreux se considèrent comme proches cousins des Araméens et l'offrande
au Temple était précédée de ces paroles, reprises aussi à
chaque Pâque : «Mon père était un Araméen vagabond, il
descendit en Égypte [13].» Mais ces liens de lointaine parenté
n'empêchent pas la lutte séculaire épuisante entre Israël et

Aram. On trouve aussi des Sémites sur les rives de la mer
Rouge (Zimran, Madian, Dedan, Ashur, Shuah) ainsi qu'à
l'extrême sud de l'Arabie (Nehayot, Quedar, Abdéel,
etc.) [14].

Les Hittites apparaissent dès 1900. Ils s'établissent en
Asie Mineure et en Syrie septentrionale, y bâtissent leur
capitale Hattushach, sur laquelle les fouilles de Boghaz-Kevi
nous ont renseignés. Mais leur influence s'étend jusqu'à
l'Égypte et c'est à un Hittite qu'Abraham achète le champ
de Makpéla [15]. L'Occident n'est pas absent du paysage. Dès
le VIIIe siècle, on découvre des poteries de Chypre et de
Grèce. Les Philistins, peut-être venus de Crète, sont établis
au long de la plaine maritime du sud, tandis que, sur la côte
septentrionale, les Phéniciens sont fortement intégrés dans
le pays.

Naturellement la Mésopotamie et l'Égypte imprègnent
tout le Proche-Orient par leur culture, leurs techniques, et
leurs guerres. Abraham est né et a grandi dans l'Ur des
Chaldéens, aujourd'hui Muggayar, proche du golfe Persique,
centre du culte de Sin, le dieu lunaire. La Babylonie et
l'Assyrie, puissances bien distinctes au IIe millénaire, se
rapprocheront et finiront par imposer aux Hébreux tribut et
déportation. L'Égypte, où Moïse a reçu sa formation à la
cour même de Pharaon, considère la Terre de Canaan comme
un glacis de sécurité; Aménophis Ier, Touthmosis III (celui-
ci en 1479) combattent à Meguido; Aménophis IV vient
protéger ses possessions contre les Hittites (XIVe siècle).
Séti Ier, puis Ramsès II livrent combat aux mêmes envahisseurs de Canaan mais les Hébreux aussi prennent part à
des révoltes contre l'Égypte et une stèle atteste les succès
de Ménephtah contre Israël (1223) : «Israël est détruit, il
n'a plus de semence.» C'est la première fois que le nom
d'Israël apparaît sur un document profane, qui ne manifeste
pas, on le voit, une confiance excessive en son avenir.

On comprend la complexité des questions que pose l'installation du peuple sur cette terre : comment les Hébreux
ont-ils su garder si fort leur originalité et leur unité, livrés
à tant d'influences, de contradictions et à tant de conflits?

Devenus paysans, ils ont fatalement tendance à sacrifier
au Ba'al cananéen, seigneur de la fertilité et de la fécondité, ainsi qu'à la déesse de force et de joie, Astarté,
identifiée à la terre maternelle et nourricière; ils adoptent
certaines fêtes cananéennes liées aux saisons de l'année. Mais
la vigilance des prêtres et des prophètes appuyés sur une
minorité agissante finira par sauvegarder, au milieu des
entraînements plus faciles, la foi au Dieu unique et transcendant et le message du désert. Le nom de Ba'al, comme
celui d'El, l'un et l'autre d'origine cananéenne, seront indifféremment utilisés dans les noms de personnes : la Bible
nous parle d'Hébreux du nom de Yoval, Bealiah, Yérubaal,
Ishbaal, sans que leurs porteurs cessent de se considérer
comme d'authentiques adorateurs du Dieu d'Abraham,
d'Isaac et de Jacob, dont le nom propre est d'ailleurs ineffable. Influences de civilisations de niveau supérieur à celle
des anciens nomades, c'est inévitable; tendance à l'émiet-
tement en vertu du morcellement géographique accueillant
une vie sédentaire. Mais l'approche des dangers arrachera
aux dissensions et, finalement, le Temple de Jérusalem
maintiendra, en face des contradictions, des assoupisse-
ments et des refus, la force et les valeurs d'unité et
d'éternité : l'Hébreu ne se désolidarise pas des peuples
parmi lesquels il s'est établi et qui ont, sur certains plans,
contribué à sa croissance par leurs richesses de tous ordres,
mais il sait ne pas compromettre pour autant l'originalité
de sa vocation.

La conquête de la terre

La saga biblique décrit la conquête de la terre de Canaan
en une campagne militaire conduite par Josué : l'établissement se fait en fonction d'un plan préétabli attribuant à chaque
tribu le territoire qui lui était prédestiné par Moïse. Plusieurs
textes ainsi que de nombreux témoignages archéologiques
permettent de nuancer cette thèse. Les historiens pensent que

la conquête s'est faite selon le rythme, beaucoup plus long, d'une lente pénétration des tribus à la suite des hasards d'une guerre de conquête. Chaque tribu s'efforçait d'arracher aux Cananéens le territoire qu'elle convoitait, renonçant temporairement aux enclaves qu'elle ne pouvait conquérir. À vrai dire la conquête ne réussit qu'en région de montagnes, là où les Cananéens ne pouvaient jeter leurs chars dans la bataille, et dans les territoires du Sud, peu ou pas du tout peuplés. Les Hébreux semi-nomades durent attendre ainsi des circonstances favorables pour réaliser leur vœu d'avoir une terre à eux.

Différents facteurs aidèrent à la conquête : la domestication du chameau et la diffusion des outils de fer constituent alors des révolutions techniques qui favorisent l'installation des Hébreux dans des régions jadis inhabitables parce que lointaines et dépourvues d'eau. Les outils de fer favorisent le forage de citernes qui accumulent les eaux de pluie tandis que le chameau joue le rôle de moyen de communication et de transport rapide.

L'Égypte, à l'époque de la conquête, est impuissante à intervenir pour protéger les Cananéens contre les envahisseurs qui choisissent des méthodes de combat et de colonisation adaptées aux objectifs visés. Les Hébreux finirent par conquérir les montagnes et les plaines du Nord, protégées par un réseau de forteresses bâties entre Beit-Shéan et Meguido et plus au Sud, le massif des montagnes centrales (Judée et Samarie) avec leurs prolongements désertiques. Les tribus du Nord et du Sud étaient séparées par des obstacles géographiques ainsi que par de puissantes forteresses cananéennes : l'unité des tribus hébraïques souffrit de cette situation qui favorisa leur isolationnisme puis leur séparatisme. Le passé nomade sera toujours présent dans la mémoire d'Israël pendant les siècles de son établissement en terre de Canaan devenue sa terre, puis dans ses longs exils. Les solitudes hurlantes des déserts de YHWH paraîtront alors moins redoutables aux Hébreux que le désert des nations où ils seront dispersés.

La mutation

Le passage de la vie nomade à l'état sédentaire provoque une profonde mutation de l'économie des tribus d'Israël. Les bergers nomades deviennent des fermiers et des artisans. Cette révolution devait aussi avoir ses conséquences pour l'organisation patriarcale de la société biblique. Fidèle à ses origines, la tribu qui se réclame d'un ancêtre commun, demeure le plus important facteur politique et social de l'ordre nouveau. Mais elle ne manque pas d'évoluer en fonction des changements intervenus. Désormais le rôle de *shophet moshia'*, le suffète sauveur, appartient de droit au roi. Le conseil des Anciens devient l'Assemblée consultative aux trois niveaux de la cité, de la tribu ou de la nation : ces conseils sont composés des Anciens de la cité, de la tribu ou de la nation groupée autour de son roi [16].

Les Anciens de la cité ont leur compétence définie par les lois du Deutéronome [17] et par la coutume : ils sont essentiellement les défenseurs de l'ordre familial et patriarcal. Les juges, *shofetim,* traitent des autres conflits : ils sont nommés en fonction de leur compétence tandis que les Anciens sont désignés compte tenu de leur ascendance et de leur représentativité. En cas de meurtre dont le coupable n'a pas été découvert, les Anciens et les juges de la ville la plus proche du lieu où la victime a été trouvée pratiquent ensemble les rites expiatoires prévus par la loi [18].

Les Anciens du peuple connaissent des questions qui concernent l'ensemble de la confédération des tribus ou, après le schisme, des deux royaumes de Judée et de Samarie. Nous ignorons le mode de recrutement des Anciens de la nation : il est probable qu'ils étaient choisis par le roi parmi les Anciens de la cité. Ce conseil représente le peuple dans tous les événements nationaux; il nomme le chef ou le roi; il déclare la guerre; il conduit les négociations internationales et conclut les traités; il participe à la célébration du culte; il exprime la volonté de la nation en toutes circonstances et plus spécialement en temps de crise intérieure ou internationale [19].

Le conseil des Anciens siège publiquement sur une place située à la porte de la cité [20] : à l'époque nomade il se réunissait à l'entrée de la Tente d'assignation. Faire partie du conseil des Anciens est un honneur brigué par tous les notables.

Tandis que le pouvoir du Conseil des Anciens grandit au détriment de celui des souverains, l'importance de la famille ou du clan croît par rapport à celle de la tribu. Les relations entre les tribus, d'importance vitale aux temps nomades, ne subsistent qu'à l'état de vénérables séquelles du passé. L'unité de la nation est cimentée par la conscience commune d'une même origine historique, ethnique, linguistique, religieuse, culturelle et culturelle. Les Juges puis les rois incarnent l'unité vivante de la nation.

Un nouveau mode de vie

De nomade, l'homme de la Bible est devenu un sédentaire. L'égalité originelle de chaque personne au sein de la tribu s'altère en fonction du nouveau système économique fondé sur l'exploitation individuelle de la terre au lieu de l'exploitation des troupeaux par la tribu et par le clan. L'élevage a désormais moins d'importance pour les Hébreux que la culture des céréales ou des fruits, l'industrie, l'artisanat et le commerce.

L'urbanisation accélère la mutation économique et sociale sans cependant effacer les traces du passé, jalousement conservées par un peuple frénétiquement attaché à ses traditions. L'homme est désormais le fruit de ses attaches à une terre plus ou moins riche plutôt que de son ascendance plus ou moins noble. La cité favorise la naissance de groupements humains fortement différenciés dans leur composition ethnique et sociale plus que ne le faisait la tribu nomade ou semi-nomade. Apparaissent les groupes marginaux, un sous-prolétariat, des *hommes de rien*, qui deviennent des mercenaires prêts à s'enrôler sous la bannière du premier chef révolutionnaire qui les engagera [21].

La cité devient ainsi le facteur essentiel de la vie sociale, même si à l'origine les deux réalités tribu et cité avaient pu coïncider. Elle a son autonomie propre dans la vie nationale largement décentralisée. À l'origine, la monarchie s'est probablement appuyée sur l'organisation tribale pour l'administration du royaume. Par suite d'un inévitable conflit, les rois divisèrent le pays en régions administrées par des fonctionnaires royaux qui, du ministre au soldat et à l'ouvrier, dépendaient directement de l'administration centrale : les souverains de la tribu se voyaient ainsi dépossédés de la réalité du pouvoir. Parallèlement les rois désignent le grand prêtre, les prêtres et les lévites du Temple de Jérusalem, renforçant leur pouvoir temporel par un surcroît d'autorité spirituelle. Tout en affaiblissant la puissance des organes politiques de la tribu, ils laissent subsister les antiques traditions patriarcales et leurs institutions sociales qui, superposées aux nouvelles structures monarchiques, marquent le caractère original de la société biblique.

Données démographiques

Nous connaissons cet homme de la Bible, son physique, son âge, ses maladies, ses occupations, qu'il soit agriculteur, artisan, commerçant ou esclave, pontife ou prophète. Nous touchons ses outils, ses objets domestiques, ses constructions, ses tissus même. Il est devenu incroyablement proche de nous. Et cependant il reste prodigieusement lointain, pour autant que nous puissions essayer de comprendre comment il se situait par rapport à la société, de quelle manière il assumait sa vie en tant qu'être social, créature pensante.

Le risque serait de projeter sur la société et la pensée de l'homme biblique nos fantasmes, nos complexes, nos préoccupations d'hommes modernes engagés dans une civilisation si prodigieusement différente de celles qui existaient en Asie antérieure, à l'âge du bronze et du fer : il aurait du mal à reconnaître en nous des êtres d'une même espèce.

Nous-mêmes n'hésitons pas, néanmoins, à nous refléter dans son image et même à la prendre pour modèle idéal. Avec prudence, apprenons à connaître la société dans laquelle il s'incarne.

L'homme de la Bible naît dans une société dont il est possible de mieux connaître les dimensions exactes. Pour arriver à cette approximation, les historiens vérifient les données bibliques en les recoupant avec les découvertes archéologiques, par exemple en calculant la population des villes d'après le nombre de leurs maisons mises au jour

Les Hébreux a leur arrivée en Égypte comptaient 70 personnes, les descendants de Jacob [22], chiffre évidemment symbolique mais qui fixe un ordre de grandeur. À leur sortie d'Égypte, la Bible nous dit qu'ils comptaient 600 000 personnes [23]. Ce chiffre doit être complété par les recensements mentionnés ultérieurement : le premier fixe le nombre des conscrits âgés de 20 ans et plus à 603 550 [24] auxquels il faudrait ajouter 22 000 lévites [25]. Un deuxième recensement, fait à l'arrivée près de Jéricho, donne le chiffre voisin de 601 730 conscrits [26]. Ces chiffres ont été discutés et mis en doute par la critique qui s'évertue par toutes sortes de méthodes à concilier l'inconciliable et à savoir quelle était la dimension exacte de la société israélienne. Le recensement effectué deux siècles plus tard par David donne des chiffres qui apparaissent trop élevés pour être exacts [27] : ils correspondraient à une population totale d'environ 5 millions d'Hébreux. Sur des recoupements méthodiques, la critique fixe le nombre de la population hébraïque à environ 1 200 000 âmes sous le règne de David. Ce chiffre se serait maintenu sans grand changement pendant toute l'époque royale.

Les fouilles nous révèlent que les villes de l'époque cananéenne avaient une densité de population d'environ 1 000 personnes à l'hectare. À l'intérieur de ses remparts, Jérusalem, au temps des Jébuséens, n'avait guère plus de 3 000 habitants et, au temps de Salomon, 9 000, auxquels il faut ajouter ceux qui habitaient hors des murs. Meguido avait 6 000 habitants; Jéricho 3 400; Missepeh, 2 000; Sichem, 5 000; Guibeon, 2 500; Ascalon, 6 000, au temps des Philistins et environ

55 000 à l'époque romaine, au temps où la Jérusalem
d'Hérode avait quelque 200 000 habitants.

Mais à l'époque royale, l'égalité des temps nomades n'est
plus qu'un souvenir. Alors la société était composée de tribus et de clans plus ou moins nobles mais tous égaux : il n'y
avait pas de classes sociales et les esclaves eux-mêmes étaient
parfaitement intégrés dans la vie de la famille qu'ils servaient. L'époque royale vivra des souvenirs de ce passé qui
agira avec d'autres facteurs pour empêcher l'affrontement de
classes sociales, «patriciens» et «plébéiens», «capitalistes»
et «prolétaires», violemment dressées les unes contre les
autres. Les dimensions de la société israélienne, la pauvreté
relative du pays, les problèmes extérieurs, l'organisation des
petites villes qui continuent les traditions du clan évitèrent
aux tensions sociales de dégénérer en conflits révolutionnaires
comme ce fut le cas dans la plupart des empires. On y décèle
cependant de graves tensions entre les différents éléments de
la population : les prophètes ne cessent d'accuser l'injustice
des «riches» en face des «pauvres».

Les riches et les pauvres

La nouvelle société israélienne, une fois sédentarisée, accuse
des différences nées de la variété des talents et des possibilités d'hommes désormais fixés sur des terres d'inégale
valeur, dans des lieux qui n'offraient plus les mêmes chances
à tous.

Aux périodes de prospérité, les riches, les puissants, utilisent toutes les chances en accumulant les terres, les maisons,
l'or, l'argent, les biens. Quand arrive le temps du déclin économique, la différenciation sociale s'accélère. Le riche utilise
des pratiques précapitalistes d'exploitation [28], qui existent
alors aussi bien chez les Hébreux que chez les peuples voisins. Toute catastrophe nationale ou internationale est plus
durement ressentie par les pauvres. Les invasions étrangères,
les inondations ou les périodes de sécheresse, les épidémies

qui ravagent les récoltes ou les troupeaux, l'apparition redou-
tée et fréquente des sauterelles, aggravent les différences
sociales en détruisant chez les uns les fruits d'années de labeur,
en renforçant chez les autres la puissance. Les crises dynas-
tiques, si nombreuses dans le Nord, s'accompagnent le plus
souvent de règlements de comptes entre vainqueurs et vaincus. Les prophètes sont intarissables lorsqu'ils dénoncent
l'accaparement foncier [29]. Leurs imprécations sont d'autant
plus véhémentes que les dangers sociaux représentés par la
perte de la propriété foncière se font plus réels. Naboth se
dresse devant Achab lorsque celui-ci entend lui confisquer
sa vigne. Et la voix prophétique dénonce avec force la spo-
liation [30]. Les conséquences sociales et politiques de la perte
de la propriété foncière, que les lois essaient de limiter, sont
les plus graves [31] ; elles équivalent à un arrêt de mort à long
terme, pour ceux qui en sont les victimes.

À l'époque de la conquête, le pays avait été loti et dis-
tribué aux tribus et aux familles en parcelles à peu près égales.
D'où, dans la conscience nationale, les vives réactions contre
le phénomène de l'accaparement foncier, que la Mésopotamie
ou l'Égypte ont connu dans les siècles obscurs de leur histoire, et qu'Israël voit s'accomplir à l'heure de sa pleine
maturité, avec une conscience aiguë des conséquences humaines
et morales d'un tel procès. Car la terre, source de toute fécondité et de toute bien, est pour l'Hébreu, nous l'avons dit,
davantage qu'une chose : une créature de Dieu, appartenant à
Dieu et dont Dieu seul peut légitimement disposer. La
conquête de Canaan s'est faite sur son ordre, et sur son ordre,
le partage des terres entre tribus et familles, sur une base égalitaire. La concentration de la propriété foncière allait ainsi
non seulement contre l'intérêt général mais contre le vouloir
divin. D'où les garanties qui entourent le droit de propriété :
l'aliénation de la terre ne survient que lorsqu'un débiteur
insolvable vend son bien pour payer ses dettes ou lorsqu'un
voleur doit s'acquitter de ses amendes : encore la famille a-
t-elle dans ces cas un droit de préemption ; elle peut «libérer»
le domaine mis en vente, pour sauver l'équilibre social de
la tribu et empêcher l'aliénation des terres à un «étranger».

Avec la terre, l'argent, sans avoir encore la forme monnayée, est devenu sous la monarchie un facteur prédominant
de la richesse. Les crises sociales qui secouent le pays, les
guerres qui sévissent à l'état endémique, les paiements de
tributs réguliers ou extraordinaires aux suzerains provoquent
une pénurie monétaire dont souffre l'économie du pays. On
ne possède actuellement aucun contrat de prêt datant de la
période royale. Mais on sait que dans la capitale provinciale
araméenne de Guzana, au XIIe siècle, l'intérêt des prêts en
argent atteignait 50 % et des prêts en grains 100 % . En
Assyrie, le taux moyen de l'intérêt dépassait 25 % . On peut
induire de ces faits quelle devait être la situation sur la terre
de Canaan, pauvre et déchirée par la multitude de ses conflits.
D'où, sans doute, l'interdiction formelle du prêt à intérêt
dans la législation mosaïque qui tente, par cette mesure drastique, de mettre fin aux abus de l'usure [32].

En fait la loi mosaïque, comme celle de plusieurs nations
anciennes, permet au débiteur de s'acquitter de ses dettes
sous forme de prestations de travail. Celles-ci, pour des
dettes importantes, durent pendant des mois, voire des années,
de telle sorte que les Hébreux peuvent devenir, au moins à
titre temporaire, les esclaves de leurs créanciers.

La société hébraïque est essentiellement composée de paysans; l'Hébreu dépossédé de ses terres se loue comme ouvrier
agricole dans les entreprises plus heureuses. Isaïe mentionne
l'existence de contrats de travail annuels [33] : mais en général l'ouvrier est payé à la journée, pratique que la loi garantit :
il touche chaque soir son salaire en argent ou en nature. La
classe des salariés devait être nombreuse, malgré la rareté
des textes bibliques pour tout ce qui les concerne. Paysans et
ouvriers constituent en fait l'immense majorité du peuple
de la Bible [34].

Auprès des salariés, on trouve les artisans, les maçons, les
menuisiers, les forgerons, les fondeurs, les ciseleurs, les tisserands, les tailleurs, les brodeuses, les meuniers, les
boulangers, les foulons, les potiers, les serruriers, les bijoutiers, les parfumeurs, les puisatiers, les ingénieurs... Des
artisans fabriquaient à l'usage de leur clientèle féminine des

« pendentifs» des voiles, des bandeaux, des coiffes, des chaî-
nettes pour les pieds, des ceintures, des boîtes à parfums, des
amulettes, des bagues, des anneaux de nez, des vêtements
précieux, des manteaux, des capes, des mantes, des miroirs,
des linges fins, des turbans, des mantilles [35]».

Les métiers se transmettent de père en fils au sein des
familles. L'artisan est aidé par ses enfants, quelquefois par
des salariés ou des esclaves. Comme on le voit encore de nos
jours dans les villes orientales, les corps de métiers ont tendance à se regrouper dans des rues spécialisées, dans des
quartiers ou dans des villages : d'évidentes raisons de géo-
graphie économique commandent cette répartition. À
Jérusalem, il y avait une rue des Boulangers [36], un quartier des
Orfèvres [37], un val des Fromagers, un champ de Foulon [38],
une porte des Poissons [39]. Dans le Sud de la Judée, à Bet-
Ashéa [40], comme à Débir, ville d'un millier d'habitants
groupés en 250 maisons, on fabriquait des tissus et on les teignait, tandis qu'à Lod et à Ono, dans la plaine, on travaillait
le métal et le bois. Il est probable qu'à l'exemple de ce qui
se passait en Mésopotamie, ces corps de métiers se sont très
tôt organisés en corporations. On a supposé qu'à l'époque
monarchique déjà, certains signes gravés sur les poteries repré-
sentaient la marque de fabrique d'une corporation et non
simplement d'un artisan. Le roi, de son côté, gérait d'importantes industries d'État, comme la fonderie d'Etzyon Gaber
ou comme les poteries de Guedera et de Netayim [41]. Il
semble que le pays n'ait joui que tardivement d'une industrie et d'un commerce florissants. Ces deux sources de
richesse sont aux mains des grands voisins d'sraël : le pays
est inondé par les produits venus de Damas, de Mésopotamie
ou d'Égypte.

Les activités artisanales ou industrielles tenaient dans
l'économie nationale la deuxième place, immédiatement
après l'agriculture. Puisque le grand commerce était aux
mains des peuples voisins, les Phéniciens, les Assyriens, les
Tyriens, les Hébreux se contentaient des échanges indis
pensables : les paysans, les éleveurs, les artisans vendaient
leurs produits sur le marché des villes, directement au

consommateur. Il ne semble pas qu'il y ait jamais eu de classe de grands commerçants hébreux : le négociant, dans le pays, est le «Cananéen». La maison royale, pour des raisons politiques aussi bien qu'économiques, avait développé une sorte de monopole commercial. Salomon s'associa à Hiram de Tyr pour armer une flotte sur la mer Rouge [42] : ses navires transportaient le cuivre d'Etzion Gaber en Arabie et en Éthiopie, en échange de quoi ils importaient en Israël l'or, l'ivoire et les richesses de ces pays. Salomon faisait commerce des chars d'Égypte, des chevaux de Cilicie. Achab possédait des bazars à Damas comme le roi syrien Ben-Haddad en avait à Samarie [43]. Les liens commerciaux de la maison royale s'étendaient à Tyr, à l'Éthiopie et probablement à tout le Proche-Orient ancien. Grâce aux entreprises coloniales des Phéniciens, ils devaient, avec le temps, s'étendre jusqu'aux confins de la Méditerranée. Aux périodes de crises, l'antique idéal égalitaire aiguise les conflits sociaux, d'autant plus apparents que l'immense majorité de la population, y compris les agriculteurs, est groupée dans un nombre minime de minuscules établissements urbains. Cette concentration démographique rend plus insupportable la cristallisation en classes sociales distinctes au sein du peuple de l'Alliance. La scission entre riches et pauvres aggrave la lutte entre le particularisme et la centralisation étatique voulue par les trois premiers monarques d'Israël : elle contribue à favoriser les tendances au séparatisme régional.

« Israël a engraissé : il rue... » (Dt. XXII, 15)

À l'époque royale, nous l'avons dit, la société repose non plus sur la tribu, mais sur le clan familial. La vie sociale se concentre alors dans les cités dont les plus importantes comptent un maximum de 20 000 habitants et dont la plupart n'ont pas plus que quelques centaines d'âmes. On a remarqué avec justesse que les *huqim* de la Bible constituent essentiellement une loi municipale. Les préoccupations du

législateur se situent davantage au niveau de la cité que de
la nation. Les lois importantes du Deutéronome reflètent
cette optique pour ce qui concerne les villes de refuge [44], le
meurtrier inconnu [45], l'enfant rebelle [46], l'adultère [47] ou le
lévirat [48]. D'où l'importance des notables réunis en conseil
des Anciens, *zéqénîm*, pour administrer la cité. À Samarie,
à Jérusalem, les *zéqénîm*, sur le plan local, et les *sarim*,
ministres ou hauts fonctionnaires du roi, constituent une force
qui peut, en certaines occasions, faire échec à la volonté royale :
ce sont les *grands, guedolim*, les *héros, giborei hayil*, qui constituent une cible de prédilection pour les invectives des
prophètes. Chez le Psalmiste, l'assimilation entre richesse,
grandeur, autorité, puissance et méchanceté est presque
constante. Celui qui s'engraisse, rue : il marche naturellement sur les voies de l'iniquité. Ainsi l'idéal prophétique
renforce-t-il les tendances héritées de la vie nomade pour
condamner les abus de puissance des riches.

La richesse d'ailleurs est des plus relatives : la terre en
constitue la source la plus importante. Et les familles gardent si bien leur héritage que les transactions foncières sont
rares. Du temps de David nous avons vu l'inventaire de la
fortune de Nabal : il avait 3 000 moutons et 1 000 chèvres.
Abigaïl, sa femme, soucieuse de gagner les bonnes grâces du
roi David, lui fait un présent royal : 200 pains, 2 outres de
vin, 5 moutons, 5 mesures de grains, 100 grappes de raisin
sec. C'est-à-dire que la fortune de Nabal s'élevait à quelques
dizaines de milliers de francs actuels, et l'offrande de sa
femme, acceptée avec empressement par le roi David, devait
valoir quelques centaines de francs actuels [49].

On a une idée de l'image que l'on se faisait d'une immense
fortune en lisant l'inventaire des biens de Job : 7 000 moutons, 3 000 chameaux, 500 paires de bœufs, 500 ânesses [50].
La fortune de Job, probablement mythique, devait ainsi
dépasser un million de francs actuels, encore que ces équivalences soient bien fictives. Les faits de la vie courante que la
Bible détaille nous ramènent à des proportions plus modestes.
Abraham nous est décrit comme un nomade de grande tente,
Saül cultive ses terres, va lui-même à la recherche des ânesses

perdues de son père. David est, lui aussi, un berger : lorsqu'il se présente devant le roi Saül, il apporte une offrande de cinq pains, d'une outre de vin et d'un chevreau [51].

Tout cela situe la richesse dans des mesures qui nous paraissent aujourd'hui assez modestes. Les fouilles archéologiques confirment cette égalité relative des niveaux de vie : à l'époque de David les maisons semblent avoir été presque toujours de même structure et de même dimension. Au temps d'Amos elles révèlent de plus fortes différences entre riches et pauvres groupés en des quartiers différents de la ville. C'est alors que retentissent les invectives des prophètes qui, d'Amos à Jésus, ne se lasseront pas de condamner l'accaparement des terres et des capitaux, la consommation exagérée des biens, l'injustice, la spéculation, la fraude, le luxe, la corruption, la dureté de cœur des riches. Les pauvres, les faibles, les petits, les veuves, les orphelins sont les victimes pitoyables de l'iniquité sociale; inlassablement, la voix prophétique et la législation biblique prennent leur défense et tentent d'organiser leur protection. Le prêt doit être sans intérêt, et la couverture que le pauvre donne en gage doit lui être restituée chaque nuit [52]; une stricte justice doit lui être rendue [53]. Le Deutéronome revient avec insistance sur ces lois et les élargit [54].

Il s'agissait là d'une tendance profonde de la société hébraïque qui vise à rectifier les inégalités nées de la sédentarisation du peuple, de son installation sur sa terre. Pour bien comprendre l'hésitation du prêteur qui craint de prêter au pauvre à la veille de l'année de remise, il faut savoir qu'en cette année, les dettes sont remises [55], et le produit des terres est laissé aux indigents [56]. Cela se passe tous les sept ans. Tous les quarante-neuf ans, pour le jubilé, le peuple bénéficie d'une mesure générale d'affranchissement et chacun reprend l'intégrité de ses droits sur son patrimoine foncier. YHWH est le vrai protecteur des pauvres contre la dureté des riches. Mais, si l'abondance est un don divin, l'expérience prouve que le riche sait être mauvais, que le juste peut être pauvre : le livre de Job élève une implacable protestation contre cette injustice qu'il impute à Dieu même. Sur ce fait, s'élabore dans le deuxième Isaïe et dans les Psaumes la spiritualité des pauvres qui prend une importance grandissante chez les derniers prophètes, à l'époque du Second Temple et enfin au sein de l'Église chrétienne naissante. Si les pauvres n'ont jamais su s'organiser en parti politique, ils ont fini par devenir une force qui a inspiré les idéaux de la spiritualité hébraïque et incliné le peuple tout entier vers sa destinée supranationale et vers son universalisme.

« Une même loi régira le citoyen et l'étranger… » Nb. IX, 14

Le pays des Hébreux est peuplé d'un grand nombre d'étrangers, les *guerim*. Ce mot signifie plus précisément les métèques : il désigne la classe nombreuse des hommes qui vivent dans le pays sans être d'ascendance hébraïque ; la loi tente de les assimiler en toutes choses aux citoyens, *ezrahim*. En fait, ils sont intégrés intimement aux structures sociales, économiques et même politiques, de la nation. Il est classique de comparer les *guerim* aux *perioikoi*, les anciens habitants du Péloponnèse. Les *guerim* sont, comme eux, les descendants des premiers habitants du pays. Une circonstance aggravante les prive toutefois du droit à la propriété foncière, puisque la terre est tout entière aux mains des tribus : ils sont en cela semblables aux lévites, eux aussi privés de terre : Dieu seul doit être leur part. Et les lois de protection sociale assimilent les *guerim* aux lévites [57], ainsi qu'aux pauvres, aux veuves, aux orphelins. La loi tente d'éviter le pire en ordonnant de leur laisser la dîme triennale [58], les produits de l'année sabbatique [59], et de leur ouvrir l'accès aux villes de refuge [60]. Ils sont libres de moissonner les coins des champs, de glaner ou de grappiller au moment des récoltes, de ramasser les gerbes oubliées [61]. La loi insiste sur les devoirs du peuple envers les *guerim*. On doit les aimer comme des frères – sans oublier que les Hébreux ont été, eux aussi, des *guerim* en Égypte [62]. Ézéchiel, dans la vision où il délimite les frontières du pays, au retour de l'Exil, attribue

leur part aux *guerim* « résidant en votre sein et qui ont engen-
dré des fils en votre sein » : ils devront être traités comme
des citoyens d'Israël et recevoir leur héritage territorial dans
la tribu où ils habitent [63].

Les lois cultuelles confirment l'intégration progressive des
guerim au sein de la société hébraïque : comme les Hébreux,
ils doivent obéir aux lois de purification des péchés [64]; ils
doivent une égale fidélité à Dieu. Ils sont soumis, très souvent d'une manière explicite, aux mêmes obligations que les
Hébreux [65] : jeûnes, sacrifices, interdiction de manger du
sang, lois alimentaires, etc. Il semble que l'assimilation ait
été poussée si loin qu'en définitive de nombreux *guerim* se
soient intégrés totalement à la société hébraïque par la pratique de la circoncision [66]; pour les autres, les différences
n'étaient plus que d'ordre social, comme il en existait entre
pauvres et riches, entre patriciens et plébéiens, le législateur
s'efforçant de pallier les inconvénients de cette situation de
fait.

Car les *guerim* et les pauvres augmentent les risques que
fait courir à l'équilibre social la classe des esclaves. Et les
Sages, désabusés, savent que, malgré leurs efforts, il y aura
toujours des pauvres dans le pays.

« *Vous les aurez pour esclaves…* » *LV.* XXV, *46*

Le statut des esclaves dépend dans la société hébraïque
non seulement de facteurs sociaux, économiques et historiques, mais encore des aspirations théologales de la
législation. C'est un truisme que d'évoquer le sort cruel des
esclaves dans l'Antiquité. En Mésopotamie, en Égypte, en
Grèce comme à Rome, l'esclave est un bien comme un autre,
non pas une personne mais une «tête d'esclave», comme on
compte les têtes d'ovins ou de bovins dans les troupeaux. On
le marque comme le bétail; un signe de propriété imprimé
au fer rouge à même la peau désigne son appartenance à un
maître. L'assistance à un esclave fugitif est sévèrement punie.

La vente d'un esclave ne différait pas de celle d'une marchandise ordinaire. La femme esclave devait non seulement son travail, mais son corps à son maître. Elle restait esclave même si elle lui donnait des enfants. Sauf dans le Code d'Hamurabi, le maître avait droit de mort sur ses esclaves, que rien ne protégeait contre son bon vouloir.

Il est bien certain que l'esclavage existait dans la société biblique. Le mot *'ebèd*, que les traductions rendent parfois par *serviteur*, désigne très exactement l'esclave. Un passage du Siracide décrit l'esclave hébraïque comme une bête. L'âne a droit au foin, au fouet et au fardeau; l'esclave au pain, aux châtiments et aux travaux. Le maître est averti que toute faveur accordée à l'esclave se retournera contre lui : «Il ne travaille que sous le fouet : laisse-lui les mains libres, il s'enfuira… veille à ce qu'il travaille, sinon entrave-lui les pieds [67].» Cette vision cruelle du sort réel de l'esclave est aussitôt corrigée par un conseil ambigu : «Si tu as un esclave, traite-le comme un frère… [68].» Les tendances égalitaires de la société hébraïque jouent une fois de plus pour rectifier les inégalités. Job s'écrie : «N'est-ce pas dans un ventre que mon auteur l'a fait aussi, préparé dans une matrice unique? [69]»

À cette identité personnelle s'ajoute une correspondance collective, plus décisive, que les textes bibliques rappellent avec insistance : Israël a été esclave en Égypte pendant des générations. Il connaît la tragédie de la condition serve, il doit s'en souvenir pour traiter avec humanité ses propres esclaves. La loi biblique organise, du mieux qu'elle le peut, la protection de l'esclave : elle punit le maître qui l'aurait mis à mort; s'il a été éborgné, mutilé ou gravement maltraité par son maître, il doit être libéré; il a droit à un jour de repos par semaine; les femmes esclaves qui servent de concubines cessent d'être aliénables comme une marchandise [70]. Enfin l'esclave maltraité a toujours la possibilité de s'enfuir. Contrairement à la plupart des législations antiques, le Deutéronome interdit formellement de livrer un esclave fugitif à son maître [71].

La guerre est dans l'Antiquité la source principale de l'esclavage : le livre des Juges, les Chroniques font état de ce fait [72]. Le livre des Nombres décrit le partage des vierges madianites entre les vainqueurs [73]. L'État de son côté dispose d'esclaves attachés à son service ou au service des sanctuaires. La loi biblique ne parle jamais des esclaves d'État, mais il semble certain qu'ils ont existé. Le roi Salomon les emploie dans ses mines, sur le pont de ses navires, dans ses industries d'État [74]. Certains d'entre eux, les *netinim*, sont au service du Temple. Après l'effondrement de la monarchie, ceux-là seuls survivront dans la société israélienne post-exilique.

Le commerce des esclaves étrangers est entre les mains des Phéniciens : Gaza et Tyr sont des centres de traite. On y négocie des esclaves originaires d'Asie Mineure, tandis que là-bas on vend des Hébreux. Le prix d'un esclave, selon le code de l'Alliance, est très élevé eu égard à la pauvreté générale : trente sicles d'argent [75].

L'esclave n'est pas forcément d'origine étrangère. Dans certains cas, l'Hébreu peut tomber en esclavage parmi ses frères. L'enseignement prophétique, la loi, les tendances les plus profondes de la société hébraïque semblent avoir condamné cette pratique, qui existe cependant sous plusieurs formes. Le Lévitique prévoit le cas de l'Hébreu qui s'est vendu comme esclave et ordonne qu'il ne soit pas soumis au travail forcé [76]. Lorsque l'Hébreu a été vendu à l'étranger, le devoir des siens sera de le racheter [77].

L'esclavage de l'Hébreu est de toute manière considéré comme provisoire : sa servitude est limitée à six ans, au terme desquels il doit être libéré. Par une ultime délicatesse, le législateur ordonne : «La septième année tu le renverras libre de chez toi et, quand tu le renverras libre de chez toi, tu ne le renverras pas à vide. Dote, dote-le de ton troupeau, de ton aire, de ton pressoir, de ce dont YHWH ton Elohim te bénit : donne-lui. Et tu te souviendras que tu as été esclave en terre de Misraïm : YHWH ton Elohim t'a racheté. Ainsi je te prescris moi-même cette parole aujourd'hui [78].»

Au cas où l'esclave hébreu refuse le bénéfice de sa libération, il devient alors esclave à perpétuité : son oreille doit être percée contre la porte de la demeure, sans doute pour

signifier son intégration à la maison de son maître [79]. Avant
l'échéance de l'année jubilaire, l'esclave hébreu peut toujours
être racheté en payant à son maître le salaire équivalent aux
années qui lui restent à remplir avant sa libération.

Comme partout, le sort de l'esclave dépend du caractère
de son maître ; dans bien des cas, il devait être moins tragique que celui du sous-prolétariat des sociétés modernes.
L'esclave partage la vie familiale dans la maison où il sert.
La tendance du législateur est de l'intégrer à la cellule sociale
où il vit : il doit être circoncis comme les Hébreux [80], il
participe au culte familial, observe le repos sabbatique,
célèbre les fêtes religieuses, y compris la Pâque, il peut épouser la fille de son maître et même hériter de ses biens : dans
ces cas il est immédiatement affranchi. Il redevient un
homme libre, *hofshi* [81].

Il semble que le nombre des esclaves ait été relativement
faible. Même au faîte de sa puissance, sous Salomon, la
monarchie israélienne ne dispose jamais d'un nombre suffi-
sant d'esclaves pour construire le Temple ou les palais royaux :
elle doit avoir recours à des milliers de salariés. Après le
schisme, la puissance militaire des Hébreux est en déclin
constant ; ils pensent à se défendre plutôt qu'à augmenter le
nombre de leurs esclaves. Ceux qui peuvent investir leurs
capitaux pour l'achat d'esclaves, si rigoureusement protégés
par les lois, sont peu nombreux. Il semble plus utile et moins
onéreux d'avoir recours à la main-d'œuvre salariée : les
ouvriers libres sont toujours prêts à louer leurs services, sur
la base d'un contrat clairement défini. Ainsi les conditions
économiques renforcent les traditions nationales et les aspirations égalitaires des Hébreux.

Les « Barbus »

Au-dessus des esclaves, des étrangers résidents, des ouvriers
salariés, des artisans, des marchands et des agriculteurs, les
notables occupent le sommet de la hiérarchie sociale : ce

sont les *zeqénîm*, les Anciens ou plus exactement les *Barbus*.
Ils ont entre les mains ce que la royauté et ses organes leur
laissent de pouvoir réel dans les affaires municipales et nationales. Ils sont encore désignés sous le nom de *sarim*, les chefs :
parmi eux, le roi choisit ses ministres et ses hauts fonctionnaires, ses officiers [82]. Ils deviennent alors les serviteurs du
roi. Soulignons que le mot *'ebèd* qui les désigne alors signifie aussi esclave : l'Hébreu ne distingue pas plusieurs types
de services. Le ministre le haut fonctionnaire, l'ouvrier salarié et l'esclave sont des serviteurs : le seul terme de *'ebèd* les
désigne tous indifféremment. Les notables comptent encore
les *medihîm*, hommes riches et généreux qui occupent les
places d'honneur dans les réunions avec les *horîm*, sortes de
francs-bourgeois dont on ignore exactement les titres et les
prérogatives : tous sont des *guiboré haïl, héros de vaillance*,
entendez par là des hommes durs à la besogne ou à la guerre
et qui ont du bien au soleil [83].

Tels sont les grands d'Israël à l'époque royale : ils ne
constituent pas une classe fermée, une noblesse héréditaire,
mais l'élément le plus puissant de la société biblique qui se
recrute dans toutes les couches de la population pour mettre
ses talents au service du roi.

Le roi

Pendant les 445 années de la période royale, de 1031 à
586, la vie quotidienne des Hébreux a pour centre constant
la personne et les faits et gestes du roi. Celui-ci représente
aux yeux des Hébreux l'élu de YHWH, son messie : sa consécration fait de lui le fils aîné choisi par Dieu lui-même
pour régner sur son peuple [84], pour être son guide, son pasteur. Ils voient en lui le serviteur de YHWH, le messie en
qui vit le souffle de YHWH : qui l'insulte s'attaque à Dieu
lui-même [85]. Le sort du peuple est étroitement lié à celui
du roi qui est sa lumière [86]; de sa conduite, de ses choix,
dépend son bonheur ou son malheur [87].

Pour Joël, le roi est le fils de Dieu, *bèn Elohim*[88]. L'idée du caractère divin de la royauté est profondément enracinée dans la conscience des peuples voisins d'Israël, en Égypte, en Mésopotamie, chez les Cananéens et les Hittites qui voient dans leur roi la manifestation de Dieu sur la terre. Mais Joël connaît bien l'histoire de son peuple : la royauté n'a pas toujours existé chez les Hébreux. Non seulement elle n'appartient pas à l'ordre naturel du monde, mais elle a été établie contre la volonté du prophète Samuel et contre le dessein de Dieu. Le peuple souhaitait «ressembler enfin à tous les peuples». C'est ainsi qu'il oblige Samuel à lui nommer son roi, Saül.

Consolidée par David et Salomon, la monarchie n'a pas – et ne peut avoir –, dans l'univers sacral des Hébreux, un caractère laïque. Le roi affirme le caractère sacré de sa royauté en présidant chaque année au Temple les cérémonies du culte royal. Mais le législateur n'oublie pas qu'il est un homme, qui doit se soumettre à la Tora et ne multiplier ni ses femmes ni ses chevaux[89].

La royauté se fonde ainsi sur l'Alliance qui unit le roi à son Dieu, devant qui il est responsable, et à son peuple[90]. Qu'il soit infidèle à cette double alliance, il n'échapperait pas au châtiment qui s'abattrait sur lui et sur sa dynastie. Fils de Dieu, le roi exerce normalement des fonctions cultuelles : il offre des sacrifices et de l'encens. Le Temple de YHWH, à Jérusalem ou à Bethel, est considéré comme le temple du roi qui l'a bâti[91]. Le palais royal a un accès direct au Temple, que le roi alimente de ses dons et de ses sacrifices; il en est évidemment le souverain et il est en droit d'y donner des ordres, bien qu'il n'en soit pas le grand prêtre.

L'un des principaux attributs du roi est d'être un juge juste : dans son rêve, Salomon demande d'abord à Dieu de lui donner un cœur attentif pour bien juger le peuple dont il doit devenir le juge suprême[92]. Le roi, qui est à lui-même son propre ministre de la Justice, peut déléguer son pouvoir à des juges nommés par lui, mais il demeure essentiellement le protecteur des faibles, des affligés, de la veuve et de l'orphelin[93].

La royauté est héréditaire : ce principe a été respecté sans faille pendant les 445 ans de durée du royaume de Judée : ses rois sont tous de la dynastie de David. Le royaume du Nord, bouleversé par ses révolutions de palais, n'a pas joui d'une telle stabilité, mais là aussi, comme dans tout le Proche-Orient, la royauté se transmettait normalement de père en fils. En cas de renversement d'une dynastie, le nouveau roi, pour assurer ses arrières, ne manquait pas d'exterminer toute la famille de son prédécesseur [94].

L'investiture était à la fois un acte politique et religieux [95]; il comportait deux instants décisifs : l'onction et l'intronisation. Cette cérémonie solennelle avait un faste qui attestait la grandeur du nouveau roi. L'onction d'huile sacrée, faite par le grand pontife, faisait du roi le messie de YHWH. Le peuple criait : «Vive le roi», reconnaissant ainsi ses pouvoirs, tandis que les prêtres sonnaient du shophar et chantaient les Psaumes d'intronisation [96].

Les symboles de la royauté étaient le trône, la couronne et le *'Edout*, témoignage, qui était probablement un document écrit [97]. La «loi du roi» et les circonstances de son couronnement y figuraient peut-être. Les lois concernant le fonctionnement de la royauté sont des plus succinctes : le roi doit être un fils d'Israël et non un étranger, il ne doit multiplier ni ses femmes, ni ses chevaux, ni son or, ni son argent. Il doit encore faire une copie de cette Tora et la proclamer devant les prêtres. La loi ne dit rien des droits du roi dont elle ne fait que souligner les limites. Ceux-ci étaient en fait ceux d'un souverain absolu : les prophètes mettent en garde contre les abus dont les monarques étaient coutumiers en matière de corvée, de mobilisation et d'impôt [98]. Le roi mobilisait les jeunes gens pour son armée, pour des travaux forcés ou pour sa garde personnelle. Il pouvait réquisitionner les jeunes filles dans son palais pour toutes sortes de travaux domestiques. Il avait aussi le droit de prélever la dîme de tous les biens, de distribuer des domaines à ses ministres et à ses eunuques, de prendre enfin les esclaves, les servantes et le bétail de ses sujets pour ses propres besoins et ceux de son administration [99]. La rébellion contre le roi était un crime puni de mort : le rebelle et ses complices étaient exécutés sans délai [100]. Seuls les rois avaient le droit de se faire enterrer à Jérusalem à l'intérieur des murs [101].

Salomon dans toute sa gloire

Salomon a laissé un souvenir légendaire de bâtisseur : dès que l'on rencontre un vestige de quelque importance on le qualifie de ruine salomonienne. C'est ainsi qu'en 1867, un archéologue de génie, Charles Warren, en découvrant la muraille hérodienne de Jérusalem, n'hésita pas à l'attribuer à Salomon, commettant une erreur de datation de mille ans! On ne prête qu'aux riches [102]... Et Salomon était riche en travaux de toutes sortes : cités, remparts, forteresses, aqueducs [103]. Grâce à ses travaux, le pays change d'aspect. Mais son chef-d'œuvre, impérissable dans la mémoire de son peuple, est le Temple qu'il élève à la gloire de son Dieu, auprès de son palais royal. Ce dernier est construit en treize ans. Il comprend la «maison de la Forêt du Liban» qui sert d'arsenal et probablement aussi d'abri pour les trésors royaux [104]. La «salle des Colonnes» a une destination qu'il nous est impossible, faute de document, de définir avec précision. La salle des audiences royales sert aux cérémonies de la cour, comme aussi de chambre de justice royale. C'est là que Salomon rend les jugements dont la sagesse devient vite légendaire. Il siège alors sur son trône royal, fait en ivoire plaqué d'or, à six degrés, orné de têtes de taureaux, sur le dossier et de chaque côté; deux de ces taureaux soutiennent les bras du siège. Douze lions se dressent de part et d'autre des six degrés qui mènent au trône. Le septième degré est constitué par le roi lui-même dont la figure humaine complète le symbolisme du taureau, du lion, des chiffres sept et douze. Le narrateur biblique complète sa description du trône royal par une exclamation admirative : «Il n'a jamais été rien fait de semblable dans aucun royaume [105].» On sait aujourd'hui que les trônes de Toutankhamon ou des rois syriens ou palestiniens représentés sur le cercueil d'Ahiram de Byblos étaient fabriqués selon les mêmes techniques du travail de l'ivoire et de l'or. La «galerie de la Forêt du Liban» est tapissée de trois cents grands boucliers d'or battu sur chacun desquels sont appliqués six cents écus d'or, et de trois cents petits boucliers d'or battu, couverts chacun de trois mines d'or. La vaisselle, les flacons, les coupes de la table du roi Salomon sont fondus de cet or que, tous les trois ans, sa flotte ramène de Tarsis avec des chargements d'argent, de pierres précieuses, d'aromates, d'ivoire, de singes et de guenons, ou, venant d'Ophir, des bois rares qui servent à la fabrication des lyres et des harpes.

Sur sa table, ses hôtes et ses familiers se servent des provisions qui lui sont quotidiennement apportées : 30 muids de fleur de farine, 60 muids de farine, 10 bœufs d'engrais, 20 bœufs de pâture, 100 moutons et des quantités de cerfs, de gazelles, d'antilopes et de canards engraissés. Car on vient de toutes les nations pour admirer la sagesse et la gloire du roi des Hébreux [106].

Le palais royal s'élève sur trois étages; il constitue un cube de 100 coudées de long, 50 de large et 30 de hauteur. Au centre du bâtiment, se situe une vaste cour. Au nord du palais royal et du harem s'élèvent le Temple et l'autel des sacrifices, habité par la présence de l'Élohim d'Israël qui, du ciel, veille sur son peuple.

Les chroniques royales évaluent le revenu annuel du roi Salomon à 666 talents d'or, c'est-à-dire 29 tonnes d'or. Ce chiffre, quelle que puisse être son exagération, donne une idée des progrès faits en quelques générations par le pays des Hébreux et quelles furent ses métamorphoses depuis l'anarchie du temps des Juges, les tâtonnements de Saül ou les guerres de David.

Dans les splendeurs architecturales ou artistiques du règne de Salomon, l'archéologie moderne reconnaît de multiples influences : le palais de Sardon II à Khorsabad, celui de Sincirbi avec sa façade de style syrien, celui de Tell Halaf offrent des ressemblances certaines avec le palais du plus grand des rois d'Israël.

La technique de la construction utilisée par ses architectes est mieux connue grâce aux fouilles de Meguido et des principaux sites du début de l'époque royale ; elle prouve les relations étroites et les influences reçues des pays voisins, d'Égypte, de Mésopotamie, de Syrie, de Canaan et plus spécialement des architectes et des ingénieurs phéniciens qui dirigèrent les travaux de construction entrepris par Salomon. La découverte, en 1936, du temple de Tel-Taïnat, dans la plaine d'Asuq, au nord de la Syrie, confirme ces influences : il est de la même époque et du même type de construction que le Temple de Jérusalem. Le temple de Shiloh appartenait à ce modèle de construction qui devait être classique dans le Croissant fertile au début du Ier millénaire avant l'ère chrétienne. La décoration du Temple, minutieusement décrite dans les chroniques royales, témoigne des mêmes influences : utilisation du bois comme élément de construction – largement répandu en Syrie – chérubins, palmiers, fleurs, objets de bronze, lions, taureaux se retrouvent non seulement dans les différentes civilisations de l'Asie occidentale, mais encore dans les régions de la Méditerranée – à Chypre notamment –, qui sont en contact avec les Syro-Phéniciens à cette haute époque. La vasque d'Amathonte, au musée du Louvre, donne une idée probablement précise de ce que fut la Mer d'Airain du Temple de Jérusalem [107].

Mais les Hébreux présentent une synthèse originale des éléments de construction et de décoration de leur époque. L'étonnement de la reine de Saba devant les splendeurs qu'elle découvre à la cour du roi n'est pas feint : Jérusalem constitue alors, sans nul doute, l'une des plus brillantes capitales du monde antique et Salomon l'un de ses monarques les plus grands et les plus subtils [108].

La cour

La cour royale attestait la puissance du souverain. Les courtisans s'appelaient «les voyants de la face du roi», ses officiers, sans distinction entre ceux qui étaient à son service personnel ou au service de l'État. Le titre le plus élevé dans la hiérarchie du pouvoir était : *'ebèd hamélekh*, serviteur du roi, et le premier de tous était celui qui avait la charge de la maison du roi. Le ministre de la maison royale avait également en charge le Temple, la «Forêt du Liban», l'arsenal tout proche, où se trouvaient la milice et les coureurs attachés à la garde du roi et au service du palais.

La cour était composée de la famille du roi, ses femmes, ses concubines, ses servantes et ses esclaves. David avait déjà sept femmes à Hébron, à Jérusalem, son harem grandit encore [109]. On prête à Salomon un millier de femmes [110]. Le harem était un des symboles du pouvoir. Un roi qui en était dépossédé était un roi déchu [111]. Le mariage était aussi un instrument efficace de la politique : le roi prenait ses femmes dans les familles les plus puissantes du royaume et des cours voisines. David se marie avec Maakha, la fille d'un roi de Gueshour, Salomon épouse la fille d'un Pharaon, son harem est rempli de Moabites, d'Iduméennes, d'Amonéennes, de Hittites, de Sidoniennes [112]. Dans le harem, la favorite jouait un rôle prépondérant, mais il ne semble pas que les rois aient eu d'épouse qui jouissait auprès de lui d'un rang officiel. Par contre, la reine mère, la Dame, portait probablement le diadème et avait le pas sur les épouses du roi [113]. Les enfants du roi grandissaient à l'ombre du palais, élevés par les femmes et leurs gouvernantes. Le prince héritier jouissait d'un rang privilégié qui ne le mettait pas à l'abri des intrigues de la cour.

Les biens du roi ne se distinguaient pas de ceux du Trésor du royaume : il n'y avait pas de séparation bien nette entre eux et ceux du Temple. Ils provenaient des dîmes, des impôts, des donations et des revenus de leurs entreprises agricoles, industrielles et commerciales. La guerre, en cas de victoire, procurait des esclaves. des biens et souvent le paiement de tributs annuels que les peuples vassalisés s'engageaient à verser aux rois vainqueurs.

Il est remarquable de noter la résistance des prophètes à une royauté établie sur Israël contre la volonté de YHWH et de Samuel. Les livres de Samuel et des Rois ne manquent

jamais de souligner les carences, les fautes, voire les crimes
des rois. Osée est le premier à contester l'institution de la
royauté considérée comme une révolte contre YHWH, un
châtiment de la justice divine contre les infidélités du
peuple [114], rejoignant ainsi la pensée de Samuel à l'époque
de Saül au moment de l'institution de la royauté en Israël.
L'époque du Second Temple idéalise le temps des rois qui
fut aussi celui de la grandeur des Hébreux : David devient
le symbole parfait du roi juste qui préfigure la délivrance
et le règne du Messie. À cet égard les auteurs des Chroniques
ont un point de vue radicalement opposé à celui de Samuel
ou d'Osée.

L'administration du royaume

L'Hébreu de la Bible vit dans une société organisée : dans
toutes les circonstances de sa vie il a recours à l'administration qui gère le royaume dont il dépend. Pendant toute la
période des Rois, l'ancienne tradition patriarcale survit et
se heurte à la volonté centralisatrice du pouvoir royal. Sous
le règne de Saül, la réalité du pouvoir appartient au père de
famille, au chef de clan, au souverain de la tribu. Saül lui-
même fonde sa puissance sur sa tribu ; il fait appel pour son
administration à ses proches parents et à David lui-même
parce qu'il est devenu son gendre [115]. Mais il élargit pro-
gressivement l'assise de son administration et l'assiette des
revenus de la maison royale [116]. David et Salomon étendent
et approfondissent son action.
Le deuxième livre de Samuel, le livre des Rois et les
Chroniques décrivent avec précision le mécanisme de l'administration royale et nous donnent des listes fournies de ses
principaux titulaires. Les parents du roi y jouent encore un
rôle important, mais la tendance à faire appel à toutes les
couches du peuple, et même à des étrangers, s'accentue. Les
chefs de tribus semblent avoir servi le roi au sein d'un conseil
dont l'existence facilita les débuts de la monarchie : David

donne un caractère populaire à son gouvernement en s'affirmant au milieu des conseillers qui l'entourent non pas comme un monarque absolu mais comme une sorte de *primus inter pares*. Les *neguidim*, les «guides» qui sont auprès de lui sont d'ailleurs au nombre de 13 : ils représentent les 12 tribus et les prêtres [117].

Plus efficacement, le roi organise la vie économique du royaume en préposant des ministres chargés de l'administration des principales ressources, celles des villes, des villages, des campagnes, des vignobles, du vin, des oliviers, de l'huile, des forêts, du gros et du petit bétail, des chameaux, des ânes. Il nomme un ministre des Finances préposé au trésor royal qui est alimenté par les revenus de ses propriétés, de ses impôts et de ses guerres. Le pays jouit d'une économie agricole qui prospère à mesure que le pouvoir royal s'affermit. Les postes principaux sont occupés par des Hébreux appartenant à de grandes familles. Les étrangers sont chargés de fonctions techniques comme la fabrication de l'huile ou la charge des chameaux et du petit bétail.

Le pays est divisé, par surcroît, en 13 régions qui maintiennent les souvenirs tenaces de l'organisation primitive [118]. Ces divisions territoriales évoluent avec le pays [119]. Les écrits, parmi la longue énumération des fonctionnaires du roi, font état de l'actuaire, du chef de l'armée, du secrétaire qui cumule les fonctions de secrétaire d'État et de secrétaire privé du roi, des préposés à la main-d'œuvre salariée, aux corvées, tandis que le grand pontife et les prêtres occupent une place privilégiée dans la hiérarchie du royaume. Les ministres qui servent le roi sont à la tête d'une administration centrale, régionale et locale qui donne consistance à la réalité du pouvoir.

Celui-ci déborde sur les territoires conquis : le roi y nomme des préfets qui le représentent en Aram et à Damas [120]. Ailleurs, par exemple chez les Amonéens ou à Gueshour, la dynastie locale continue à régner en payant tribut.

Sous le règne de Salomon, au sommet de la hiérarchie administrative, se trouve le grand pontife, chef spirituel de la nation. Viennent ensuite les actuaires, le secrétaire, le chef de l'armée, le chef des préposés, sorte de ministre de l'Intérieur, le berger du roi préposé aux troupeaux, le ministre de la maison royale et enfin le percepteur des impôts. Les fonctions, leur hiérarchie, le nom et la personnalité de ceux qui les occupent nous permettent de jeter un regard direct sur la société hébraïque de l'époque royale presque aussi précis que sur une fresque.

L'administration royale, à ses débuts, semble avoir suivi les traditions cananéennes plutôt que le modèle égyptien. Il est possible qu'une école ait formé les administrateurs qui se recrutaient régulièrement dans un petit nombre de grandes familles proches de la maison royale.

Après le schisme entre les royaumes de Juda et d'Israël, les rôles les plus importants semblent avoir été dévolus au chef de la maison royale qui contrôlait alors l'ensemble de l'économie nationale [121], à l'actuaire et au secrétaire. Nous connaissions ces dignitaires par leurs noms, leur ascendance, leurs actes. Nous découvrons aujourd'hui dans les chantiers où s'élevaient leurs bureaux des objets qui leur appartenaient et parfois des sceaux, gravés à leurs noms et à leur titre, qu'ils apposaient sur les documents dont ils étaient les auteurs. Serviteur du roi, fonctionnaire, «voyeur de la face du roi», agent du roi, préposé aux porteurs, chef de ville, juge, fils du roi, eunuque, pachas et adjoints, jeunes attachés, marchands du roi, nous pouvons les imaginer ou, mieux, les ressusciter vêtus de leurs tuniques éclatantes dans les palais et les rues des villes d'Israël, dans le tumulte des souks ou la quiétude de leurs maisons d'été.

Le roi a plein droit de regard sur toutes les instances de son administration, y compris celle du Temple et de l'armée dont nous évoquerons ultérieurement les structures (cf. pp. 187 sq. et 285-304).

Impôts et corvées

La Bible, loquace pour nous décrire l'appareil administratif du royaume, ne nous dit à peu près rien des méthodes d'imposition. Mais Joël, l'homme de la Bible, sait aussi qu'il a à payer ses impôts et nous avons découvert, grâce à divers recoupements, comment il devait le faire.

Il devait payer la dîme de ses récoltes, de ses vignobles, de son bétail. Ses champs, ses vignes, ses oliveraies étaient également imposés. De plus, l'administration royale pouvait le mobiliser pour son service militaire ou civil [122]. Ces impôts étaient jadis perçus par les chefs des cités cananéennes et les rois hébreux ne font que suivre leur tradition. Par surcroît, de nombreux textes accadiens ou ougaritiques nous montrent quelle était à leur époque la pratique concrète de l'imposition. Le roi qui levait l'impôt avait aussi le pouvoir de libérer de l'impôt [123]. Nous avons plusieurs exemples des dispenses accordées en matière d'impôts directs sur les troupeaux, les terres ou les douanes. Notons aussi que le roi pouvait imposer à ses sujets d'entretenir ses hôtes et ses troupes.

Joël sait que les recensements de la population que font les rois ont un but immédiat : assurer la plus large et la plus sûre assiette de l'impôt. D'où leur mauvaise réputation : quand un roi recensait, le peuple prévoyait des malheurs et ils ne manquaient pas d'arriver, d'abord sous forme de notes d'impôt [124]. Les ostraca de Samarie et d'Arad prouvent que l'administration disposait de listes de la population qui servaient à lever les impôts, appelés alors, avec pittoresque, tontes du roi, offrandes, dîmes, charges, douanes, corvées, fardeaux, et, à l'époque perse, pain du pacha. Les tontes du roi désignent un impôt levé sur les récoltes [125] tandis que la dîme est affectée à l'entretien des prêtres, des lévites, et du service du Temple. Une des ressources importantes du trésor royal provenait des droits de douane que les rois prélevaient sur les marchandises importées, sur les caravanes et les navires en transit [126].

La corvée, *mass*, consistait en travail obligatoire fait au service du roi : David avait un ministre chargé de ce département et Salomon, grand constructeur, levait la corvée, non seulement sur les étrangers, mais aussi sur son propre peuple [127]. Car, généralement, la corvée était imposée à la population des villes conquises, celles du moins qui n'étaient pas exterminées, réduites en esclavage ou déportées [128]. Les habitants de Gabaon et d'autres villes hiwites sont ainsi réduits au servage en qualité de «coupeurs de bois et de pompeurs d'eau» [129]. Salomon utilise cette main-d'œuvre gratuite pour ses vastes travaux de construction [130].

Le paysan envoie ses produits en nature au percepteur ; le citadin s'acquitte de sa dette en lingots de métal qu'il dépose aux guichets des succursales du Trésor. Ce métal, or, argent, ou bronze, était centralisé ou fondu dans les fonderies du roi ou celles du Temple, en lingots de poids fixe [131].

Le peuple est écrasé d'impôts : il lui arrivera de se révolter, de provoquer le schisme des tribus du Nord, décidées à ne plus se laisser faire par le Trésor central, de lapider et de tuer les percepteurs trop diligents [132]. Et notre Joël tremble, pour le cas où il serait arrêté pour non-paiement d'impôts ou de dettes, de tomber dans une lourde servitude qui l'arracherait pour longtemps à sa famille et à ses champs : il risquait alors pour de longues années de devenir esclave.

La justice

Dans sa vie quotidienne, Joël sait qu'il peut avoir confiance dans la justice du royaume. Le roi est personnellement responsable de son fonctionnement, qu'il dirige au nom de YHWH et de sa Torah révélée au Sinaï. Rien n'est plus important pour lui que de faire régner la justice. Deux synonymes la désignent : *mishpât* et *dîn*. Ils évoquent l'ensemble de l'appareil judiciaire, de ses juges, de ses lois, de sa procédure, de ses plaidoiries de ses enquêtes, de ses jugements et de leur exécution [133].

De tout temps pour Israël, la justice et la loi qui en permet le fonctionnement ont leur source en YHWH Élohim. Cependant cette loi qui affirme la transcendance de son origine et son immutabilité s'adapte en pratique aux différents âges de l'histoire. La législation de l'époque patriarcale ne nous est connue que par les allusions qui y sont faites dans la

Genèse et par les survivances encore en usage à l'époque royale, notamment en matière de droit familial [134]. La suprématie du chef de famille, de clan ou de tribu, avec droit de vie et de mort sur ses descendants, la coutume de prendre pour concubine la servante de la femme stérile sont évidemment de très haute antiquité [135]. Pour ce qui est du régime des biens, de la transmission de la propriété, de l'établissement des alliances politiques entre cités ou tribus, nous sommes condamnés à interpréter les données bibliques trop succinctes à la lumière de la pratique des peuples voisins.

Il n'en est pas de même à l'époque royale où nos sources scripturaires surabondent, encore que nous n'ayons pas trouvé à ce jour d'archives ou de documents archéologiques qui complètent notre information biblique. Les historiens ne manquent pas d'éclairer les données que nous possédons par la vaste documentation sur le droit et la jurisprudence des peuples voisins, l'Égypte, la Mésopotamie, ou des pays plus proches encore d'Israël. Par exemple, nous savons que la pratique de gager des objets ou d'hypothéquer des propriétés était largement répandue à l'époque royale; la Bible n'en dit rien, pas plus que de la manière dont notre Joël pouvait acheter un objet, une terre ou une femme.

À la différence des législations anciennes qui avaient parfois un caractère laïque, la loi biblique n'établit pas de frontière entre la religion, la loi et la morale. Toute norme émane de Dieu et oblige. D'où vient la difficulté de savoir si des lois telles que celles qui assuraient la protection de la veuve, de l'orphelin, de l'étranger, l'interdiction de l'intérêt, l'annulation des dettes et des ventes au jubilé, la libération des esclaves ou la législation des villes de refuge appartenaient au droit positif ou faisaient partie de l'utopie religieuse des prophètes, comme l'hypothèse en a été avancée. Cette critique peut d'ailleurs être portée sur le droit de tous les pays et de toutes les époques, y compris les nôtres : les lois qui ne sont pas appliquées sont au moins aussi nombreuses, des études le prouvent, que celles que les tribunaux parviennent à faire respecter.

Un style juridique particulier, propre aux législateurs

hébreux, caractérise la loi biblique par rapport aux Codes de l'Antiquité. Le mélange des genres y est total : la jurisprudence la plus sèche s'insère dans le poème lyrique, le récit historique ou l'affirmation théologique ou morale. Joël ne se trouble pas de ce fait : il sait que YHWH Élohim est le créateur du ciel et de la terre et qu'il est, lui, Joël, créé à son image, vicaire de Dieu parmi les peuples. À ce niveau, il importe peu que la loi interrompe un récit avec lequel elle n'a aucun rapport ; de toute manière, l'auteur et du récit et du poème et de la loi, c'est YHWH Élohim. De fait, la plupart des lois de la Tora correspondent à la situation sociale des Hébreux antérieure à l'époque royale, comme en matière d'héritage ou de propriété, de prêts, de relations commerciales : nos écrits disent peu qui soit adapté à la situation réelle du royaume.

De même, au lieu de traiter des graves problèmes de classes qui se posent à l'époque royale, la loi divise la société en pontifes, lévites et Israéliens ou en salariés et esclaves ou en Hébreux et résidents, divisions qui convenaient mieux à l'époque antérieure. Le fondement de la loi biblique est ainsi tribal et religieux par opposition, par exemple, à la loi mésopotamienne qui est d'essence laïque et universelle. La critique biblique assigne trois sources principales aux lois : celle du livre de l'Alliance, celle du Deutéronome, celle enfin du Code lévitique. Mais la polémique n'est pas près de se conclure pour tout ce qui concerne les sources et leur chronologie.

Le roi, chef de la nation, exerce toujours les fonctions de juge suprême. La Bible énumère les jugements rendus par Moïse, Samuel, David, Salomon [136]. Avant l'époque royale, le chef s'appelle justement le *shophet*, le suffète, et sa principale fonction était de juger en même temps que de gouverner [137]. Suffète ou roi, le souverain, détenteur du pouvoir judiciaire, le déléguait à des juges qui, en son nom, administraient la justice. Le Pentateuque fait état de quatre niveaux de juridictions, selon les principes de l'organisation militaire [138]. Auprès de ces juges en titre, il y avait aussi place pour la communauté dont les Anciens arbitraient les

conflits qui surgissaient entre ses membres [139]. Une instance
supérieure, juge souverain, ou prêtres et lévites, tranchait en
toute matière pour les cas les plus graves [140]. Le principe
admis à l'époque royale était que chaque ville avait obligatoirement son tribunal [141].

En cas de crime, le châtiment s'appliquait à la seule personne du criminel, et non, comme en droit mésopotamien,
et sans doute dans d'autres coutumes locales antiques, aux
membres et aux biens de sa famille [142]. Notons que non seulement l'homme, mais aussi la bête meurtrière peut être
déférée devant les tribunaux et jugée [143]. Un bœuf qui a tué
un homme est passible de lapidation et sa chair est interdite
à la consommation [144]. Lorsqu'une femme couche avec une
bête, cette dernière est également responsable et toutes deux
sont exécutées [145].

Le caractère sacré de la justice apparaît aussi dans les lois
morales qui n'autorisent pas la plainte d'un homme ni l'intervention du tribunal : leur sanction est réservée à Dieu et les
coupables «sont tranchés du sein de leur peuple» grâce à
l'efficacité de la justice de YHWH [146].

La loi est particulièrement intransigeante pour tout ce qui
porte atteinte à la vie ou à l'intégrité des personnes : elle
applique avec rigueur le vieux principe du talion, «vie pour
vie». Par contre, le voleur ne peut être condamné qu'à la res-
titution du double (et dans les cas graves du quintuple) de
son larcin. Telle n'était pas la tendance du droit mésopotamien qui punissait le vol avec intransigeance.

La loi hébraïque ne permet pas le cumul du châtiment physique du coupable avec le paiement d'une indemnité à la
victime : c'est l'un ou l'autre. Ainsi le propriétaire du bœuf
qui a tué un homme est, lui aussi, passible de mort. Il peut
cependant se racheter en payant une indemnité à la famille
de sa victime. Dans ce cas il sera dispensé de tout châtiment
corporel : le sang du bœuf criminel et son argent suffisent à
classer l'affaire. Dans tous les cas où un criminel est exécuté,
les parents de la victime ne peuvent jamais recevoir d'indemnité [147].

Toute atteinte à la vie ou à l'intégrité des personnes est

considérée comme crime. Une seule exception à cette règle : en cas de rixe, si un des blessés se relève de ses blessures, il a droit à une indemnité pour sa blessure, ses soins et la perte de temps. Le coupable sera dispensé de tout autre châtiment corporel [148].

Les biens meubles étaient la propriété privée de leurs détenteurs. La terre appartenait en droit à la tribu, au clan, à la famille. Le possesseur en détenait seulement l'usufruit. Qu'il l'aliène de gré ou de force, par exemple pour insolvabilité, la vente sera annulée l'année du jubilé. Cependant, après l'effondrement des structures patriarcales et tribales, cette loi semble ne plus avoir été respectée. Un sous-prolétariat, démuni de tout, prolifère et oblige le législateur à multiplier ses lois pour la protection des déshérités, de la veuve, des orphelins, du pauvre, de l'étranger. Aucune législation n'est allée, à cette époque, plus loin dans ce sens : protection et libération de l'esclave hébreu, annulation des dettes, droit de glane, droit de dîme, égalité devant la loi, du résident étranger et du citoyen, etc.

Les Écritures ne nous permettent pas de saisir quelle était la procédure en usage devant les tribunaux. La rédaction d'un acte n'est mentionnée qu'une fois dans toute la Bible, en cas de répudiation [149]. Le déchaussement est exigé en matière de lévirat et très anciennement en cas de transfert de propriété. La procédure était orale. L'aveu, le serment, le témoignage, l'ordalie en matière d'adultère, l'enquête étaient les moyens de preuve admis [150].

Lieux et Gestes

La cité

Le centre de la civilisation fondée par les hommes de la Bible se trouve dans la cité, 'ir. La première mention d'une ville apparaît dans la Bible sous un éclairage particulier puisque son fondateur n'est autre que Caïn, le fils d'Adam, le premier criminel de l'histoire [1]. Et de fait, d'une manière constante, les auteurs de la Bible élèvent une critique acerbe contre les us et coutumes des grandes cités. Notons que la première d'entre elles a été bâtie par Caïn dont le petit-fils Irad porte un nom qui n'est pas sans rapport avec celui d'Eridu : cette cité de Mésopotamie est, dans la tradition sumérienne, la première ville du monde fondée par les dieux; ses ruines retrouvées de nos jours remontent au VIe millénaire.

Les premières villes dont on ait retrouvé les vestiges en terre d'Israël sont du IIIe millénaire : elles semblent avoir été bâties sous des influences mésopotamiennes là où le phénomène urbain existait depuis le VIe millénaire. Les fouilles ont permis de découvrir des remparts, des sanctuaires, et des maisons à Jéricho, Meguido, Arad, 'Aï. Jéricho présente d'ailleurs une énigme insoluble pour les archéologues : ses remparts et sa tour dateraient du VIIe millénaire, à une époque préhistorique où le phénomène urbain est inconnu partout ailleurs et inexplicable ici.

À l'époque patriarcale, Abraham visite, dans ses pérégrinations, les «cités forteresses» bâties par les Cananéens.

Ce sont des «cités États» gouvernées par des rois : elles sont
strictement hiérarchisées sur des territoires restreints près
desquels les patriarches nomades établissent leurs campements à partir du XVIIe siècle [2]. Les nombreuses ruines de ces
cités ont été découvertes notamment sur la côte et la plaine
côtière du pays. Elles sont toutes puissamment fortifiées par
d'épais remparts et massivement protégées par des murs. De
fait, la fonction éventuelle de la ville consiste à protéger sa
population contre les assauts des ennemis ou les razzias des
tribus. D'où son caractère ramassé : la technique de construction de fortifications est en progrès constant pour obtenir à
meilleur compte une défense plus solide, d'Abraham à
Salomon et à Hérode. Un rempart classique, celui de Jéricho,
par exemple, comprenait un large fossé, un glacis de pierres,
des fondations profondes sur lesquelles s'élevaient les remparts proprement dits. Jérusalem fut ainsi entourée de
remparts par David lorsqu'il choisit d'en faire sa capitale.
Il les bâtit sur les fondations du mur jébuséen et son rempart défendit efficacement la ville jusqu'au temps d'Ézéchias.
    Salomon dut défendre son vaste royaume par un réseau de
fortifications à casemates dont on retrouve les ruines typiques
à Hassor. Il perfectionne aussi la construction des portes :
celles-ci, de forme monumentale, sont composées de deux
tours carrées renforcées par deux séries de trois contreforts
qui formaient six chambres de gardes : un ennemi y péné-
trant y exposait forcément ses flancs. Les remparts
salomoniens de Jérusalem, Hassor, Guèzèr et Meguido sont
bâtis selon d'autres techniques que ceux de Tell Dan, au nord
du pays : là, les portes demeurent plus compactes et par
conséquent mieux défendables. La construction des murs,
après Salomon, fait encore des progrès : les remparts à redans
comprennent des renfoncements réguliers qui augmentent
l'efficacité du tir des défenseurs, ou bien ils sont, comme
ceux de Lakhish, renforcés par une double série de puissantes
fortifications. Le sommet des remparts était fortifié de cré-
neaux à une hauteur probable de 15 à 20 m. Les portes, nous
l'avons vu, étaient tout spécialement fortifiées : entrées à
tenailles héritées des Cananéens; portes à 2, 3, ou même 4

paires de pilastres, comme à Meguido, Hassor ou Guèzèr.
Les Anciens aimaient à s'asseoir sur les bancs adossés aux
murs pour deviser sans fin ou traiter des affaires de la cité
et trancher les procès. La porte proprement dite est souvent
à accès indirect, ou à chicane, comme la dernière porte
construite à Tell-Béit-Misrim. Des portes secrètes donnaient
aussi accès à la ville : elles pouvaient rendre de salutaires services en cas de siège.

Dans les villes royales, à Jérusalem, à Samarie, le mur qui
entoure toute la ville se renforce d'une autre série de remparts : ceux qui encerclent et protègent le palais royal. Enfin,
aux époques d'expansion les villes s'étendaient extra-muros.
Il fallait, pour assurer la protection des nouveaux quartiers,
prévoir de les entourer par une extension des fortifications
et des tours de défense; celles-ci, les *migdalim*, jouent un rôle
important dans le paysage comme dans l'histoire militaire
de la nation. Le village est appelé la «fille» ou l'essaim de
la ville qui en assure la protection en cas de danger : le statut juridique d'une maison de village diffère de celui que
la même maison aurait dans la ville.

La cité est par surcroît le centre économique, culturel et
culturel où s'effectuent tous les échanges : elle est un marché
agricole et artisanal; parfois un palais royal, un sanctuaire ou
une garnison militaire accroissent son importance. En général l'établissement d'une place forte provoque la naissance
d'un centre urbain doublé d'un centre administratif régional.

L'habitat de Canaan a été constitué par les nombreuses
cavernes du pays, utilisées dès les temps préhistoriques et
dans certaines régions jusqu'à nos jours, puis par les tentes et
les maisons de pierre ou de brique. À l'époque royale on
appelle encore *beit*, maison, une tente, et celle-ci continue
de servir aux grands rassemblements des tribus.

Le site d'une ville dépend d'abord des conditions de sécurité et de ravitaillement en eau et en aliments qu'il pouvait
offrir. Le cas de Jéricho, bâtie dans la vallée, est exceptionnel : en fait, cette ville est une oasis; l'eau a ici commandé
la naissance de la cité. D'où l'exigence de remparts puissants

pour en assurer la défense. Le site des dizaines de villes
bibliques que la recherche archéologique révèle, se caractérise ainsi partout par l'existence et le tracé des remparts et
des tours bâtis pour en assurer la protection. D'où la nécessité de s'en tenir aux petites agglomérations. Les remparts
bloquent le développement de la ville et obligent la population à s'éparpiller dans des centaines de centres urbains.
L'historien Aharoni a fait le relevé de 363 villes identifiables
à l'époque royale, sur les 475 dont la Bible cite les noms. Il
est évident qu'il faut ajouter à cette liste des centaines d'autres
bourgs ou centres agricoles qui n'ont pas laissé de traces littéraires ou archéologiques actuellement discernables. La
situation géographique détermine la vocation commerciale,
artisanale, caravanière, maritime ou industrielle des villes.

Leur croissance s'effectue en fonction des besoins de la
population sans plan d'ensemble. Les fouilles dénotent un
sens inné du site, un respect, général d'ailleurs dans
l'Antiquité, du paysage naturel. Les constructions ont un ou
deux étages, rarement trois, d'où le parallélisme des lignes
de faîte de la ville avec son sol.

Les villes se diversifient : à côté du centre militaire ou
administratif, le pays possède 48 villes lévitiques où les
meurtriers peuvent trouver refuge pour échapper à la vengeance
du sang [3]. Il y a aussi des villes marchandes, des cités de
prêtres, des villes royales où l'armée entrepose ses armes,
ses soldats, ses chevaux et ses chars, comme à Meguido [4]. Le
plan des villes s'adapte aux conditions du terrain comme à
à Jérusalem qui fait une extraordinaire utilisation de l'épe-
ron du mont Moryah dominant le paysage apocalyptique
des vallées qui le cernent ou à Tell-Béit-Misrim, bâtie sur
une colline entourée de remparts.

Le plan

Le plus généralement la ville est conçue comme un cercle
au milieu duquel se trouve le complexe des maisons publiques
et privées, entourées par une rue étroite qui ouvre leur accès :

au rempart s'adossent d'autres maisons qui donnent elles aussi sur la rue circulaire. La plupart des villes comptent moins de trois mille habitants. Des capitales comme Jérusalem ou Samarie ne dépassent pas 20 000 âmes groupées par quartiers fortement différenciés selon les professions ou les classes sociales qui les peuplent. Au centre le mieux protégé, s'érigent les édifices gouvernementaux et militaires et parfois les palais royaux. Les maisons privées sont desservies par des rues plus ou moins larges selon l'importance sociale de leurs habitants. Près des portes se situe la place qui joue le rôle de l'agora de la cité grecque. Sous les voûtes des portes se tiennent les marchés, les assemblées publiques et parfois les audiences des tribunaux.

L'art de bâtir

Les progrès techniques dans la construction des remparts sont faits sous la pression de la guerre. Mais ils servent aussi à l'embellissement des palais royaux, des maisons des princes ou des riches marchands et parfois des tombes. La poterie et les arts suivent une courbe ascendante parallèle.

La période d'or de l'architecture israélienne date du règne de Salomon qui édifie de somptueux édifices dans de nombreuses villes. À Jérusalem, il bâtit le Temple, son palais et celui de la fille de Pharaon, ainsi que le Millo et les remparts de sa capitale. Il faut visiter les villes de Hassor et de Meguido pour situer concrètement la ville biblique avec ses palais royaux et parfois ses sanctuaires et ses immenses écuries; il est aisé d'imaginer la grande concentration urbaine nécessaire pour des raisons de sécurité et d'économie : elle est rendue possible par le fait que les Hébreux vivent le jour entier en plein air. Il nous faut des raisons pour sortir de nos maisons ou de nos bureaux. Les Hébreux en ont besoin pour y rentrer; ils vivent normalement dehors et ne sont chez eux pratiquement que pour y dormir et manger. Les agriculteurs, majoritaires dans la population, quittent leurs maisons à

l'aube et ne rentrent qu'au soir après avoir passé la journée
dans leurs champs.

Une seconde grande période de l'architecture israélienne
survient avec les règnes d'Omri et d'Achab dans la région
du Nord. Leur capitale, Samarie, entend rivaliser en splendeur avec Jérusalem. Les fouilles y ont découvert une ville
haute où se trouvait la citadelle royale et la ville basse qui
s'étendait sur une longueur de près d'un kilomètre. Les ostraca
et les ivoires artistement sculptés découverts là prouvent la
grande prospérité de la cité [5]. Les sites de Jérusalem,
Meguido, Hassor démontrent le talent de constructeurs des
Hébreux de ce temps ainsi que la richesse des deux royaumes.
Les architectes surent tirer parti des matériaux qu'ils avaient,
profusion de pierres de toutes sortes, briques, chaume, argile,
bois.

Le matériau le plus simple, la brique, était modelé à la
main : on la trouve dans les ruines de Jéricho, Beit-Shéan, à
Guèzèr, à Teleilat Ghassul. Ces briques séchées au soleil
étaient, à l'origine, de forme ovale ou arrondie; au IIIe millénaire seulement, la brique rectangulaire est inventée. Elle
permettra un nouvel essor de l'architecture.

La pierre n'apparaît que lorsque le marteau, puis le ciseau
et la scie de fer en permettent l'exploitation. Le pays est
doté d'excellentes carrières facilement exploitables : les
méthodes de travail ne diffèrent pas en Canaan de celles que
nous connaissons bien en Égypte. Dès l'âge du fer, la pierre
sera le matériau le plus beau, le plus résistant et le meilleur
marché pour la construction et le pavement des maisons. Les
Hébreux sont habiles à les tailler, à les insérer les unes sur les
autres sans ciment avec une telle précision et une telle perfection qu'elles purent résister aux millénaires. À l'époque
d'Hérode, cet art atteint des sommets que l'on admire de
nos jours encore, mettant en œuvre des techniques inconnues.
On peut voir sur la façade occidentale du mur de soutène-
ment de la colline du Temple une pierre de 14, 50 m de
long sur 3, 50 m de large et de haut qui pèse près de 800
tonnes, la plus gigantesque jamais utilisée, sans que l'on sache
quelles techniques ont permis aux ouvriers d'Hérode de la

déplacer depuis sa carrière, à des kilomètres de Jérusalem, pour l'insérer dans le mur qu'elle soutient, placée là avec une exactitude millimétrique.

Fondations, murs, colonnades laissent des vestiges tels qu'on a pu écrire des traités complets d'architecture depuis les lointains origines jusqu'à l'époque romaine où Hérode occupe le chapitre le plus important de cette longue histoire.

La fondation d'une cité, d'un temple ou même d'une maison était un acte sacré qu'accompagnaient des sacrifices offerts à la divinité. Jadis, il s'agissait sans doute aussi de sacrifices humains [6]. Les fondations des édifices reposaient sur un lit de pierres quand le rocher n'était pas là. Les briques de fondation étaient protégées dès le XIVe siècle par des couches de sable qui empêchaient qu'elles ne soient détruites par l'humidité et qu'elles n'entraînent l'effondrement de l'édifice [7]. On observe les tâtonnements des ingénieurs architectes dans les techniques de construction des fondations. À Samarie, ils vont chercher le rocher à 3 m de profondeur pour assurer la solidité de l'édifice qui s'appuie sur des couches de pierres horizontales et verticales que nous retrouvons telles quelles trois millénaires après.

Les murs sont, à l'origine, de briques crépies. La pierre n'est alors que matériau d'appoint. Par la suite, elle est utilisée plus largement, d'abord taillée en forme de briques. À l'époque de Salomon, la pierre se libère des techniques du passé pour être magistralement employée, sans doute sous la direction d'architectes et d'ouvriers phéniciens, envoyés chez les rois hébreux par Hiram, roi de Tyr. À cette époque apparaissent les colonnes de pierre mises aux angles et à intervalles réguliers le long du mur pour le renforcer. Elles s'ornent de chapiteaux de type protoéolien. Les palais utilisent parfois le marbre [8]. L'asphalte et, plus généralement, la chaux et le plâtre servent de ciment et d'enduit [9].

Pas un seul toit d'époque n'est parvenu intact jusqu'à nous. Mais nous pouvons reconstituer les techniques de leur construction par les lambeaux qui demeurent dans les ruines de Tell-Béit-Misrim : ils étaient faits de chevrons et de lattes de bois recouverts de branchages soigneusement crépis pour en assurer l'étanchéité et, accessoirement, amoindrir la réverbération solaire de l'été. Le toit était aplani à l'aide de cylindres de pierre qui ont été retrouvés dans les fouilles.

Les portes de bois renforcées de tenons de bronze ou de fer s'ouvrent par des gonds verticaux tournant dans des cavités (des «vulves») pratiquées dans le sol et au plafond, dans le bas et le haut de leur cadre. La porte sur cet axe s'ouvre généralement à l'intérieur de la maison, le linteau supérieur et la marche du seuil qui protège l'édifice de la pluie empêchant le mouvement inverse. Les serrures, les verrous sont d'abord faits de bois, puis de métal après la diffusion des techniques du fer, notamment aux portes des villes. Parfois la porte avait deux battants qui se rabattaient sur un montant central [10]. Elles pouvaient aussi être fermées à l'aide de barres de bois ou de fer qui s'enforçaient de part et d'autre dans des cavités pratiquées dans le mur. La dimension des portes dépendait de l'importance de l'édifice. Au Negueb, à l'époque royale, les maisons individuelles avaient des portes moins hautes qu'un homme : il fallait se courber pour rentrer chez soi. Dans les sanctuaires et les palais comme à l'entrée des villes, les architectes savaient bâtir des portes monumentales souvent ornées de colonnes à chapiteaux.

La fenêtre est un élément important de tout édifice : dès l'époque chalcolithique les architectes savent construire des fenêtres dans les murs. Elles sont plutôt petites et disposées avec symétrie; cependant elles sont assez larges pour qu'un homme puisse s'en échapper et, parfois, être défenestré. Le cadre de la fenêtre pouvait être taillé à l'intérieur d'un bloc de pierre comme on en trouve en Égypte. Ces fenêtres s'ouvrent souvent sur la façade donnant sur la rue, même lorsqu'il s'agit d'appartements de femmes. Le thème de «la femme à la fenêtre» apparaît déjà dans la Bible et se retrouve sur les ivoires gravés de nos champs de ruines [11]. Des treillis ou des jalousies préservent les chambres du soleil et de la pluie comme des regards indiscrets [12]. L'absence de vitre ou de mica ne constitue une gêne sérieuse que dans les montagnes et pendant les deux ou trois mois les plus froids de l'année.

La maison

Le terme maison, *beït*, désigne le lieu d'habitation de l'homme, la tente, l'humble demeure du paysan, le palais du roi, le sanctuaire que Dieu habite. Les renseignements que nous avons sur le plan des maisons proviennent des constatations faites sur les chantiers archéologiques plus que des données scripturaires. En général, la maison est bâtie autour d'un patio central sur lequel donnent deux, trois, quatre pièces, voire davantage ; le palais de Meguido compte douze chambres principales, une salle de bains, une chambre du trésor et des dépendances.

Les maisons modestes sont construites en briques crues ou cuites, le plus généralement autour d'une cour où s'agitent les enfants et les animaux tandis que les parents vaquent à leurs occupations. La cour est munie d'un puits ou d'une citerne et d'un bassin qui peut servir de bain ; on utilise aussi des bassins pour les ablutions et les bains de pieds.

Des escaliers conduisaient sur la terrasse où se trouvent d'autres pièces. Les maisons les plus cossues sont à étages : trois paliers pour le palais du roi Salomon, au moins deux pour la maison de la prostituée Rahab ou celle de David avant qu'il ne fût roi. Des sanctuaires et des forteresses avaient 5 étages comme c'était le cas à Sichem. À l'époque royale, dans les maisons les plus communes, la famille vit à l'étage supérieur et non comme antérieurement au rez-de-chaussée. Les murs sont peints en couleurs naturelles où domine le bistre.

Les toits sont plats avec l'inclinaison voulue pour l'écoulement des eaux de pluies drainées vers des citernes. Ils sont faits de briques ou de terre battue où pousse parfois une maigre verdure. Ordonnés en terrasse, ils servent de débarras. Une fille de joie peut y cacher les hommes qu'elle souhaite voir échapper à la police. Le balcon à ciel ouvert est utilisé comme dortoir lors de la canicule, pendant les journées brûlantes où souffle le vent du sud [13]. Les terrasses servent de lieu idéal pour l'élaboration des complots, les conciliabules secrets [14] et, sans doute aussi, la tradition ne s'en est jamais perdue, les rendez-vous des amoureux.

« Habiter l'angle d'un toit... » est une expression proverbiale pour désigner une vie triste et solitaire, qui valait mieux, après tout, que la cohabitation avec une femme acariâtre [15], et, de fait, les grandes douleurs cherchent également refuge sur les terrasses aux solitudes du firmament d'Asie. Les Hébreux fidèles y érigent leurs cabanes rituelles en automne et les idolâtres, des autels consacrés au culte des astres [16]. Les utilisations des terrasses sont si nombreuses et si fréquentes que le législateur ordonne de les entourer toujours de balustrades : on y édifie souvent une chambre supplémentaire pour les hôtes de passage [17].

Les riches ont, outre leurs chambres à coucher, des salles à manger, des salons et même des résidences distinctes pour l'été et pour l'hiver [18]. Ces dernières sont chauffées dans les montagnes, grâce à des brasiers placés au milieu de la chambre [19]. La décoration des pièces atteint parfois un certain degré de raffinement, voire de luxe : parquets et lambrissures de bois précieux, sculptures et ornements d'or et d'ivoire, peintures délicates. Au fronton des portes, les Hébreux suspendent des par-chemins portant mention de versets choisis des Écritures [20].

L'ameublement consiste en tables, chaises, bancs, armoires et lits. Ces derniers sont des meubles bas, divans ou sofas, recouverts de couvertures, de tapis et de coussins – ils sont parfois tapissés de pourpre et de lin fin. Certains meubles sont de facture très luxueuse, en bois de cèdre, garni d'ivoire et d'or. On s'éclaire grâce à des chandeliers de métal ou de terre cuite. Le foyer le plus pauvre avait au moins une lampe à huile. Les splendides chandeliers du Temple inspirent le luxe des candélabres dont s'ornent les maisons riches.

Les bois utilisés tant pour la construction que pour l'ornementation sont le sycomore pour les maisons ordinaires, le cèdre avec l'acacia, le cyprès, l'olivier ou les bois d'importation comme le santal pour les palais et les sanctuaires. Des pièces d'ornement de bronze, de cuivre et de fer apparaissent dans les techniques de construction de l'époque royale.

Des silos pour conserver les céréales étaient d'une importance vitale pour la cité : ils étaient creusés dans le sol ou édifiés en vastes magasins à colonnes divisés en plusieurs chambres destinées à recevoir différentes sortes de céréales et de provisions, comme à Hassor, Beer-Shéva, Tell-Béit-Misrim, Tell Qassila. Le silo de Meguido, partiellement creusé dans le sol, mesurait 8 x 8 x 10 m; deux escaliers permettaient d'y descendre et d'en remonter.

Signalons enfin les écuries du roi Salomon bâties à Meguido pour 600 chevaux et 200 chars de guerre [21]. Les données bibliques sont une fois de plus complétées par la recherche archéologique qui permet une reconstitution parfaite d'édifices : ceux-là sont vieux de trois millénaires.

La question de l'eau

La vie de la cité dépend de son approvisionnement en eau, et le pays en est dramatiquement privé : il n'a presque pas de rivière et il ne pleut que rarement, jamais pendant 8 mois par an. Le site des villes est donc toujours choisi en fonction de la possibilité de les approvisionner en eau de source, par des puits, des rivières ou des citernes. Dans les montagnes de Judée et de Samarie où les pluies d'hiver sont abondantes, le plus sûr moyen de ne pas manquer d'eau est encore de stocker celle que le ciel fait alors tomber généreusement. L'homme sait aménager des citernes étanches depuis l'âge du bronze; à l'âge du fer, les techniques en sont encore perfectionnées puisqu'il est possible de creuser les citernes dans le roc le plus dur.

Le travail de l'homme supplée donc à la pénurie des eaux, les sources naturelles étant dans cette région les plus pauvres et les plus rares du pays. Mais les Hébreux, Albright l'a prouvé, perfectionnent et répandent l'usage des citernes dans tous leurs établissements, se préservant ainsi des longues sécheresses et de toute dépendance étroite à l'égard des sources. Parfois des cavernes naturelles sont obstruées et servent d'immenses réservoirs d'eau de pluie, soigneusement entretenus. Une autre méthode consiste à l'emmagasiner dans des bassins étanches. Tout autour de l'emplacement du Temple, on a recensé 136 citernes creusées dans le roc, d'une contenance de 16 000 m³. Une de ces citernes a 19 m de profondeur.

Il faut aussi veiller à la sécurité de l'approvisionnement en eau en temps de guerre et en cas de siège. Les Hébreux mirent tout leur génie à résoudre ce problème d'importance vitale pour leur existence ; aujourd'hui encore les solutions techniques qu'ils ont trouvées commandent l'admiration. Les sources lointaines sont domestiquées pour être mises au service de l'homme. Les Hébreux bâtissent un système complexe et vaste de canalisations et de tunnels destinés à conduire l'eau des sources vers les lieux habités. Ézéchias, roi de Juda, canalise ainsi la source de Guihon, d'un débit de 50 m³ à l'heure, et la fait se déverser à Jérusalem dans la piscine de Siloé. Cette canalisation constitue une sorte de merveille technique : longue de 512, 50 m, elle utilise une dénivellation de 2, 18 m, soit une pente de 2, 4 mm par mètre [22].

Ces travaux expliquent la situation des établissements urbains à l'époque cananéenne, près des sources, à l'époque israélite, autour des citernes et des piscines, à l'époque romaine, au long des aqueducs. Jérusalem doit sa suprématie à la richesse exceptionnelle de son château d'eau alimenté par la source de Guihon, la fontaine d'Aïn-Rogel, les citernes privées de chaque maison, les piscines des vallées et enfin les aqueducs.

À Gabaon, au nord de Jérusalem, à Meguido, à Hassor, à Guèzèr, les travaux aussi importants que ceux de Jérusalem assurent à la ville un approvisionnement en eau mis hors d'atteinte des mains de l'ennemi.

L'agriculture

Les Hébreux, dans leur immense majorité, tirent leur subsistance du travail de la terre ; les découvertes archéologiques ont confirmé une fois de plus le constant témoignage de la

Bible : l'homme de la Bible est d'abord un paysan et le plus souvent un paysan de montagne.

L'absence de fleuve et de rivière condamne l'agriculture des Hébreux à dépendre des eaux de pluie et de la rosée. D'où la mention constante dans la Bible des années de sécheresse et même de famine péniblement ressenties, surtout en temps de guerre [23]. Les paysans savaient irriguer leurs cultures à l'exemple de ce qu'ils pouvaient voir en Égypte. Mais la pénurie d'eau limitait ce genre de culture réservé à la satisfaction des besoins familiaux du cultivateur, à son potager et à son verger. Le paysan connaît bien ses vieux ennemis : la grêle, les différentes maladies qui annihilent les récoltes, les vols de sauterelles décrits en termes dramatiques par Joël et Amos [24].

Les paysans cultivent les céréales, les oléagineux, des arbres fruitiers et, à une moindre échelle, les légumes. Ils utilisent aussi les plantes sauvages utiles à leur alimentation ou à celle de leurs bêtes. La forêt, connue pour ses avantages et ses dangers, ne semble pas avoir été exploitée industriellement comme elle l'était au Liban.

Les principales cultures d'hiver étaient le blé dur (*triticum durum*) et l'orge qui étaient semés avant ou immédiatement après les premières pluies (novembre-décembre) et récoltés en juin-juillet selon les espèces et les régions.

En dehors des céréales, dont plusieurs espèces constituaient l'essentiel de la nourriture, les Hébreux cultivaient le lin à des fins artisanales et industrielles. Dès l'époque du premier Temple ils animaient une prospère industrie de tissus de lin.

Leurs légumes étaient ceux que l'on retrouve dans toute la région, concombres, oignons, aulx, différentes sortes de citrouilles. La Bible mentionne encore la culture de différentes espèces de baumes, d'herbes médicinales, d'encens destiné à la fabrication de parfums, de drogues, ou aux usages liturgiques. À Ein-Guédi, on a découvert les vestiges archéologiques d'une importante industrie de parfums célèbres.

Les fruits croissaient dans toute l'étendue du pays : la vigne, le figuier, le grenadier, l'olivier, le palmier caractérisaient le paysage biblique avec l'amandier, le pommier, le sycomore, le noisetier et différentes espèces d'épineux. La vigne et le figuier poussaient dans tous les jardins évoquant près des maisons l'image du parfait bonheur [25].

La forêt était riche d'espèces multiples : le chêne, le pin, le cèdre, le sapin, le saule qui poussaient dans les montagnes et les vallées. À la fin de l'époque royale, l'agriculture appuie le développement de certaines industries, notamment celle de l'encre.

Différents documents attestent les techniques de l'agriculture biblique. Les labours étaient faits avec une charrue traînée par une paire de bœufs [26] ou d'ânes [27], avec interdiction expresse d'atteler pour le labour deux animaux d'espèces différentes [28]. Il est probable que l'époque biblique a ignoré les labours faits à l'aide de chevaux ou de mulets utilisés de préférence pour la course, le portage et la guerre [29]. Après le labour, le paysan émotte et ameublit la terre avec des instruments appropriés tandis qu'il arrache les mauvaises herbes : une sorte de houe remplace le soc des charrues, inutilisables en montagne.

Après les dernières pluies, femmes, vieillards et enfants interviennent dans les champs pour des travaux plus faciles que labours et semailles. Leur intervention était d'autant plus nécessaire que cette saison, celle de la sortie des rois, était propice à la mobilisation des soldats en prévision des guerres [30].

Le printemps marque le début des travaux les plus durs : suivent la moisson, le battage, le vannage, l'engrangement, l'érection des meules de paille, la vendange, la vinification, la récolte des olives, la fabrication de l'huile. Les paysans utilisent pour ces travaux classiques des outils de silex et de bois ou de plus modernes instruments de fer. Le transport des récoltes se faisait à dos d'ânes ou sur des chars à bœufs.

L'élevage

Le paysan hébreu est un éleveur de gros et petit bétail, d'abeilles; c'est aussi un pêcheur et un chasseur. Il dispose d'un vocabulaire aussi développé et précis pour parler de la vie animale que l'est le nôtre en matière de machines. Dans les plus anciennes couches archéologiques du pays, on a découvert des ossements et des dessins de bœufs à cornes courtes. À l'époque romaine et byzantine apparaissent aussi des bœufs à cornes longues et des zèbres. Ces animaux sont largement utilisés pour les travaux des champs, labour, foulage, portage, pour l'alimentation et, dans la vie liturgique, pour les sacrifices. L'industrie laitière n'a laissé que peu de traces scripturaires : dans toute la Bible il n'est question qu'une seule fois de fromage, celui qui est mentionné dans le livre de Job [31]. Qui nous dira jamais son goût! Cependant il existait un marché aux fromages à Jérusalem, et on a découvert dans le Nord les vestiges d'une usine à fromages.

Le joug, l'aiguillon servent au dressage des bœufs de portage gardés dans les étables ou des écuries. Cependant la plus grande partie des troupeaux vit en pâture dans des champs dont ils sont l'orgueil, ceux du Sharôn, de Bashân et dans les autres vallées du pays. Le roi David ne dédaigne pas de nommer des ministres spécialement chargés des troupeaux de bœufs [32].

La viande de bœufs ou de veau est un aliment de choix, digne de la table des rois : elle sert à honorer les hôtes illustres [33]. Le bœuf est symbole de force et de fécondité : Ézéchiel choisit sa figure auprès de celle de l'homme, du lion et du griffon pour décrire sa vision de Dieu [34]. Le langage biblique est riche d'expression inspirées par cet animal intimement mêlé à la vie quotidienne des hommes de la Bible.

Le petit bétail est répandu dans tout le pays. Il n'est pas de famille qui n'ait chèvres et brebis; elles jouent un rôle important dans l'économie, surtout dans les régions proches des forêts ou du désert. Ce menu bétail, présent dans presque toutes les pages de la Bible, donne à l'homme du lait et du petit-lait, de la viande, de la laine et sert à alimenter les sacrifices du Temple. Le troupeau est toujours accompagné de son pasteur : cette image, encore observable de nos jours dans le pays, sert à évoquer dans la Bible YHWH dirigeant son peuple.

Les abeilles

Les preuves scripturaires manquent pour attester avec certitude l'élevage des abeilles par les Hébreux à l'époque royale. On a émis l'hypothèse que le miel dont il est question dans la Bible serait du miel sauvage produit par les abeilles entre les fentes des rochers, dans les troncs d'arbres, dans des carcasses de bêtes, ou bien un produit extrait de raisins, de dattes, de figues ou de caroubes *debash* [35]. À l'époque du deuxième Temple, la situation, est plus claire : de nombreux textes décrivent l'élevage des abeilles et l'extraction du miel, de telle sorte que cette industrie pouvait être connue à une époque antérieure sans avoir été mentionnée explicitement. Le climat du pays, l'extrême richesse de sa flore favorisent la croissance des abeilles [36] : le miel est considéré comme un produit de luxe. La cire est utilisée pour la fabrication des bougies. L'expression « terre fluente de lait et de miel » revient seize fois dans la Bible pour décrire la terre d'Israël. On a supposé qu'elle reflète une réalité que notre époque connaît encore. Le soleil fait fondre la cire des gâteaux et le miel coule à terre. Mais malgré la douceur de son miel l'abeille sauvage est soupçonneuse, irascible et dangereuse : elle sert à désigner un ennemi redoutable [37].

La chasse et la pêche

L'homme de la Bible est aussi un chasseur et un pêcheur. Les scènes de chasse si souvent illustrées en Égypte, en Mésopotamie, en Anatolie occupent peu de place dans les récits bibliques. Le père des chasseurs c'est Nemrod, héros de la chasse en face de YHWH [38]. Ismaël est aussi décrit en tant que chasseur [39] comme l'était Ésaü [40]. Ces noms soulignent assez la suspicion dans laquelle le chasseur, cet aventurier armé de son arc, pouvait être tenu dans la Bible.

Cependant plusieurs bêtes sauvages, la biche, le daim, la gazelle, le bison, le buffle, le cerf, sont considérées par la Bible comme propres à la consommation [41]. Aussi, dans les régions giboyeuses, la chasse constitue un élément de l'économie du pays. La table du roi Salomon s'enorgueillit de ces bêtes qui figurent aussi au menu des pauvres, chassées à l'arc ou prises dans des trappes dont nous connaissons plusieurs modèles : certains sont encore en usage chez nos modernes braconniers.

La pêche occupe une place importante en Égypte et en Mésopotamie. La Bible n'en parle qu'occasionnellement et de manière indirecte [42]. La pêche à la ligne, à la traîne et au filet est pratiquée sur la côte des mers et des lacs, pour autant toutefois que les conditions naturelles le permettent. La Méditerranée est moins riche en poissons sur les côtes du pays qu'elle ne l'est en Égypte. Les lacs de Tibériade et de Houléh constituent cependant d'appréciables réserves de poissons. Les tribus d'Asher, de Dan, de Zébulon, installées sur la côte, vivent des ressources de la pêche [43] et, plus largement encore, la tribu de Nephtali, installée sur les rives du lac de Galilée [44] où elle monopolise le droit de pêche. De cette industrie nous avons pour témoins archéologiques des centaines de poids de plomb qui servaient au lancement des filets, ceux-ci et les cordes qui les fermaient n'ayant pas résisté à l'usure du temps. Ces vestiges d'anciennes pêches miraculeuses appartiennent à toutes les époques de l'histoire biblique : de tailles différentes selon l'importance du filet, ces poids ont la même forme que ceux de nos actuels filets de pêche. Nous possédons aussi des hameçons, des cannes à pêche et des aiguilles qui servaient à réparer les filets. Ces objets ont été découverts dans des tombeaux de pêcheurs et dans des sites archéologiques sur le rivage des mers. Les images de pêche illustrent la symbolique des prophètes, notamment dans Ézéchiel, l'Ecclésiaste, Habaquq [45].

La forêt

Les essences qui composaient la forêt biblique se retrouvent de nos jours mais sur de moindres étendues. Des régions que l'établissement sioniste avait trouvées désertes étaient alors couvertes de forêts comme le Néguèb, la forêt d'Ephraïm en Guilad dont il a été dit :

> « La forêt fait plus pour dévorer le peuple
> que n'en dévore l'épée ce jour-là [46]. »

Les cèdres, les chênes de Bashan, les pins, les sycomores, les tamaris poussent partout, donnant son prix au paysage biblique [47]. De nombreux noms de personnes et de lieux tirent leur nom du vocabulaire sylvestre.

Les forêts d'Israël, de Syrie fournissaient l'Égypte de presque tous les bois destinés à la fabrication des navires, à la construction, à l'ameublement. Des fouilles ont découvert des bois de cèdre importés au IVᵉ millénaire en Égypte, au IIIᵉ millénaire en Mésopotamie. Les forêts de pins, de chênes, les maquis, les caroubiers, les lentisques, les saules, les tamaris, les peupliers, les platanes, les aulnes et de rares cèdres de nos actuelles forêts sont des témoins vivants de leurs ancêtres bibliques.

Valeur du travail de la terre

Un même mot, *abodah*, désigne à la fois le service de la terre et le service du Temple, la culture et le culte de YHWH. La vie quotidienne, le calendrier, le rythme des fêtes religieuses étaient fixés par le déroulement des saisons. Les moissons, les vendanges étaient chantées par le paysan et par sa famille; il en était de même au début de l'automne pour la cueillette des olives. Après les vendanges, les paysans célébraient les noces de leurs filles qui sortaient danser dans les vignobles [48].

La Bible ne donne que peu de renseignements sur les techniques employées en matière de jardinage, de culture de fleurs : deux fleurs seulement sont citées dans les Écritures : le pancrais et le lis; elles apparaissent dans le Cantique des Cantiques [49]. Mais la valeur du travail de la terre est soulignée avec force par la fixation des trois principales fêtes religieuses : Pâques au début de la récolte de l'orge, Pentecôte pendant celle des fruits et du blé, les Cabanes à la fin du cycle agricole annuel.

Le travail de la terre est dans la Bible une affaire d'hommes : le sol est fécond ou aride selon que l'humanité qui le travaille est vertueuse ou polluée. La terre est décrite comme une personne vivante solidaire des hommes qui l'habitent. Que ceux-ci soient indignes et la voilà ravagée par le déluge ou transformée en désolation. Si «le ciel est d'airain et la terre de plomb», la faute en est à l'homme et à ses crimes destructeurs de l'ordre divin de la nature. Le châtiment suprême est pour une terre d'être transformée en désert. Oui, la frontière qui sépare la terre nourricière du désert n'est pas autre que celle qui distingue la bénédiction de la malédiction, la vie de la mort.

L'homme et la terre forment ainsi un couple vivant : ils se pénètrent à nu comme l'homme pénètre la femme et la féconde. Ils se reconnaissent l'un et l'autre par la lumière ou l'obscurité de leurs relations. Que l'homme agisse avec droiture, il perpétue sa présence sur la terre; qu'il se souille et voici la terre qui se pollue et le vomit. Il dépend ainsi de l'homme de transformer la terre en paradis ou en enfer.

La terre de beauté

Le couple homme-terre doit harmoniser sa relation avec la volonté du Dieu d'Israël, YHWH. Car la terre des ancêtres, la sienne, est d'abord pour l'homme de la Bible la terre de YHWH, le lieu qu'il a choisi pour sa révélation et sa demeure. L'homme doit ainsi libérer sa terre, lui permettre d'exercer

sa liberté et sa générosité en lui accordant le repos du septième jour, la jachère de la septième année, le jubilé de la
quarante-neuvième année. Il doit ainsi laisser à la terre les
premières récoltes des arbres fruitiers, les coins des champs
qui ne doivent jamais être moissonnés par les propriétaires :
les pauvres ont ainsi leur part et leur héritage dans le pays [50].

La notion de propriété est elle-même affectée par la notion
que les Hébreux ont de Dieu et de la terre. À proprement
parler, YHWH est l'unique propriétaire de la création entière.
L'homme est l'usufruitier de la terre : les familles, les clans
et les tribus davantage que les individus jouissent de sa possession. La transmission suit des lois très strictes qui en
limitent l'exercice. Elle n'est jamais définitive [51]. Voilà
posé le grand principe de l'inaliénabilité des patrimoines :
un droit de rachat est donné au clan tandis que le jubilé de
la quarante-neuvième année efface les effets de toutes les transactions immobilières [52]. Ces lois, si contraires à l'esprit
du capitalisme, étaient appliquées par les Hébreux qu'elles
libéraient en un certain sens : la remise sabbatique, la resti-
tution jubilaire, l'obligation de la dîme, l'interdiction du
prêt à intérêt sont autant de limites apportées au principe de
la propriété individuelle. La société biblique peut ainsi se
définir, par opposition à la société de consommation, comme
une société d'oblation [53].

Dans son royaume, l'Hébreu découvre la terre entière et
s'en enivre au point de confondre son pays avec l'univers. À
considérer ses forêts, ses champs, sa faune et sa flore si excep-
tionnellement riches, comment l'homme de la Bible
pourrait-il douter, revenant d'un séjour en Mésopotamie ou
en Égypte, à travers d'arides déserts, que son pays n'ait été
élu lui aussi ? Voici la garrigue qui l'accueille d'abord avec
la débauche de ses plantes et de ses parfums : genêts, myrtes,
acanthes, câpres, sénevé, lentisque, hysope, camomille, ver-
veine, cumin, aneth et les épices de l'Orient, et les fleurs, le
jasmin, le lis, toutes les fleurs des champs dont la Bible ne
dit mot, et la forêt et les vergers et les champs et les terrasses cultivées enfin. L'exubérance de la nature est d'autant
plus impressionnante qu'elle surgit après les rives lunaires de

la mer Morte ou sur le fond désolé des grands déserts voisins. L'arbre, la fleur, l'azur hantent ainsi la conscience de
l'Hébreu. Il a, pour dénommer cette terre si durement
conquise et si chèrement gardée, nombre de synonymes : elle
est la Terre promise, la terre de l'Alliance, la Terre du
Sanctuaire, la terre de Judée, la terre de beauté ; ou plus couramment la Terre. Là encore, d'un seul mot, l'Hébreu
exprime les significations essentielles du pays qui est devenu
le sien. Il ressent sa fécondité comme un miracle, un don de
YHWH.

Il sait que les plantes et les arbres ont une vie propre qu'il
n'a pas le droit de détruire. La loi interdit d'abattre un arbre
fruitier [54]. L'identification de l'humain et du végétal est si
grande que le Deutéronome assimile l'homme à l'arbre des
champs [55].

Un don de Dieu

La terre pour l'Hébreu est importante en tant que créature
divine, partie intégrante et facteur essentiel dans l'économie
du salut ; elle est une réalité promise au peuple élu : le support nécessaire des incarnations de son histoire. Elle constitue
ainsi le partenaire indispensable de son destin historique.

Mais, par surcroît, l'Hébreu pense – croyant avoir tout lieu
de le faire avec raison – que le pays de la promesse présente
en lui-même une beauté et des caractères en vérité exceptionnels.

Un petit pays. La tradition enseignait qu'à l'époque patriarcale la Terre sainte se réduisait à la pierre sur laquelle Jacob
reposait sa tête pour dormir. Aux temps d'épreuves – à
l'époque de Zorobabel, par exemple –, elle pouvait comprendre quelque 2 000 km^2, où le «reste d'Israël» était établi
autour de Jérusalem. Mais même à l'époque de la plus grande
splendeur, sous Salomon ou après l'héroïque campagne des
Maccabées, le pays est contenu dans des limites étroites qui
ne dépassent jamais 26 000 km^2 environ. Du Nahr el

Qasimiya à Beer-Sheba, il y a 230 km ; en largeur, de la
Méditerranée aux frontières du désert, la distance varie de
27 à 150 km.

L'Hébreu célèbre et chante la beauté de son pays en des
poèmes qui ont gardé leur signification, leur fraîcheur, leur
profondeur, après tant de siècles. Toujours l'amour du pays
débouche sur une vision qui le transcende et s'épanouit en
amour de la Création et de son Créateur. La configuration
naturelle de la Terre sainte semble avoir favorisé cette subli-
mation. On connaît la page célèbre où Paul Claudel explique
la topographie de Rio de Janeiro : Dieu décide de se sur-
passer dans sa création. Il façonne le ciel le plus pur, la plus
belle baie, l'eau de mer la plus ondoyante, les plages, les
montagnes, les forêts, les fleurs, les oiseaux, les insectes qui
auraient pu ne pas déparer le paradis. Mais un tourbillon
d'anges survient, bouscule le Créateur qui lâche son chef-
d'œuvre précipité sur terre dans la chaotique splendeur de
Rio. Pour ce qui est de la terre d'Israël, les choses ont dû se
passer de la même manière à cela près que l'œuvre a été
menée à bon terme, sans doute avec le concours actif des
anges. Et avec plus de minutie : non seulement les composantes du paysage sont d'une extrême beauté que l'Hébreu
ressent, éprouve et chante de sa naissance à sa mort, mais leur
assemblage compose un univers en miniature, un vrai microcosme.

Sur une étendue si restreinte que l'œil peut la découvrir
presque tout entière par temps clair sur quelques hauteurs pri-
vilégiées, on n'y trouve pas moins de 40 types de paysages
et de climats : les neiges éternelles de l'Hermon sont à
quelques heures de marche des solitudes hurlantes et brûlantes
qui, de toutes parts, cernent le pays ; venant de l'Est, après
des journées de marche dans des déserts parsemés de crêtes
montagneuses et de ravins arides où de maigres chardons sont
les seuls témoins de la vie, on découvre les rives paradisiaques
du lac de Tibériade ou du Jourdain. Les pâturages verdoyants
qui semblent avoir été arrachés à la Suisse, à la Provence, parfois à la Normandie, voisinent avec des forêts galeries qui
paraissent importées du fin fond de l'Afrique, ou avec les

paysages lunaires de la dépression du Jourdain et les lour-
deurs de plomb de la mer Morte. L'Hébreu exprime
l'entrechoc de ces contrastes en disant de son pays qu'il est
à la fois «la terre ruisselante de lait et de miel» et «la terre
de fer aux cieux d'airain qui dévore ses habitants». Nulle
part ne règne la monotonie : même les déserts de Judée, le
Néguèb, le Sinaï offrent une variété de paysages qui rappelle
en raccourci les déserts de Gobi, d'Afrique ou d'Amérique.
Le caravanier, le pèlerin sont constamment tenus en haleine
par un paysage qui change sans cesse, comme si la terre avait
tenu à rassembler toutes ses splendeurs, tous ses effrois et à
mettre tous ses visages à la portée et à la mesure de l'homme.
Douceur des reliefs, magie des couleurs qui chantent et dansent dans l'implacable azur du ciel, l'Asie, l'Afrique,
l'Europe (et non seulement en ses rives méridionales) semblent s'être fondues en un pays qui les rappelle toutes en tirant
son originalité de leur mariage. Aussi les conquérants venus
de Mésopotamie, d'Égypte, de Grèce ou de Rome et, beaucoup plus tard, les Croisés ou les pèlerins accourus de tous
les horizons de la planète, peuvent-ils trouver, dans les étroites
limites du pays, un coin qui ressemble à leur village natal.

Les métiers

Le mot qui désigne l'ouvrage des hommes, *melakha*, dérive
d'une racine qui implique la délivrance d'un message, celui
de l'artisan ou de l'artiste écrit dans leur œuvre. La même
racine sert à désigner les messagers de YHWH, les «anges».
La Bible distingue les *ba'alei melakha*, les maîtres d'œuvres
des simples artisans, harash, qui travaillent la pierre, le bois,
le métal. Parmi ces derniers, le forgeron, *masguer*, est spé-
cialisé dans la fabrication des armes [56]. Les métiers sont
désignés par des noms : le boulanger, le boucher, le fileur, le
tisserand, le brodeur, le droguiste ouvrent leurs échoppes dans
la rue biblique, le plus souvent groupés par spécialité [57].
Les tailleurs utilisent pour colorer les tissus les services d'un

foulon, d'un teinturier qui teint les étoffes en pourpre, en indigo et autres couleurs naturelles.

L'industrie du cuir était répandue [58] ; elle fabrique de multiples objets, des sièges, des vêtements, des revêtements réputés. Les potiers ont un métier dont les créations se retrouvent dans tous les chantiers archéologiques, précieux témoignages de toutes les époques bibliques. Au gré des pages de la Bible, nous rencontrons encore le barbier, le parfumeur, le fabricant d'encens, l'orfèvre, le scribe ou actuaire [59]. Ces métiers sont d'abord pratiqués dans le cadre familial avant de devenir des fonctions sociales de la cité. Des métiers qui ne sont guère mentionnés dans la Bible laissent des traces de leur existence dans les chantiers archéologiques, telle cette fromagerie du VIIe siècle découverte à Tell Gat [60].

Les métiers sont probablement organisés en corporations ou guildes formées selon l'appartenance des artisans au clan ou à la tribu, comme l'étaient les fabricants de tentes en poil de chèvre. Dans les cités, comme on le voit encore dans certains souks, les échoppes d'un même métier se trouvaient dans une même rue [61].

Les travaux domestiques

La famille est la cellule sociale de base, le microcosme qui reflète l'image de la société. Parmi les travaux domestiques les plus largement répandus, il y a d'abord la mouture du blé. Chaque foyer fabrique sa farine et son pain. Le grand nombre de moulins à deux pierres, l'une fixe, l'autre courante, découverts dans les fouilles, atteste que cette machine, aussi rudimentaire qu'efficace, se trouvait même dans les foyers les plus pauvres. La loi interdit de prendre en gage le moulin de pierre du débiteur insolvable : ce serait lui prendre son pain quotidien [62]. Les femmes ou, chez les riches, les esclaves, manient chaque jour le moulin ou le pilon. Ce dernier est taillé dans la pierre ou le bois [63]. Il est possible qu'à une époque tardive, les cités aient ouvert, comme c'était le cas en Mésopotamie, des moulins municipaux.

Le pain était généralement pétri et cuit au foyer. Cependant il y avait une vallée des Boulangers à Jérusalem : ceux-ci, au lieu de cuire le pain sur une plaque, *mahabat*, utilisaient un four. La femme (ou – dans les maisons les plus riches, au Temple ou chez les rois –, des cuisiniers) préparait les aliments et, le plus apprécié, la viande, dans des pots de terre cuite ou dans des ustensiles de cuivre. Il n'y a pas de preuve qu'il y ait eu alors des restaurants ayant pignon sur rue [64].

Filage et tissage

À la maison encore la femme filait, tissait et teignait ses tissus. Filer était le passe-temps utile des femmes comme naguère encore tricoter [65]. La Bible ne nous donne pas de renseignements précis sur les techniques des Hébreux en matière de filage : c'est, à vrai dire, une des plus anciennes industries de l'homme et partout les procédés employés se ressemblent. Il n'est que de regarder les sculptures ou les fresques égyptiennes pour reconnaître le geste de la main gauche qui tire et celui de la droite qui file en animant le fuseau. Ceux-ci se retrouvent dans notre sol dès la période néolithique, faits de pierre, d'ivoire, d'os, de terre ou, par la suite, d'étain, les fuseaux de bois n'ayant pas résisté à l'usure du temps.

La laine de mouton était la matière première la plus courante des filateurs [66] : elle était tondue, lavée, cardée, teinte, puis filée [67]. Le lin était aussi employé mais moins qu'en Égypte où il constituait l'essentiel de l'industrie textile [68].

Comme le filage, le tissage est l'un des travaux domestiques réservés à la femme ou aux servantes et esclaves. Mais les tissus de luxe, réservés aux usages sacrés ou aux plus riches, étaient préparés par des tisserands spécialisés [68]. Ceux-ci fabriquaient des tissus, des draps, des ceintures, des tentes de poil de chèvre et même des vêtements de byssus [69]. Deux types de métiers à tisser connus dans l'Antiquité, l'horizontal et le métier à poids, étaient aussi employés par les Hébreux, ce dernier dès l'âge du bronze, au XVIe siècle. Le métier vertical n'a pas laissé de traces scripturaires ou archéologiques : il n'apparaît dans la littérature hébraïque qu'à l'époque du deuxième Temple [70]. Dans les fouilles de Lakhish on a mis au jour la boutique d'un tisserand qui vivait à l'époque royale. Son métier reposait sur une estrade pavée : il en reste les bois calcinés et les poids de terre cuite. Près de traces de teinture, on a retrouvé le sceau de l'artisan gravé à son nom : Hilqyah bèn Mass.

En Israël on a découvert aussi des tissus, dont les plus anciens datent de l'époque chalcolithique, faits probablement de lin. À Jéricho, des tombeaux renfermaient des morceaux de tissus calcinés des tous débuts de l'âge du bronze. À partir du XVIe siècle ces vestiges sont plus nombreux et en meilleur état, faits parfois de fibres de palmiers tissées très serré, en guise de linceuls. Au nord du pays, à Naharyah, on a trouvé un morceau de tissu datant du XVIe siècle; il a été sauvé de la pourriture par la rouille du bijou qui le portait. Isaïe et Job, en des textes obscurs, reprennent l'idée de la vie humaine qui se coupe comme le fil qui dépasse et que le tisserand tranche [71].

Teinture et blanchissage

Le travail des teinturiers n'est évoqué qu'indirectement par la Bible qui énumère les teintures employées, la pourpre, l'indigo, l'azur, ou décrivant les tissus multicolores, de l'aube de Joseph aux écharpes bigarrées du poème de Déborah [72]. Il est probable que les teintures les plus simples étaient faites au foyer, mais, pour les travaux plus délicats, il y avait des teinturiers experts qui se transmettaient le métier de père en fils. Les fils de lin étaient teints avant d'être tissés, et la laine avant d'être filée, dans des teintures enrichies de mordants qui les empêchaient de déteindre. Albright a découvert au Tell-Béit Misrim une teinturerie du VIIe siècle avant l'ère chrétienne qui devait utiliser un procédé de teinture à froid.

Le blanchissage était un travail domestique d'autant plus nécessaire que les vêtements étaient plus rares. En cas de deuil, on s'abstenait de les blanchir [73]. L'effacement des taches sur le tissu était comparé à l'absolution des fautes et à la purification des cœurs [74]. Le blanchissage se faisait près des sources ou des réservoirs, de préférence en foulant le linge : le Champ du Foulon se trouvait à Jérusalem près de la Piscine supérieure [75]. Les eaux étaient enrichies d'une sorte de savon liquide végétal qui les adoucissait en produisant de la mousse [76]. La lavandière battait les tissus avec un bâton, un os ou une pierre pour les décrasser avant de les rincer.

L'industrie

La Bible mentionne de nombreux outils dont, pendant des siècles, on ignorait souvent la forme et l'utilisation. Il est désormais possible de mettre en face de chaque mot l'objet qu'il désignait, même si parfois l'identification donne lieu à de sévères controverses. Ces outils sont en bronze ou en fer et apparaissent aux époques dont il est question dans les textes qui en parlent. Le paysan utilisait la charrue, la pioche, la hache, le trident, l'aiguillon, la faux, la faucille, la batte, le mors, la houe, le tamis, le crible, le van, la binette, la scie, la pelle, la bêche, le sécateur, la pointe, le moulin. À l'époque royale l'industrie locale lui fournit les outils de bois, de bronze ou de fer : les forgerons hébreux sont réputés pour leur habileté et chaque conquérant aspire à les capturer pour les réduire en esclavage [77].

Le cuivre qu'ils utilisent provient des mines de Jordanie et du sud du Sinaï. Les mineurs à Umm-el-Amad savent extraire le métal par 30 mètres de fond dans des galeries soutenues par des colonnes de pierre : sur les parois on observe les traces de leurs pics, traces qui datent du règne de Salomon.

Le fer est souvent mentionné dans la Bible [78] : son exploitation faisait l'objet d'un monopole phénicien que la monarchie israélienne brise : les règnes de David et de Salomon assurent au pays de larges ressources en fer [79]. Avant cette période, l'industrie du fer était connue en Mésopotamie dès le IIIᵉ millénaire, mais elle utilisait un fer d'origine météorique moins dur que le bronze. Il semble que les Hittites aient découvert l'art de la fabrication du fer de mine vers 1400 et qu'ils aient conservé leurs secrets pendant deux siècles. Après l'effondrement de leur empire, les techniques qu'ils avaient inventées se répandent : les Phéniciens les introduisent en Canaan vers 1200. C'est là que les rois hébreux puiseront leurs connaissances. Nous ignorons s'ils extrayaient le fer de leurs propres mines ou s'ils importaient des barres de fer pour alimenter leur industrie, comme c'est le cas en Israël moderne.

L'or et l'argent sont les métaux les plus fréquemment mentionnés dans la Bible : ils servaient de monnaie et, à ce titre, avaient une valeur intrinsèque qui leur donnait plus de prix lorsqu'ils étaient utilisés dans la décoration. Différents termes désignent l'or selon son origine et sa teneur en métal pur, toujours importé puisque le pays en est dépourvu. Le monopole de cette industrie appartenait aux Égyptiens : c'était là l'affaire de Pharaon et de ses prêtres. Ils alliaient l'or à l'argent en des proportions variables selon la qualité du métal qu'ils voulaient obtenir. Les Hébreux importaient donc des lingots de ces métaux qu'ils savaient parfaitement travailler selon des techniques diverses pour produire des œuvres d'art, des joyaux, des objets de culte ou de décoration que nous retrouvons dans les fouilles [80].

L'ivoire fourni par les défenses d'éléphants et de rhinocéros est une matière précieuse et rare : les artistes hébreux savent la sculpter si bien qu'elle est recherchée pour enrichir le trésor des rois [81]. Ils utilisent des techniques connues depuis la fin du IVᵉ millénaire et portées à un haut degré de perfection depuis le Vᵉ siècle par des artistes phéniciens et cananéens auprès desquels les Hébreux se sont formés : d'où les thèmes décoratifs que nous constatons dans les ivoires de Samarie sculptés aux IXᵉ et VIIIᵉ siècles : ils constituent le

seul témoignage palpable du goût artistique des hommes de
la Bible avec les innombrables et parfois très belles poteries
découvertes à tous les niveaux de l'histoire du pays depuis
l'âge chalcolithique (4000-3100).

Le verre n'est mentionné qu'une seule fois dans la Bible [82].
Il est d'origine volcanique (obsidienne) ou industrielle, formé
par la fusion de sable, de silice ou de quartz avec des alca-
lins et de la chaux : la couleur est déterminée par l'addition
d'oxydes métalliques. Les premiers objets de verre connus
ont été fabriqués en Mésopotamie et en Égypte au IIIe millénaire. Les verres trouvés dans les fouilles semblent bien être
des objets d'importation venus de Mésopotamie, d'Égypte
ou, plus tard, au VIIe siècle, de Rhodes.

Les communications

Le commerce et les communications connaissent de siècle
en siècle un développement parallèle. Les Hébreux nomades
avaient peu de produits à vendre, quelques bêtes ou quelques
objets fabriqués, des vêtements, des tentures, des tentes. Pour
le reste, sur des routes qu'ils suivaient selon des rythmes dont
les saisons déterminaient la rigueur, ils vivaient en état
d'autarcie presque parfaite, comme on le voit encore parmi
les nomades qui subsistent au Negueb ou au Sahara.

Avec la sédentarisation apparaissent les marchandises dont
il est nécessaire et profitable de faire commerce, les céréales,
les vins, l'huile, les fruits, les légumes, les outils, les armes,
les textiles, les teintures, les aromates et les parfums, les
bijoux. Les grands centres commerciaux à Jérusalem, à
Samarie, à Damas et dans les autres villes du Proche-Orient
sont accolés aux sanctuaires qui attirent les foules. Mais
l'Israël biblique reste fidèle à ses origines nomades en lais-
sant le grand commerce aux mains des «peuples de la terre»,
les Cananéens et les Araméens. Au Xe siècle, l'enrichissement
aidant sur l'impulsion de Salomon, ils se lancent eux aussi
dans des entreprises commerciales : ils font le commerce

des chars et des chevaux entre l'Égypte et l'Asie Mineure et se hasardent, en association avec Tyr, à se lancer dans l'aventure maritime [83].

Sur les marchés bruyants de leurs cités se bousculent les paysans, les colporteurs, les négociants, les montreurs de bêtes rares, les fauconniers, les changeurs de monnaie, foule haute en couleurs et en cris : chacun marchande l'objet de son achat ou de son troc, chacun propose ses services ou ses produits en des scènes que les auteurs de la Bible décrivent en termes ironiques :

> « " Mauvais, mauvais", dit l'acheteur
> Il se retire et alors il se loue. »
> (Pr. XX, 13)

Nos contemporains se tromperaient s'ils pensaient que les hommes ont attendu l'invention du chemin de fer, de l'auto et de l'avion pour voyager. Le peuple de la Bible sait aussi se lancer sur les routes et c'est là que nous le rencontrons le plus souvent : Abraham entre la Mésopotamie et l'Égypte, Jacob entre les terres de Canaan et de Goshen, Moïse et ses tribus entre l'Égypte, le Sinaï et les montagnes de Moab, les Juges et David sur les fronts de leurs guerres incessantes, le peuple d'Israël et de Juda sur les routes de leur exil entre leur pays et Babylone, Jérémie achevant sa vie passionnée en Égypte, Jonas vivant son aventure sur la mer et dans les déserts de ses appels.

Les marchands, les colporteurs d'Israël ne sont pas portés vers la mer comme leurs collègues des cités phéniciennes qui, très tôt, tiendront des comptoirs et même des colonies sur le pourtour de la Méditerranée. Leur pays n'a que deux ou trois ports sûrs et pas une seule rivière navigable. D'où pour eux la nécessité de se rabattre sur les routes caravanières. La terre de la Bible est par contre privilégiée à cet égard. Elle constitue la plate-forme où passent nécessairement et se croisent toutes les routes qui relient le Croissant fertile à l'Égypte, l'Asie à l'Afrique. Les routes de la côte et des plaines ou la route royale des montagnes étaient facilement contrôlables par les Hébreux dans les défilés montagnards ou dans des goulots comme celui qui aboutit à Meguido où Salomon entretient d'importantes garnisons. Nous pouvons relever le tracé exact des routes empruntées par Abraham d'Ur à Jérusalem, de Jacob vers l'Égypte, les tracés possibles des itinéraires que les Hébreux ont dû suivre entre l'Égypte et la terre de Canaan ou celui de leurs exils entre leur pays et Babylone. Ces routes existent encore et demeurent dans les temps modernes ce qu'elles furent jadis : de grandes voies commerciales en temps de paix, les chemins de l'invasion quand la guerre éclate. Des routes militaires furent construites ou améliorées par les conquérants que furent les Hittites au XIVe siècle avant J.-C. Leur grande route de l'Ouest longeait les routes commerciales traditionnelles qui unissaient les différentes parties de leur empire : elle débouchait sur Smyrne et Ephèse et au-delà, vers les terres du Septentrion. Remarquons enfin que les voies commerciales et militaires sont aussi celles qui unissent les grands sanctuaires de l'Antiquité, ceux de Memphis, de Louqsor, de Karnak, d'Amarnar, de Jérusalem, de Samarie, de Damas ou de Babylone, d'Ur, d'Ecbatâne. Les mêmes routes drainent ainsi, hier comme aujourd'hui, l'argent, l'espérance, le sang et la prière des hommes.

Le commerce

La terre d'Israël est située dans un carrefour où passent les caravanes qui relient l'Asie à l'Afrique. De ce fait, depuis les origines de la civilisation, les hommes de ce pays contribuent au commerce international, celui des métaux, des épices, des objets de luxe, des parfums, des gommes, des drogues, des esclaves. Ces marchandises transitaient par deux routes principales, la route de la mer qui longe la côte et la route du roi qui va à travers les monts de Judée et Jérusalem vers la Samarie et la Syrie; elles circulaient aussi sur les voies qui reliaient l'Arabie à la Méditerranée. Les documents de

Mari et de Tell Amarna confirment les données bibliques qui attestent l'importance de ce commerce dans l'économie du pays.

L'archéologie met au jour de nombreux objets importés de pays lointains, des outils, des poteries, des métaux, de l'ivoire... Israël exportait par les mêmes routes ses propres productions, notamment ses produits agricoles, l'huile, le vin, les céréales, les parfums, les médicaments et, à une époque plus tardive, le miel [85]. Les Égyptiens avaient adopté des mots hébreux pour désigner l'huile, le blé, la vigne. Les Cananéens monopolisaient jadis ce commerce. Les rois, et d'abord le roi Salomon, intervinrent pour prendre part à ces échanges qui constituaient, avec l'agriculture, l'une des sources de la richesse du pays. Salomon envoie ses délégués avec ceux de Hiram, roi de Tyr, de Etzion Gaber à Ophir pour importer de l'or et des objets précieux [86]. Le commerce des chevaux est également mentionné dans ces textes : avec les chars fabriqués en Égypte, en bois importés d'Israël et du Liban, ils étaient vendus par Salomon aux armées des rois hittites et araméens [87]. Il est à présumer que le voyage de la reine de Saba à la cour de Salomon avait aussi pour but de renforcer les échanges commerciaux entre Israël et le sud de l'Arabie. L'exemple du roi devait être suivi par une classe de grands commerçants qui travaillaient pour lui ou sous sa protection [88]. Les rois de Judée et d'Israël s'engagèrent sur cette voie profitable. Une flotte commerciale avait pour port d'attache Etzion Gaber : elle allait dans de lointains pays avec les marchandises qu'Israël exportait ou importait. Les royaumes pouvaient inclure dans leurs traités ce que nous appelons aujourd'hui la clause de la nation la plus favorisée, qui apparaît peut-être pour la première fois dans l'histoire diplomatique au 1er Livre des Rois [89] où Ben-Haddad, roi d'Aram et Achab, roi d'Israël, s'accordent pour ouvrir des comptoirs commerciaux à Damas.

Le commerce local se pratiquait dans des marchés établis aux portes de la cité [90]. Les paysans y apportaient leurs fruits, leurs viandes, leurs poissons, leurs laitages, leurs vins, leur huile. Le troc était souvent pratiqué contre des objets de la ville, ceux qu'elle importait de l'étranger et ceux qu'elle fabriquait [91]. Mais dès le début du IIe millénaire au plus tard, le Proche-Orient utilisait des métaux pour monnaie d'échange.

Il s'agissait de métaux précieux, or ou argent, fondus en des lingots de poids fixés par les usages internationaux. On repesait ces métaux lors de chaque transaction.

La monnaie proprement dite apparaît au VIe siècle avant l'ère chrétienne, frappée par les rois de Lydie de la dynastie des Mermenèdes, sur la côte occidentale de l'Asie Mineure (700-650). Ces monnaies n'apparaissent que tardivement en Israël à l'époque perse et hellénistique. À la fin de la période perse, la première monnaie gravée au nom de la Judée, *Yahad*, était frappée, ancêtre de celles qui furent battues par la suite par les rois hasmonéens. En décembre 1970, on a découvert un trésor de 25 kilos d'argent, datant du IXe siècle, caché dans des poteries dans le sous-sol de la synagogue d'Eshtamoa', près d'Hébron : il appartenait probablement à un nommé Hamesh. Cette découverte, la plus importante faite en ce domaine, concrétise nos connaissances actuelles sur l'utilisation de l'argent à l'époque royale où un char de guerre valait 6, 5 kilos d'argent et un cheval, 1, 7 kilo.

Les poids et mesures

Le législateur et les prophètes ne cessent de condamner l'usage de faux poids et de fausses mesures [92], d'autant plus facile que le pays utilise simultanément des mesures mésopotamiennes, *kor, seah, shekel*, égyptiennes, *éphah, hîn*, et cananéennes, *letekh, kikar*, et d'autres encore particulières à des villes comme Alalakh ou Karkemish. La valeur exacte de ces poids et mesures changeait selon les lieux et les époques de telle sorte qu'il n'est possible de la fixer que sur la base de nos actuelles découvertes archéologiques.

Les mesures de longueur tirent leur nom des membres du

corps humain, la coudée, *amma*, l'empan, *zérèt*, la palme, *téphah*, le pouce, 1 la canne, *qaneh* et enfin la brasse ou *gomed*. L'évaluation de ces différentes mesures en termes objectifs semble impossible en l'absence d'étalon fixe.

En référence à la coudée égyptienne on peut évaluer les mesures hébraïques de la manière suivante :

grande coudée	52, 5 cm	petite coudée	45 cm
empan	26, 2 cm	petit empan	22, 5 cm
palme	8, 75 cm	petite palme	7, 5 cm
doigt ou pouce	2, 18 cm	petit doigt	1, 87 cm

La canne est comptée pour 6 coudées. La valeur de la brasse demeure imprécise. Les distances sont définies de manière empirique. On parle de pas, *sa'ad*, ou de journées de marche.

Les volumes se définissent comme suit :

homer-kor	220	1	*hîn*	3, 6 1
letekh	110	1	*omer issarôn*	2, 2 1
epha-bath	22	1	*qav*	1, 2 1
seah	7,3	1	*log*	0, 3 1

Les mesures de superficie sont, elles aussi, empiriques. Le *sémèd* ou arpent est la portion de terre que deux bœufs peuvent labourer en un jour. On évalue aussi un terrain en fixant la quantité de grain nécessaire à son ensemencement ou en donnant plus simplement la mesure de ses côtés [93].

La Bible connaît sept sortes de poids : le talent ou *kikar*, la mine, le *shéqèl*, la *béqa*, la *guéra* et la *kessita* [94]. La *kessita* est un poids archaïque dont la nature et la valeur sont inconnues [95]. La controverse sur la valeur relative et absolue de ces poids n'est pas close. Pour fixer les idées, nous donnons la valeur relative de ces mesures établies en supposant que la mine vaut 50 *shéqèls* :

1 talent = 60 mines = 3 000 *shéqèls* = 6 000 béqa = 60 000 *guéra*. Si l'on prend pour base de calcul 1 mine = 60 *shéqèls*, on a 1 talent = 60 mines = 3 600 *shéqèls* = 7 200 *béqa* = 72 000 *guéra*. En valeur absolue, A. Barrois propose les équivalences suivantes :

1 talent = 34, 272 kg   1 *béqa* = 5, 712 g
1 mine = 571, 200 g   1 *guéra* = 0, 571 g
1 *shéqèl* = 11, 424 g

En supposant que la mine vaut 60 shéqèls, le poids du talent
est de 41, 1264 kg.

De nombreux poids ont été découverts dans les fouilles ;
ils sont en basalte ou en bronze et appartiennent pour la plupart à la fin de la période royale (VIIᵉ-VIᵉ siècle).

Les vêtements

Dans les rues grouillantes où l'architecture marie des
techniques et des éléments égyptiens et mésopotamiens
en un style original, les humains, comme sculptés dans
la lumière, s'habillent de vêtements éclatants. La Bible
n'en parle que par accident. Originellement, enseigne-t-
elle, l'homme et la femme vivaient nus. Chassés du Paradis,
ils se recouvrent pour cacher leur nudité de feuilles de
figuier, puis de peaux de bêtes. En passant, le Livre cite les
beaux habits d'Ésaü dont Jacob s'empare, l'aube rayée
de Joseph et celle de la Sulamite du Cantique des
Cantiques, mais les vêtements des pontifes sont minutieusement décrits [96].

L'homme de la rue s'habillait d'un caleçon qui montait
de mi-cuisse aux hanches, en laine ou en lin. S'il s'agissait
d'une femme, sa culotte pouvait être teinte et brodée. Une
tunique, elle aussi de laine ou de lin, recouvrait le corps du
cou aux chevilles. Selon les goûts et les modes, la forme de
la tunique variait, l'épaule droite pouvait être dégagée, et
les couleurs aussi, où dominaient le blanc, le brun, l'indigo,
le pourpre. Les tuniques étaient avec ou sans manches selon
la saison.

Des ivoires sculptés trouvés à Meguido nous permettent
d'imaginer à quoi ressemblait le vêtement des rois de Canaan

avant la conquête. Peut-on en tirer des conclusions sur la
manière de se vêtir des Hébreux ? Sur l'un de ces ivoires, on
aperçoit une femme portant une imposante perruque qui pend
sur sa tête et recouvre ses épaules : la belle est nu-pieds,
habillée d'une tunique qui lui couvre le corps jusqu'aux chevilles. L'encolure est luxueusement brodée. Sur la tunique, la
femme porte une veste sans manches, faite, semble-t-il, d'une
seule pièce de tissu ouverte sur le devant et taillée en arrondi.
D'autres pièces d'ivoire montrent des femmes musiciennes
habillées selon des modes voisines : l'une d'elles porte sa
veste fermée avec des manches qui arrivent jusqu'au poignet :
c'est sans doute un modèle d'hiver. Sa tête est couverte d'une
capuche [97]. On a supposé que la musicienne aux cheveux pen-
dants sur ses épaules était une prostituée sacrée vouée, dans
un sanctuaire local, au culte d'une idole : la loi lui interdisait de se couvrir la tête si elle n'était pas mariée. Les femmes
mariées et respectables devaient au contraire garder la tête
couverte.

Sur ces ivoires les hommes ont le corps serré dans une
tunique probablement bariolée et parfois richement brodée,
à la manière syrienne qui leur laisse l'épaule et le bras droits
découverts, la gauche étant couverte jusqu'au coude. Sous la
tunique ils portent une aube brodée de différents dessins géométriques sous laquelle ils avaient une chemise de corps et
un caleçon qu'ils gardaient pour tout vêtement aux heures de
travail. Tous les hommes qui apparaissent sur ces ivoires sont
nu-pieds et la tête recouverte d'une calotte qui leur prend le
crâne et les cheveux. Dans des dessins égyptiens du XIIIᵉ et
du VIIᵉ siècle, des Syriens barbus ont les cheveux retenus par
une simple courroie ornée de dessins géométriques, nouée en
arrière ; les lanières flottent sur les épaules.

À l'époque royale

Le pays des Hébreux est riche en textiles : la laine et le
lin sont très répandus. Le coton semble n'avoir fait son apparition qu'à la fin de l'époque royale tandis que le chanvre

reste longtemps inconnu. Les cardeurs, les fileurs, les tisserands sont nombreux et experts. Les teinturiers constituent un corps de métier puissant. Le vêtement blanc qui s'harmonise avec le symbolisme religieux dominant est le plus prisé. Les riches choisissent des étoffes teintes aux colorants naturels en pourpre rouge ou violette, en cramoisi, en brun. Les brodeuses et les dentellières ornent les tissus destinés aux vêtements d'apparat. L'obélisque noir de Salmanasar III, sculpté vers 850, montre une délégation d'Hébreux envoyée par le roi Jéhu pour porter le tribut au souverain assyrien. Les délégués sont revêtus d'un costume particulier tout à fait différent de celui des Assyriens et rappelant les modes en vigueur en ce temps en Syrie du Nord et en Arménie du Sud.

On voit les Hébreux revêtus de longues tuniques à franges, ketoneth, et recouverts de manteaux à franges, *simla*. Ils portent ces vêtements sur le corps nu ou couvert d'une chemise, *sadîn*, et, à la manière des prêtres, probablement aussi d'un caleçon, *mikhnassaïm*. Ces vêtements sont amplement taillés de telle sorte qu'ils pouvaient dormir sans être gênés. Aux quatre coins du vêtements, la loi mosaïque fait un devoir d'attacher des franges bleues, destinées à rappeler aux Hébreux la présence et les commandements de YHWH à tous les instants de la vie [98]. On peut ajouter à ce costume très simple le *mel*, tunique supérieure plus large que la *ketoneh*; elle est fermée sur les côtés avec des ouvertures pour la tête et pour les bras. Le *mel* des prêtres a, en bas, une bordure de grenades de différentes couleurs et de petites clochettes d'or dont la mélodie savamment composée a une valeur cultuelle. Blouses et capes peuvent apparaître au-dessus de la tunique.

L'éphod des prêtres est porté parfois par des Hébreux soigneux de leur tenue; c'est un vêtement court fait de deux pièces attachées par des épaulettes précieuses; le tissu est fait de lin retors, entremêlé de fils d'or et de fils teints en pourpre, violet et cramoisi. Josèphe compare ce vêtement à l'*épomide* des Grecs. Les rois portent aussi un vaste manteau ou cape d'apparat, l'*addereth* [99].

La chevelure des hommes est abondante et les chauves prêtent déjà aux quolibets [100]. On ne se rase jamais les coins de la chevelure [101], ou du moins, la loi interdit cette coutume étrangère. La barbe est l'ornement de l'homme et s'identifie à son honneur : elle est portée par tous. Si les Hébreux sont le peuple de la contestation universelle, il faut avouer qu'ils en ont aussi le visage.

La coiffure consiste en un bonnet, *migba*, entouré chez les prêtres par une sorte de turban, *misnepheth* [102], dont la couleur et la nature varient selon les époques et les milieux, au gré de la mode. On ne conçoit pas, semble-t-il, de se déplacer la tête nue.

Le Pentateuque décrit avec force détails le vêtement des prêtres d'Israël qu'il est néanmoins difficile de reconstituer avec précision : l'inspiration a dû être puisée une fois encore en Égypte, et, sans doute, il dut y avoir une évolution des modes. Le pectoral, hoshen, placé sur *l'éphod* est suspendu sur la poitrine du pontife par des anneaux d'or dans lesquels sont enchâssées, par rang de trois, douze pierres précieuses différentes ; le nom des tribus auxquelles elles correspondent y est gravé. Le turban du grand prêtre est orné d'une plaque d'or sur laquelle sont gravés les mots : «Sacré pour Adonaï.» Il est certain qu'aux époques de prospérité, les vêtements des prêtres sont d'une grande splendeur : ils rehaussent les cérémonies du Temple, si belles et si impressionnantes qu'elles attirent de vastes foules venues de tous les horizons.

Costume féminin

À l'exception de *l'éphod* et de *l'addereth*, les femmes portent le même genre de vêtements que les hommes. Les différences entre la mode masculine et féminine sont néanmoins sensibles, puisque la loi interdit aux sexes d'intervertir leurs vêtements. Elles se situent dans la qualité et la couleur des étoffes, dans la longueur, les ornements et la coupe. La ceinture de laine que portent les femmes, *kishurim*, entoure leur taille plusieurs fois : elle constitue un des principaux ornements de leur toilette. D'ailleurs, hommes et femmes, dans les documents, apparaissent toujours la taille serrée dans de belles ceintures dont nous retrouvons les débris dans les fouilles. La ceinture bien ajustée sur les hanches faisait aussi partie de l'équipement du soldat.

Le manteau féminin, *mitpahath*, est très large et peut recouvrir la tête. Une capeline à manches, *maatapha*, pare aussi le buste des femmes dont la toilette sait être aussi compliquée, subtile, luxueuse, que partout ailleurs, nous le savons par le chapitre IX d'Isaïe.

La coiffure consiste en turbans, bonnets à filet, bandeaux de lin ou de soie, carré de tissu, chapeau, ou voile. Le voile constitue un atout important de la toilette des femmes : elles en jouent avec un art consommé pour exprimer leurs sentiments de pudeur, de crainte ou d'amour. Rien, semble-t-il, ne contraint la femme d'Israël à se couvrir systématiquement le visage. Elle semble avoir, aux hautes époques, une grande liberté d'allure et d'action. Sa chevelure est très soignée, souvent coiffée en tresses et toujours voilée : la loi l'assimile à la nudité de la femme qui ne doit se découvrir que devant son époux.

La chaussure

Il est probable que le commun du peuple allait généralement nu-pieds et ne se chaussait que dans les grandes circonstances. La sandale était le type le plus répandu de chaussure : une semelle de cuir tenue par une ou deux lanières. À la même époque, les Égyptiens portaient aussi des sandales à semelles de bois ou de paille tressée. Les Hittites avaient de belles chaussures hautes au bout très allongé et recourbé vers le haut.

Le dessin le plus ancien de chaussures portées en terre d'Israël date du XIXe siècle avant l'ère chrétienne : les hommes portent des sandales et les femmes des bottines qui montent au-dessus des chevilles. À l'époque royale, nous avons le portrait d'un ambassadeur du roi Jéhu qui se présente devant le

roi Shalmanasar en chaussures hautes du type hittite portées
à la même époque en Syrie et probablement en Mésopotamie.
Sandales, bottes ou souliers peuvent être de cuir rare, en peau
de dugon, par exemple [103]. La forme des chaussures nous est
connue par des dessins et les exemples que nous découvrons
dans les tombeaux et les chantiers. Les chaussures de la femme
se façonnent dans un cuir très fin. Les *ashasim* sont des sandales ou des socques probablement ornés de petites clochettes
qui rythment le pas des belles.

   La chaussure a pour l'homme de la Bible une signification
qu'elle a perdue pour nous : il se déchausse dans un lieu saint
ou dans un temps de deuil [104]; pour confirmer une transaction importante impliquant un transfert de propriété, il ôte
sa chaussure [105]. Lorsqu'un beau-frère refuse d'épouser sa belle-
sœur devenue veuve et sans enfants, il doit subir une grave
humiliation publique : la femme qu'il refuse lui enlève sa
chaussure et lui crache au visage en disant : « Il est ainsi fait
à l'homme qui ne bâtit pas de maison pour son frère [106]. »

Quelques particularités vestimentaires

   Signalons les contrastes constants de la température dont
les écarts sont aussi grands aux différentes heures de la journée qu'entre les saisons. D'où la nécessité de changements
fréquents de costumes, dont le nom hébraïque est justement
halifa : changement. Les riches ont une garde-robe importante. Comme le vêtement est simple et non adapté
strictement au corps, il peut s'offrir en cadeau : Samson fixe
à trente vêtements et trente pièces de toile le prix d'une
énigme qu'il pose aux Philistins. Ayant perdu son pari, il se
procure des costumes en tuant trente hommes d'Ashkalon.
Naaman, guéri de la lèpre par Élisée, lui offre dix costumes.
Une garde-robe aussi fournie compte des vêtements d'été,
d'hiver, de travail et d'apparat et, dans chaque cas, pour les
heures du jour ou de la nuit.

   Comme les prêtres, il est probable que les dignitaires de

la cour et de l'armée portent un costume spécial. Le vêtement a aussi une signification particulière : il n'est de pire injure que d'être déshabillé par son ennemi [107]. Enlever ses habits ou les déchirer fait partie des rites de deuil [108]. Pendant ces jours, ou dans les jours de jeûne et d'austérité, on se revêt d'une sorte de cilice, le *sac*, fait en étoffe rugueuse ou en peau grossière pour humilier et châtier la chair.

Les bijoux

Les bijoux ornent les femmes d'Israël depuis les temps les plus reculés. Nous le savions par les textes de la Bible : la Genèse note le cadeau que le serviteur d'Abraham offre à Rébecca et à sa famille [109] tandis que l'Apocalypse se réfère à l'éclat des pierres précieuses pour décrire la splendeur de la nouvelle Jérusalem [110]. Entre ces deux extrémités, les hommes de la Bible font de multiples mentions de bijoux qui occupent dans la vie des anciens une place non moins importante que de nos jours. Nos musées offrent aujourd'hui un choix impressionnant de l'art des joailliers hébreux : nous retrouvons chaque jour dans les chantiers archéologiques les bijoux qui paraient Mikhal et ses sœurs, les femmes de la Bible.

Les plus anciens habitants de la terre d'Israël, les Nétofiens, qui vivaient dans les grottes du mont Carmel, voici quelque 10 000 ans, portaient déjà des colliers, des bijoux, des peignes même faits de coquillages, d'ossements et d'arêtes de poissons. Au début de la monarchie, 7 000 ans plus tard, les joailliers ne se contentent pas d'utiliser les pierres précieuses, le bois, l'ivoire, les ossements, la nacre, la céramique pour créer leurs modèles : ils continuent à fondre l'or, l'argent, le bronze et font intervenir aussi le dernier des métaux dont l'usage vient de s'imposer dans le pays à l'époque de David : le fer. À Beit-Shémèsh, on a découvert des bracelets et des anneaux de chevilles qui ornaient, voici 3 000 ans, les poignets et les chevilles des compagnons de

David. Car les hommes aussi avaient le bon goût de se parer de bijoux. Les rois les accumulaient dans leurs trésors pour la plus grande joie des épouses et des concubines qui peuplaient leur harem.

Les Hébreux en quittant l'Égypte avaient prouvé leur goût pour les bijoux en dépouillant leurs voisins des joyaux d'or et d'argent qui serviront par la suite à la fabrication par Aaron du veau d'or [111]. Nous savons concrètement à quoi ressemblaient ces bijoux grâce à ceux que nous avons trouvés à Tell-el-'Ajjul, bagues, anneaux de nez, pendentifs, broches et colliers qui datent des XVIIe et XVIe siècles avant l'ère chrétienne. Par la suite, David sut enrichir son trésor de richesses qu'il confisqua à ses vassaux : le livre de Samuel [112] mentionne ainsi la couronne du roi Ammon. Tel était le sort des cités vaincues et tel devait être le destin d'Israël qui pouvait encore s'écrier avec elles : « Malheur aux vaincus ! »

À l'époque de Salomon, la richesse accrue de son royaume lui permit d'accumuler non seulement des femmes dans son harem légendaire, mais encore des bijoux d'argent, d'or, d'ivoire, de pierres précieuses dont, à l'époque de Moïse déjà, il était fait aussi un usage liturgique. La reine de Saba, en venant visiter le roi Salomon, lui apporte non seulement la beauté de son corps mais aussi de l'or et des pierres précieuses venant probablement d'Ophir et de Barhein [113]. Le Temple qu'il construit était un écrin où étincelaient des centaines d'objets d'art faits d'or, d'argent, de bronze et d'ivoire [114].

Les sceaux, souvent gravés dans des pierres précieuses ou dans des métaux rares, sont considérés eux aussi comme des objets de prix qui fixent le rang de leurs détenteurs. Ils servaient à authentifier la signature de leur propriétaire, scellée dans l'argile ou la cire de documents. Des milliers de sceaux ont été découverts dans les ruines du Proche-Orient, 10 000 pour la seule Mésopotamie, des centaines pour la zone géographique que les Hébreux occupent. La collection de sceaux de la Pierpont Morgan Library de New York ou des musées d'Israël nous permettent de suivre l'évolution des sceaux depuis la période d'Uruk et de Jedmet Nasr (3200-2800)

jusqu'à l'époque perse (538-333) : Ils sont gravés dans des
sortes de bagues, de cylindres ou de cônes sous forme de
symboles religieux, de scènes de la vie courante ou liturgique, d'animaux caractéristiques, parfois mythiques, qui
révèlent la personnalité ou les aspirations de leurs titulaires.

Les sceaux sont utilisés pour authentifier les actes du roi,
de ses ministres, des princes, des prêtres, de l'administration du royaume ou du Temple, des sociétés commerciales,
des commerçants. Le prophète Jérémie utilise un tel sceau
pour conclure l'achat du terrain d'Anathôt [115]. Les hommes
importants se promenaient avec leur sceau en main : Juda le
donne en gage à la prostituée sacrée dont il sollicite les services [116]. Le sceau de Pharaon dont dispose Joseph, son premier
ministre hébreu, est gravé à l'image d'un scarabée [117]. Nous
possédons ainsi les sceaux utilisés par les souverains : celui
de Darius montre le roi dressé sur son char entre des palmes
et les lions qu'il chasse ; au centre, un disque signale le dieu
tutélaire : Ahura-Mazda ; à gauche, une inscription trilingue :
« Je suis Darius, le Grand Roi. »

Les sceaux sont encore largement utilisés pour garantir et
protéger le transport des marchandises, vins, huiles, fruits
confits, objets fabriqués, envoyés dans des jarres ou des caisses
scellées aux marques de la fabrique qui les expédiait par voie
de terre ou de mer. Plus de 2000 jarres de vins, marquées aux
sceaux de leurs fabricants, ont été trouvées dans les ruines de
la seule Samarie. A Meguido, on a trouvé un sceau de leurs
fabricants, ont été trouvées dans les ruines de la seule Samarie.
A Meguido, on a trouvé un sceau de jaspe délicatement gravé
à l'image d'un lion, portant en hébreux ces mots :
« Appartenant à Shema', le serviteur de Jéroboam. » Il s'agit
de Jéroboam II, qui régnait vers l'an 775. Le sceau de
Guedalyah trouvé à Lakhish porte encore les traces du papyrus qu'il authentifiait au VIe siècle avant l'ère chrétienne [118].
Les sceaux sont gravés dans du bois, de l'ivoire, de l'argile,
de la faïence, du marbre, de la serpentine ou des pierres précieuses ou semi-précieuses plus dures comme l'hématite, la
cornaline, le jaspe ou enfin dans des métaux : cuivre recouvert d'argent et plus tard, du bronze, de l'argent, de l'or.

Souvent le bijou et le sceau se présentaient sous forme
d'amulettes en argile, en faïence, en métal ou en pierre semi-
précieuse destinées à protéger leur porteur des influences
néfastes et à lui procurer l'influx des bénédictions divines.
Ces objets représentent des animaux, crocodiles, chiens, coqs,
oiseaux; ils sont supposés avoir des pouvoirs religieux ou
magiques. Ils se présentent parfois sous forme de statuettes
finement sculptées.

La nourriture

Dans la Bible, la nourriture des hommes occupe une place
qui révèle la signification sacrificielle qu'elle avait dans
l'esprit des inspirés et des pontifes : presque tout commence
et finit là par des repas. Le pain constitue l'aliment de base
qui symbolise toute la nourriture de l'homme et la distingue,
avec le vin, de celle de la bête [119].

Le menu des Hébreux se compose de blé, d'orge, de fruits
(généralement, raisin, figue, grenade, olive, datte, pomme),
de viandes de bœuf, de veau, de mouton, et enfin de légumes
largement assaisonnés d'huile.

Les céréales fournissent toutes sortes de pains, de galettes,
de gâteaux, de soupes et de plats dont nos textes dressent
d'impressionnantes listes, tandis que la vigne donne le raisin (séché, il se mange, comme la figue, en gâteaux) et le vin
apprécié à toutes les étapes de sa fermentation en jus et en
moût. La figue orne les tables, elle se conserve, elle aussi,
sous forme de fruits secs pour l'hiver, presque aussi douce
que la datte que les Hébreux dénomment «miel». Mais on
ignore ce que pouvait bien être exactement cette pomme sauvage, tendre, parfumée et douce qui poussait dans les forêts
et à laquelle la Sulamite compare son amant [120]. Dans les
champs, les Hébreux se ravitaillaient en amandes, en noi-
settes, en mandragores, en pistaches. Là aussi, comme dans
leurs potagers, ils trouvaient les légumes, sauvages ou culti-
vés, de leurs menus : la fève, la lentille, l'oignon, le poireau,

la courge et la pastèque, et toutes sortes d'herbes amères et sauvages difficilement identifiables, mangées en bouillons ou en salades.

La viande et le poisson étaient des aliments de luxe, réservés aux fêtes, au sabbat et aux grandes occasions. Les Hébreux mangeaient les bêtes de leurs troupeaux et aussi les poissons munis d'écailles et de nageoires, certaines sauterelles, un bon nombre de volailles et d'oiseaux déclarés purs par la loi [121]. Celle-ci distingue les animaux purs des animaux immondes : il ne viendrait pas plus à l'esprit d'un Hébreu de violer les règles de cette diététique sacrée qu'à un moderne de manger du rat ou du serpent. La pratique de la chasse était en fait limitée par l'obligation de ne consommer que de la viande abattue rituellement, c'est-à-dire égorgée et saignée préalablement afin de ne pas manger son sang [122]. La viande provenait souvent des bêtes offertes en sacrifice sur l'autel du Temple. Les exégètes discutent même la question de savoir si l'abattage d'une bête était permis en dehors des sacrifices. Quoi qu'il en soit, la bête trouvée morte ou tuée autrement que rituellement était rigoureusement interdite par la loi et probablement aussi par l'usage. Les œufs étaient recueillis dans les nids plutôt que dans les basses-cours [123] : de ce fait, ils étaient rares et particulièrement appréciés. Le miel apparaît souvent dans les menus bibliques : il s'agit de miel sauvage trouvé dans les bois ou les rochers, ou de miel végétal fait à partir de plantes et de fruits. Le poisson enfin provenait de la mer ou des lacs. Il existait à Jérusalem une Porte des Poissons qui desservait un marché fourni par des Syriens [124].

Le raffinement de la cuisine est, à certains égards, une résultante de la condition des femmes : celle des Hébreux utilisait de nombreuses épices et d'abord le sel, qui accompagnait obligatoirement tous les sacrifices et avait de nombreux usages liturgiques et gastronomiques [125]. L'alliance faite par YHWH avec son peuple est une alliance du sel [126]. Le seul, que les anciens considéraient comme un don des dieux et l'une des plus importantes découvertes de l'homme, valait cher : il se mêlait aux ingrédients de l'encens et servait à la fabrication de nombreux médicaments. Il était utilisé pour le tannage des cuirs, la conservation des viandes et des poissons, la préparation des olives et des conserves alimentaires. Dans l'industrie, on s'en servait pour séparer le métal, notamment l'or et l'argent, de ses scories. D'autres épices dérivaient des plantes et des fruits : le cumin, la coriandre, la câpre et, sans doute, différentes espèces de piments.

Les boissons

L'eau sert évidemment de boisson courante, ainsi que le lait ou le petit-lait chez les agriculteurs. Pour les banquets, qui s'appellent d'ailleurs des beuveries, *mishté*, la boisson de rigueur est le vin ou la liqueur appelée *shekhar* qui était peut-être une sorte de bière. La terre d'Israël est fameuse pour la qualité de ses crus. Ils proviennent des vignobles de la plaine, des vallées et des terrasses de montagnes. Bien que le vin soit probablement d'origine caucasienne, il occupe une situation privilégiée dans la vie des Hébreux qui en boivent beaucoup et en parlent souvent en termes lyriques. Ses usages liturgiques sont quotidiens dans les sacrifices et les libations : le vin est aussi le symbole du mystère de la vie en Dieu, de la joie et de l'amour. Il est également employé en médecine. Les écrits soulignent parfois les dangers de la boisson, mais, davantage que le vin, ce sont les ivrognes qu'ils condamnent [127].

Les Hébreux fabriquent d'autres liqueurs, sans doute à partir de la fermentation de la figue, de la datte, de la grenade, du miel. Nous n'avons pas cependant de preuves qu'ils aient fabriqué de la bière à partir de l'orge, du blé ou de la sève de palmier comme l'usage en était répandu en Égypte et en Mésopotamie.

Les repas

Les repas au nombre de deux se prennent à la pause de midi et le soir. Le plus copieux se consomme après la journée de travail [128]. Isaïe censure avec force les jouisseurs qui

commencent leurs festins avec l'aube et les prolongent jusqu'à
la nuit ; ils seront finalement engloutis par le Shéol, qui lui
aussi élargit sa gorge et bée d'une gueule démesurée pour
que s'y engouffre la foule voyante et hurlante de plaisir des
noceurs [129].

Les repas se prennent assis sur des chaises basses autour
d'une table [130]. Plus tard la coutume s'instaure de les prendre
étendus sur des divans. Amos dénonce ceux qui, indifférents
aux malheurs de la nation, mangent des agneaux, couchés sur
des lits d'ivoire, vautrés sur des divans, braillant aux sons de
la harpe et des instruments de musique qu'ils ont inventés
pour leurs débauches, en buvant du vin à pleine gorge [131].

Le pain sert d'assiette pour recevoir la viande. On le
trempe dans les sauces placées au milieu de la table. Les
doigts font, bien entendu, leur office à la place des couteaux
et des fourchettes dont l'usage semble avoir été réservé aux
cuisines. Avant de se lever de table, on rend grâce à Dieu
pour la nourriture qu'il a donnée : cet usage s'impose à une
époque tardive [132]. Les repas, dans l'esprit des fidèles du
mosaïsme, gardent ainsi une coloration héritée de leurs origines sacrificielles qui permet la communion des convives
en Celui qui est la source de toute vie.

Le nom d'un peuple

Les Hébreux ont ressenti avec force le pouvoir du verbe.
Dans leur réalisme, ils connaissent, comme leurs voisins les
Mésopotamiens et les Égyptiens, le lien qui existe entre la
chose nommée, son idée et le mot qui l'indique. Le nom est
une réalité vivante qui désigne une autre réalité vivante –
l'âme qui l'informe – et agit sur elle. Le verbe est en soi une
réalité créatrice. Grâce au verbe, Elohim crée les cieux et la
terre, la lumière et les ténèbres. Grâce au verbe, l'homme
peut s'associer à la création, la garder et l'accomplir ou au
contraire l'entraver, la détruire. Le verbe commande la bénédiction et la malédiction, la paix et la guerre, la vie et la
mort.

L'Hébreu ne sent pas la différence qui existe entre le nom et la réalité qu'il désigne : le mot *davar* indique à la fois le verbe et l'objet. Changer de nom équivaut à changer de destin. Le corps et l'âme sont si totalement imbriqués à leur nom, qu'il est impossible de les isoler l'un de l'autre. L'âme d'une personne, d'un peuple, de toute autre réalité terrestre ou céleste, est la forme du corps manifestée visiblement. Leur nom exprime à son tour et d'une manière efficace leur unité vivante.

D'où l'importance du nom par lequel les Hébreux se sont connus et désignés en tant que peuple. Les historiens modernes rattachent les *'ivrim*, les Hébreux de la Bible, aux communautés errantes désignées sous le nom de *Habiru, Hapiru* ou *Apiru*, que l'on voit apparaître au cours du IIe millénaire avant l'ère chrétienne dans différentes régions du Proche-Orient, en terre de Canaan, en Égypte, en Syrie, en Anatolie hittite, en Mésopotamie accadienne. Ces nomades font parfois des razzias, contre lesquelles les princes cananéens doivent se défendre, en faisant appel à leur suzerain égyptien [133]. Quoi qu'il en soit de ces lointaines filiations, le mot *'ivri*, Hébreu, s'apparente phonétiquement du moins à la racine 'avar : passer. Par essence, l'Hébreu peut se considérer en tant qu'être en mouvement, homme en marche, franchisseur de frontières. Il n'est pas lié à un territoire comme ces hommes de la terre, les Cananéens, les Moabites, les Édomites, les Égyptiens, les Mésopotamiens qui n'ont de vie et de nom que par la vertu de la terre. Il est l'homme des grandes migrations qui conduisirent Abraham d'Ur en Canaan, Jacob et Joseph en Égypte et qui les ramenèrent de là et de Mésopotamie vers leur Terre promise. C'est à partir d'un exode – celui d'Égypte – que les Hébreux voient l'origine de leur existence en tant que peuple. Et l'acte constitutif de la nation se situe non pas au moment de la conquête de Canaan, à l'époque de Josué, mais au pied du Sinaï, dans un désert à peu près inhabitable, lorsque Moïse donna sa loi aux rescapés d'Égypte. L'insolite, l'inattendu, le paradoxe, l'incroyable souvent, l'impossible parfois : voilà ce que l'analyse décèle dans l'histoire de ce peuple en marche.

A l'origine de l'histoire des Hébreux, nous trouvons le nomadisme : il commande toute la période formative de la nation, alors qu'elle n'avait ni pays, ni État. Ainsi les Hébreux apparaissent tels qu'ils se connaissaient – les hommes de la transhumance, du passage, de la transition, de l'exode et de l'enracinement, sur la seule terre qu'ils aient reconnue comme la leur, aussi diverse, paradoxale et contrastée qu'eux-mêmes. Le ciment de l'unité des Hébreux est ainsi une même conscience historique, une commune ascendance en Sem, fils de Noé, arrière-grand-père de *Eber*. Ils sont frères en Abraham, en Isaac et en Jacob. Cette mémoire historique cimente les liens issus d'une communauté de langue, de foi, de religion, de civilisation puis de destin sur une même terre.

Le potentiel humain et spirituel du peuple hébraïque sus-cite l'existence du territoire, par un processus qui va contre la nature des choses. Ce n'est pas le pays qui nourrit le peuple et inspire sa civilisation mais, dans un combat incessant, le peuple qui doit conquérir sa terre, en tirant de lui-même la force de s'offrir ce luxe : avoir une terre à soi. Les Hébreux nomades aspirent à l'enracinement et convoitent la seule terre digne de leur destin ; esclaves en Égypte, ils la conquièrent dans la cruauté des combats qu'ils livrent contre Canaan, dès qu'ils le peuvent ; déportés à Babylone, ils n'ont qu'un souci, qu'une obsession, revenir sur leur terre et la reconstruire ; écra-sés par les Romains d'une manière que tout esprit sensé devait considérer comme définitive, ils rassemblent les vestiges de leurs espérances et de leurs forces, pour faire mentir leur malheur, et attendent deux millénaires l'occasion de reve-nir reconstruire, aux lieux de la promesse, leur foyer national, puis leur patrie.

Le nomade, d'une certaine manière, vit en opposition avec la nature. Il a pour lieu de son établissement le désert, la steppe. La pauvreté du sol qui le porte l'oblige au mouve-ment, à l'action, à la pensée qui lui donnent ses chances de survivre, dans un environnement ingrat. Ces constatations ont joué à un degré extrême pendant toute l'existence du peuple hébraïque, en quête d'une surnature qui exauce, en plénitude de gloire, la création entière.

Par surcroît, la nation se forme en contradiction avec un entourage plus puissant en nombre, en culture, en civilisation. Lorsque le peuple hébraïque franchit le seuil de son existence historique, les Égyptiens, les Mésopotamiens ont une civilisation vieille de plus de deux millénaires. La monarchie unifiée remonte, en Égypte au IVᵉ millénaire, vers l'an 3200. En cette période, des conflits opposent les cités de Lagash, Ur, Uruk. Les débuts de la civilisation susienne sont plus anciens encore. Et la Crète utilise le métal depuis l'an 3000. C'est dire que la région du monde au cœur de laquelle les Hébreux entendent fonder un État nouveau était alors plus riche en passé que certaines régions d'Europe ne le sont aujourd'hui. Aucune comparaison ne vaut en histoire – mais l'arrivée des Hébreux en Canaan pourrait se comparer, de nos jours, à celle de tribus bédouines décidées à s'établir et à conserver leur personnalité dans l'orbite des grandes métropoles occidentales. Millar Burrows a pu écrire sans exagération : «Sous certains rapports, l'invasion de la Palestine par les Hébreux fut comparable aux invasions de l'Empire romain par les Barbares ou à celle que, des siècles plus tard, l'Empire de Byzance subit de la part des Arabes [134].»

La recherche historique a prouvé les liens étroits qui existaient entre les différents foyers de la civilisation proche-orientale, dès la fin de l'âge du bronze. Et leur carrefour se situait très certainement en ce centre de Canaan que les Hébreux choisirent pour patrie. Un lieu de passage, nous l'avons vu, où bien des races s'affrontèrent, se combattirent et se mêlèrent sous les influences dominantes des Égyptiens, des Babyloniens, des Hittites, des Phéniciens, des Cananéens.

«Ils allèrent de peuple en peuple, de royaume en nation...» chantait, avec la précision de l'historien, le Psalmiste [135]. Tel était l'Hébreu, un homme d'au-delà. Mais, dans la diversité de ses visages, ce peuple se connaissait sous un autre nom, *Israël.* Là encore il s'agit du nom d'un homme, Jacob, et d'un homme marqué par l'irruption en lui du surnaturel. Le nom désigne la réalité de l'être. Jacob, après avoir vaincu dans sa lutte avec l'Ange, change de nom et devient Israël. Et c'est

par ce terme que les Hébreux se désignent par prédilection :
ils sont les *Benéi Israël* – les fils d'Israël.

L'origine et la signification du nom d'Israël continuent
d'être débattues par les savants. Il est à peu près certain que
ce nom n'est pas d'origine cananéenne, mais amorrhéenne ou
protoaraméenne et qu'il a été importé par les Hébreux dans
leur pays d'adoption [136]. Que signifie-t-il? Là encore les
philologues doivent se contenter de cerner le concept sans
l'épuiser. *El* est le nom de Dieu, le puissant et la source de
toute-puissance. *Israël* peut être celui qui a vaincu Dieu, qui
a persévéré en Dieu, qui a persisté, qui a retrouvé la force et
vaincu en lui. Il est serviteur et prince en son Royaume, liant
les réalités de Dieu à celles de l'homme, avant de les implan-
ter sur la terre, aux ultimes accomplissements de sa vocation.

Les Hébreux, les Israélites se connaissent aussi en tant que
Juifs. Ce terme, dont, en fait l'étymologie est inconnue,
signifie très exactement le contraire de ce qu'il a fini par
évoquer dans la plupart des langues parlées par les chrétiens
et les musulmans. Là encore, à l'audition de ce mot : *yehudi*,
les Hébreux peuvent reconnaître des significations essentielles : le concept, inclus phonétiquement dans la racine de
ce mot, signifie *louer, célébrer, exalter*; ce nom désigne un
homme, Juda, le fils de Jacob et de Léah [137] ; puis une tribu,
les Judéens, puis enfin une terre, la Judée. Le mot Juif, *Yehudi*,
ne se trouve pas seulement dans le livre des Maccabées et dans
le Nouveau Testament, comme on a pu l'écrire par erreur [138],
on le rencontre dans le livre des Rois [139], des Chroniques [140],
dans de nombreux passages de Jérémie, Zacharie et du Livre
d'Esther. A l'époque biblique, on distinguait, depuis le
schisme, le royaume d'Israël, dans le Nord du pays, et le
royaume de Juda, au Sud. Ce dernier survécut seul à l'exil
de Babylone. D'où l'usage de désigner les descendants des
Hébreux sous le nom de Juifs.

Dans tous les cas, le peuple se désigne par référence à un
concept, celui de passage, de persévérance en Dieu, de
louange; puis le concept désigne un homme qui en a réalisé
le message, Eber, Israël, Juda; puis encore l'ensemble de ses
descendants, les Hébreux, les Israéliens, les Juifs; et enfin la

terre de leur établissement. L'analyse sémantique, on le voit, recouvre la complexité des composantes qui provoquent dans l'histoire le fait hébraïque. Celui-ci se caractérise de toute évidence par le mariage d'un message spirituel, d'une humanité qui en accepte la garde et d'une Terre promise à sa réalisation. Les noms d'Israël, avec les siècles, se chargent de symboles et d'un contenu affectif dont les nuances sont sensibles à chacun. Lorsque Moïse parle à Pharaon – à une exception près – il emploie le mot «les Hébreux» pour désigner son peuple. Mais il interpelle toujours celui-ci directement sous le nom d'Israël. Un même peuple est ainsi décrit sous ses visages multiples, en son errance, en sa divine appartenance ou en sa continuité historique. A ces noms principaux, les poètes ajoutent des surnoms : Israël s'appelle aussi *Yeshurun,* le «droiturier», le peuple, «le peuple saint», le grand peuple, le plus petit d'entre tous les peuples, le peuple de Dieu, la nation de YHWH, le peuple d'éternité, le peuple élu, le peuple un. Israël est aussi le peuple de l'Alliance, le serviteur de Dieu : nous verrons bientôt l'importance de ces concepts dans la pensée des Hébreux.

Deuxième porte
L'homme et le temps

« *un temps pour enfanter*   *un temps pour mourir*
un temps pour tuer   *un temps pour guérir*
un temps pour démolir   *un temps pour bâtir*
un temps pour pleurer   *un temps pour rire*
un temps pour aimer   *un temps pour haïr*
un temps la guerre   *un temps la paix.* »

Eccl. III, 1.

Le fil des jours

Joël voit bien que le monde où il est engagé sur sa terre n'est ni neutre ni statique. Une volonté supérieure à la sienne se découvre non seulement dans l'agencement de l'univers mais dans son dynamisme : tout y est en mouvement et en événements. Il constate la parfaite correspondance de l'enseignement de ses pères avec le spectacle que ses yeux ne se lasseront jamais de découvrir avec avidité : les cieux et la terre sont commandés par la toute-puissante et la toute harmonieuse volonté d'Elohim qui les a créés et leur a donné la loi issue de leur alliance. La milice des cieux, le soleil, la lune, les étoiles et les réalités invisibles qu'ils recèlent commandent ainsi à la vie de la terre et des hommes, à ce jour unique, toujours recommencé de la naissance à la mort de toutes les créatures [1]. Pour Joël, le temps d'Elohim est fixé par la succession du jour et de la nuit, par l'alternance des saisons : rien n'y est livré à l'absurde. Du temps de YHWH dépendent la lumière et les ténèbres, le froid et la chaleur, les vents, la pluie, la grêle, la neige, l'orage, c'est lui qui détermine la vie des minéraux, des végétaux, des vivants et de l'homme.

Joël ne se représente pas le temps comme une entité distincte des réalités concrètes où il vit. Le Grec distingue un passé, un présent et un futur. Joël ne voit jamais que des faits qui sont accomplis ou inaccomplis. Le verbe qu'il emploie décrit toujours une action qui est achevée ou à entreprendre, jamais un temps passé, présent ou futur. La nuit et le jour, la lunaison, les saisons, l'année sont visiblement commandés

par les astres, des «lustres au plafond des ciels» (Gn. I). Il
n'en est pas de même de la lumière et des ténèbres qui sont
antérieures à toutes les créatures, entités élémentaires qui
assurent le vrai partage des mondes [2]. Joël ne se lasse pas
d'admirer l'incroyable beauté de la lumière de son pays :
pour lui, il n'est qu'un bien, la lumière, et un mal, les ténèbres.
Joël, lui, entend vivre en pleine lumière. La lumière se situe
au plus haut des cieux, là où YHWH Elohim siège sur son
trône tandis que la ténèbre, sous terre, c'est le Shéol, le lieu
de la mort [3].

Le souffle, *rouah*, désigne, dans la bouche de Joël, à la fois
l'esprit de Dieu, le souffle qui anime la respiration des vivants
et les vents qui véhiculent les nuages et la pluie. Le souffle
est ainsi le moteur principal de la vie des mondes dont le
mouvement est tissé de lumière et de souffle. Les saisons et
les fêtes sont donc commandées par le vouloir d'Elohim,
source de la prodigieuse mécanique de l'univers où vit Joël.

Nous vivons aujourd'hui dans nos demeures et nos bureaux.
Joël, lui, vit toujours dans la lumière de son ciel. Il ne rentre
chez lui que pour le repos de la nuit. Son contact avec la nature
est ainsi immédiat et permanent : telle est la plus constante
réalité de sa vie quotidienne. Son calendrier se fonde sur les
mouvements de la lune. Le mois s'appelle pour lui lunaison,
yerah, hodesh, – ce dernier terme indiquant le *renouvellement*
de la lune. Il comprend les jours qui séparent deux nouvelles
lunes. Mais, proche de la nature dont sa vie a épousé les rythmes,
il corrige le retard du mois lunaire sur le mois scolaire en
intercalant régulièrement dans son année un treizième mois
de telle sorte que son calendrier luni-solaire s'harmonise avec
le rythme des saisons. Pâque tombera toujours au printemps,
Pentecôte à la moisson, les Cabanes au seuil de l'automne.

Le calendrier

L'histoire du calendrier est difficile à préciser chez un
peuple placé au carrefour de plusieurs civilisations. Les
Hébreux adoptent des méthodes diverses et changeantes de

calcul du temps. Leur calendrier a sûrement évolué dans le sens d'une synthèse progressive des connaissances : ainsi ont-ils adopté un calendrier luni-solaire comme les Égyptiens avaient fini par le faire. Le jour, à l'origine, est compté de matin à matin avant de l'être de soir à soir; cette modification se situe à l'époque du premier exil et persiste dans les traditions d'Israël. La nuit est divisée en trois veilles, selon l'usage mésopotamien. Plus tard, la division romaine en quatre veilles finira par s'imposer. Les Hébreux utilisent sans doute les clepsydres, les gnomons, ainsi que les cadrans solaires du type retrouvé à Guèzèr, datant du XIIIe siècle avant l'ère chrétienne, pour la lecture des heures.

Les mois sont de 29 ou 30 jours en fonction des lunaisons. Leurs noms sont d'abord pris chez les Cananéens, en rapport avec la vie agricole : le mois des épis, des fleurs, des cours d'eau, des pluies, des semailles, des récoltes, des émondages, des fruits d'été, de la cueillette du lin, des semailles tardives, etc. Dans le calendrier officiel ces noms sont remplacés par des chiffres : on compte l'année biblique du premier au douzième mois; ce changement semble avoir été tardif. Après l'Exil, les noms babyloniens s'imposent définitivement aux Juifs.

L'année de 12 mois et de 364-365 jours est connue des Hébreux de la Bible sans que l'on sache par quelles voies ils ont acquis leur savoir : celui-ci transparaît dès le dernier quart du Xe siècle dans le plus ancien document hébraïque que nous possédions, le calendrier agricole de Guèzèr.

On ne peut dire avec précision à quelle époque ils introduisent un treizième mois lunaire par souci de synchronisme avec l'année scolaire. Cet usage est connu à l'époque royale [4]. Après l'Exil, l'année s'institutionnalise : les Hébreux adoptent définitivement le cycle babylonien de 19 ans avec un nombre fixe d'années embolismiques. Les réformes nombreuses que subit au cours des siècles le calendrier ont conduit les rabbis à fixer quatre commencements de l'an : en *tishri*, le Nouvel An, pour la commémoration de la création du monde et pour marquer le début de l'année sabbatique et jubilaire; le 15 *shevat*, au temps de la montée de la sève, le

Nouvel An pour la dîme des arbres; en *nisân*, à Pâque, le Nouvel An pour les rois et les fêtes; en *ellul* enfin, le Nouvel An pour la dîme du bétail.

L'habitude de compter les années à partir de la création du monde, comme les Juifs continuent de le faire, ne se trouve pas mentionnée dans la Bible. Les dates sont fixées par rapport à des événements marquants ou à l'avènement des Juges et des Rois; d'où les difficultés considérables de la fixation d'une chronologie sûre dans le déroulement de l'histoire ancienne d'Israël. À côté du calendrier officiel de Judée, le royaume d'Israël avait un calendrier dissident. Ézéchiel prévoit une réforme du calendrier. Le *Livre des Jubilés*, la secte de Qumran, définirent leur propre mode de calcul du temps. Le calendrier hébraïque est tout entier rythmé par la succession des fêtes religieuses et nationales et des saisons, révélant son double caractère historique et agricole [5].

Le sabbat et les fêtes

Le rythme majeur de l'année hébraïque est constitué par le Sabbat : le septième jour de la semaine. Cette institution originale dans le monde antique remonte certainement au plus lointain passé du peuple, qui joint ainsi l'achèvement de la création divine et le repos du Créateur à celui de son peuple au terme des six jours de travail [6]. Le respect du repos sabbatique est prêché avec insistance dans la Tora et par les Prophètes : il fait l'objet de la prédication des prêtres et des lévites qui y voient le symbole même de la fidélité à l'ordre surnaturel établi par YHWH pour son peuple. L'importance du sabbat devait grandir à l'époque post-exilique, et sa législation allait être considérablement renforcée et aggravée.

Ce jour allait devenir, avec la Bible qui en promulgue l'ordre, la vraie patrie du peuple chassé de sa terre. Le sabbat a pris très tôt l'aspect de la fête d'Israël par excellence. Il est le signe même de l'Alliance qui situe le peuple dans l'obédience de Dieu et de sa Tora. Il se fonde sur le devoir d'imiter Dieu qui, lui-même, se repose après avoir créé le monde. Mais sa signification humaine, sociale et cosmique est clairement soulignée, en souvenir de l'esclavage d'Égypte et de la libération qui y mit fin. Par le sabbat, le loisir est, pour la première fois, considéré comme une catégorie métaphysique introduisant aux fins dernières de l'humanité, dont il préfigure les ultimes accomplissements.

Le jour de repos est consacré à la joie en Dieu, à l'offrande de sacrifices, à l'éducation du peuple, à la prédication des prêtres et des docteurs. Il est obligatoirement chômé : les travaux et les transactions sont complètement suspendus en cette fête qui constitue comme la circoncision des jours ou la dîme des semaines [7] : l'Hébreu et l'étranger, le citoyen et le métèque, les animaux et les choses, la nature elle-même, sont soumis à son ordre.

La *néoménie* est célébrée, chaque mois, par des sacrifices spéciaux, des offrandes et des libations [8]. Là encore, il s'agit d'une fête populaire dont les origines sont très anciennes : à la nouvelle lune, le roi Saül offre un repas dont le caractère sacrificiel est évident puisqu'il faut être pur pour y participer. Des réjouissances, sans doute héritées des coutumes cananéennes, marquent à certaines époques la pleine lune [9].

L'année liturgique des Hébreux est jalonnée par trois grands pèlerinages qui ont lieu à Pâque, *Pessah*, à Pentecôte, *Shabuôt*, et aux Cabanes, *Succôt*.

La *Pâque* commémore la sortie d'Égypte et les événements liés à la libération du peuple [10]. Le roi Salomon officie personnellement au Temple de Jérusalem à l'occasion de la fête des Azymes, au centre de laquelle se situe le sacrifice de l'agneau pascal [11]. Les galettes non levées, pendant sept jours, constituent le pain de pauvreté de la nation en souvenir de sa servitude en terre d'Égypte. C'est à partir de la fondation du Temple de Jérusalem que se confirme la tendance à faire de cette fête un immense pèlerinage populaire : de tous les coins du pays, des foules se mettent en branle pour venir offrir les sacrifices dans la capitale, en hommage au Dieu libérateur et au roi. Ce caractère s'accentue à mesure

que prévalent les tendances centralisatrices de la monarchie;
il complète la tradition familiale de la fête de Pessah :
chaque chef de famille trônant au milieu de son foyer, comme
au temps des Juges sous la tente, rappelle le geste de YHWH
qui triomphe des ennemis et libère son peuple. Cette fête
du printemps, qui garde ses caractères agrestes, symbolise
ainsi les plus hautes significations de l'histoire et de la foi
d'Israël.

Pentecôte, *Shabuôt*, se célèbre sept semaines après Pâque :
elle est la fête des prémices et de la récolte. Elle donne lieu
à des oblations, des libations et des sacrifices exceptionnels.
Là encore une solennité d'origine agricole est ainsi réinterprétée dans le sens du salut d'Israël. Elle devient, dans la
conscience du peuple, la fête du don de la Tora au Sinaï et
du renouvellement de l'Alliance.

Succôt, enfin, la fête des Cabanes, se célèbre au commencement de l'automne [12], au temps des récoltes, «le
quinzième jour du septième mois». Elle dure une semaine
et comprend un huitième jour de clôture « *Shemini 'atse-
rêt*». Elle aussi est liée à la joie des fécondités de la terre.
Les cabanes que l'on construit dans les jardins ou sur les terrasses rappellent sans doute celles que les agriculteurs édifient
dans leurs champs au moment des fruits, lorsqu'il faut vivre
loin de chez soi pour accélérer la fin des travaux. Mais là
encore, cette fête très terrestre se revêt d'une signification
liée au salut d'Israël : elle rappelle le passé nomade et
l'errance du peuple dans le désert. Ainsi s'établit un lien
logique entre les trois pèlerinages de l'année hébraïque : sortie d'Égypte, don de la Tora et enfin errance dans le désert,
préludant à l'établissement en Terre sainte. Le peuple rappelle ces souvenirs lointains en les actualisant dans
d'immenses rassemblements que les rois et les prêtres encou-
ragent, à Jérusalem.

A ces trois fêtes s'ajoutent deux autres grandes solennités [13]. *Rosh Hashana*, le jour de l'An, est célébré comme la
plus solennelle des néoménies, par référence à la création du
monde : c'est le sabbat des nouvelles lunes, la septième de
l'année. *Yom Hakipurim*, le jour des Expiations, constitue

dix jours plus tard le grand sabbat de l'année – un jeûne austère qui préfigure le jugement de Dieu [14].

L'origine de ces fêtes est discutée. A l'époque post-exilique, elles prennent une importance grandissante. Elles complètent le visage de l'année liturgique hébraïque qui célèbre ainsi le sabbat et les néoménies ; trois grandes fêtes d'inspiration nationale, historique et agricole, les pèlerinages de Pâque, Pentecôte et des Cabanes ; et deux fêtes d'inspiration, proprement religieuse, universaliste et transhistorique, le Jour de l'An et le jour des Expiations.

La loi ne prévoit qu'un seul jour de jeûne par an, le jour de Kippour, mais des hommes s'imposent librement de nombreux jeûnes supplémentaires, par ascèse.

La circoncision

Pris dès sa naissance par le temps de son peuple, Joël en subit la première épreuve à l'âge de huit jours : pour pénétrer dans l'Alliance d'Abraham, il doit être circoncis [15]. La circoncision de son prépuce est le signe sanglant de celle de son cœur [16]. Elle s'impose non seulement à l'Hébreu mais aussi à l'esclave qui vit parmi eux : elle est pratiquée avec un couteau de silex qui atteste la très haute antiquité de la coutume. A cette époque, les peuples d'Europe et d'Asie centrale ou orientale ne connaissent pas la circoncision, mais ceux d'Afrique et du Proche-Orient la pratiquent sous différentes formes. En Égypte, plusieurs peintures ou sculptures attestent l'antiquité de l'usage, confirmé par l'examen des momies. Philon d'Alexandrie, par souci apologétique, a souligné l'universelle utilité de cet usage pour la santé, la propreté de l'homme, comme pour l'épanouissement du couple et sa fécondité [17]. Les modernes y voient plutôt un rite d'initiation qui marque l'entrée du circoncis dans la communauté.

Le sens attribué par la Bible à l'opération que le petit Joël en larmes vient de subir est clair : c'est le signe de son alliance avec YHWH, tel qu'il fut pratiqué par Abraham. Mais il est certain que la circoncision est aussi un rite de passage dans la communauté dont elle soude l'existence : l'incirconcis en est exclu [18].

Les noms

Joël a reçu son prénom le jour de sa circoncision. C'est généralement la mère qui lui impose celui qui l'accompagnera toute sa vie [19], à moins que, parvenu à l'âge mûr, une circonstance – une maladie par exemple – ne le pousse à en prendre un autre. J'ai déjà dit que nous connaissions personnellement un grand nombre d'hommes de la Bible : plus précisément, nous y relevons environ 1 400 noms portés par quelque 2 400 personnages [20]. Le choix d'un prénom est souvent déterminé par une circonstance qui accompagne la naissance de l'enfant [21]. Les rois de Judée, de David au vingt-deuxième et dernier d'entre eux, portent, à la différence des souverains français, vingt-deux prénoms différents.

Dans la moitié des cas, les noms bibliques sont forgés à partir des noms de Dieu : *El, Yah, Adôn*. Parfois ils sont choisis pour la qualité ou la protection que les parents souhaitent à leurs enfants. Dans tous les cas, le prénom du fils s'accompagne toujours de celui de son père pour définir une identité complète : Abraham ben Terah, David ben Yshaï; un homme est avant tout l'aboutissement d'une lignée, son ascendance compte pour définir sa personnalité.

L'éducation

Joël appartient à sa mère. C'est elle (rarement ses servantes) qui l'élève [22]. Elle l'allaite souvent jusqu'à l'âge de trois ans et plus [23]. Le sevrage est l'occasion d'un banquet familial [24]. Par la suite la fille reste dans l'ombre de la mère tandis que le fils suit le père et observe les activités des

hommes du clan dans lequel il vit et qui lui donnent l'essentiel de son éducation. Celle-ci a pour premier but d'élever
l'enfant « *guidoul banim* » [25], de permettre son développement physique sur lequel la Bible insiste non moins que sur
son épanouissement intellectuel [26]. Les rois et les grands
avaient des précepteurs pour éduquer leurs enfants : l'un d'eux,
à la fin du XVe siècle avant notre ère, écrit à son patron une
lettre, retrouvée à Sichem 3 500 ans après, pour lui réclamer
ses gages. Les pauvres s'appuyaient sur les ressources du clan
pour acquérir les connaissances indispensables pour leur métier
et pour leur épanouissement social, moral, religieux et intellectuel. La Bible regorge de conseils pédagogiques donnés
à la mère, au père et à l'enfant pour faciliter la formation
des jeunes et la transmission du savoir traditionnel. La
mémoire de l'enfant est exercée par des méthodes qui lui
permettent des exploits inimaginables. Les éducateurs,
parents, anciens, prêtres, lévites ou scribes y engouffrent tout
le savoir de la nation.

Les livres

Car les livres sont rares et chers. Ils étaient écrits sur du
papyrus importé d'Égypte ou peut-être même fabriqué dans
le nord du pays d'Israël. Jérémie dicte ses discours à son
secrétaire qui les écrit à l'encre sur des feuilles de papyrus
qui pouvaient avoir 15 X 25 cm. Reliées, elles forment des
rouleaux qui peuvent avoir jusqu'à 9 m de long. C'est un livre
de ce genre que le roi Joakim brûle pour censurer les imprécations de Jérémie [27]. Des matières plus nobles pour la
transmission de l'écriture étaient la pierre, le parchemin, le
bois et les ostraca découverts par centaines. Il est possible
que les textes de la Bible aient été écrits d'abord sur de petites
plaques d'argile, comme le Coran le sera plus tard, sur des
morceaux de cuir, des feuilles ou des os. Le scribe utilisait
une plume taillée dans du roseau et une encre si bien faite
qu'elle a parfois franchi des millénaires sans s'altérer. Comme

en Égypte, l'encre pouvait être noire ou de couleur, rouge, verte, jaune, brune ou bleue. L'encre était faite à partir de matières calcinées mélangées à de la colle et à des produits ferrugineux. Elle se présentait comme un corps solide que le scribe mélangeait à de l'eau au moment d'écrire [28].

Apprendre...

Il semble que prêtres, lévites et prophètes tenaient école. Là, les disciples étudiaient, gardaient et transmettaient les enseignements des maîtres, tout ce que les jeunes doivent savoir pour s'associer pleinement et s'identifier à la vie de leur peuple, de leur tribu, de leur clan. Le clan dispense à la fois l'éducation physique et l'entraînement militaire, l'enseignement professionnel, la lecture et l'écriture, la Tora et les coutumes religieuses, la saga d'Israël et la sagesse des anciens.

Les enfants savaient aussi jouer : on a même retrouvé des jouets dans les chantiers archéologiques à Mispé, à Kiryat Séfer, à Beit-Shémèsh, à Guèzèr, à Meguido, à Debir. Ces jeux ont parfois pour but de préparer les enfants à leur futur devoir de soldat. Ils apprennent aussi les métiers de leurs pères puisque le métier fait partie du patrimoine familial, comme la musique et la danse, tous les arts et toutes les techniques.

A l'époque d'Ezra et de Néhémie, au retour de l'exil à Babylone, le peuple a besoin de se retremper dans ses sources. L'accent est mis sur l'enseignement de la Tora [29]. Elle est lue publiquement dans toutes les solennités, tous les sabbats. Le peuple d'Israël voit désormais dans la sagesse le principal enseignement que la famille et l'école doivent dispenser à l'enfant.

Les usages

Nous sommes en Orient, dans une société paysanne proche de la terre : Joël a été élevé dans le culte des bonnes manières qui fait aussi partie de ce que ses maîtres appellent la sagesse.

Ses moindres gestes ont ainsi une importance extrême en face de Dieu et des créatures dont l'honneur doit être cher à ses yeux. Il ne doit pas seulement glorifier son père et sa mère comme il l'entend répéter autour de lui à en perdre haleine, mais aussi toutes les autres créatures issues d'un même père, YHWH Elohim et spécialement, le vieillard, la veuve, l'orphelin, les faibles, les déshérités. Il doit s'écarter de la dispute, s'associer aux joies et aux peines de son clan, visiter les malades. Glorifier les vivants oblige : Joël doit aller sur la route au-devant d'un hôte, surtout s'il est important ; il s'incline, se prosterne même devant plus âgé ou plus renommé que lui ; il ne visite pas une famille sans apporter un cadeau ; il sait parler à ses interlocuteurs à la troisième personne, appeler son maître « Père » et se dire le serviteur de tous. Il est entraîné à l'humilité : il dira facilement être un chien crevé ou une punaise quand il sent qu'on lui fait trop d'honneur. Le bon ton est à la modestie, à *l'understatement* dès qu'il s'agit de s'apprécier soi-même ou son propre clan. Les sages enseignent les voies de la bonne conduite : Joël doit fuir les malhonnêtes, les orgueilleux, les méchants, les coléreux, mais être humble pour suivre YHWH son Elohim. Le riche ne doit pas se louer de sa richesse, ni le puissant de sa force.

La femme chaste est spécialement appréciée autant que décriée l'étrangère qui précipite l'homme vers son tombeau. La vierge doit très particulièrement se préserver de tout contact avec les hommes et même avec les femmes mariées : Rébecca, en voyant pour la première fois son futur fiancé, se couvre vite le visage et, d'émotion, tombe de son chameau [30].

Joël sait qu'on le juge sur son apparence, ses vêtements, sa colère ou son rire : il doit donc maîtriser sa langue qui peut susciter la paix ou la guerre. La vie et la mort sont au pouvoir de la langue. C'est pourquoi le mensonge, la calomnie, la médisance sont bannis des bons usages. Rien n'est plus important que de savoir garder un secret. A vrai dire, la tradition a donné à Joël un code complet de savoir-vivre qui lui permet en chaque circonstance de bien déterminer sa

conduite. En Égypte, de tels guides existaient déjà au milieu
du IIIᵉ millénaire. Joël tient à honorer cette tradition que
ses pères, les Hébreux, n'ont cessé d'enrichir.

L'activité sexuelle

L'activité sexuelle normale et licite est un bien. Elle constitue même l'objet du premier commandement que Dieu
donne à l'homme dans la Genèse au terme de la création du
monde : «Fructifiez, multipliez, remplissez la terre... [31].»
La vie sexuelle n'est d'ailleurs pas dissociée de la vie amoureuse du couple et aucun mot n'existe en hébreu pour la
désigner en tant que telle. Aussi Joël n'a-t-il nulle part de
complexe concernant la vie du sexe. Celle-ci est étalée au
grand jour et fait l'objet d'une législation très stricte, très
abondante et très détaillée qui prouve moins la vertu du
peuple de la Bible que l'importance pour lui de ces problèmes. Les documents, faits divers ou lois, que la Bible nous
lègue sur ce thème n'ont sans doute aucun parallèle dans aucune
civilisation de l'Antiquité. Revenons sur quelques-uns des
caractères de la vie sexuelle de l'Orient biblique.

La femme mariée est consacrée, sanctifiée, mise à part
pour son époux. De ce fait, la copulation provoque une impureté comme tout contact avec le sacré. Après le coït, le couple
doit faire ses ablutions et se purifier : il restera impur jusqu'au
soir. La loi est la même pour l'homme après toute copulation ou toute perte séminale. L'activité sexuelle, de quelque
nature qu'elle soit, introduit l'homme dans l'univers du sacré.
Il doit être purifié pour retrouver la plénitude des fonctions
profanes. Aussi les mœurs tendent-elles à une ségrégation des
sexes.

Toute activité sexuelle est prohibée avec une femme qui
a ses règles, et tout contact direct ou indirect avec elle est
également interdit. La perte du sang provoque l'impureté
de la femme, comme tout ce qui confine au mystère de la
mort et de la vie. Aussi «l'homme qui couche avec une

femme dolente et découvre son sexe, dénude sa source : elle découvre la source de son sang. Les deux sont tranchés du milieu de leur peuple [32]». Car le sang, c'est la vie, et la perte du sang menstruel, comme les suites d'un accouchement, placent la femme dans la zone redoutable et mystérieuse qui se situe entre la vie et la mort, entre les pôles du pur et de l'immonde, qui définissent les termes majeurs de la dialectique biblique. En fait l'acte sexuel n'est ainsi permis qu'aux époques de fécondité de la femme et interdit lorsqu'elle est stérile.

Les interdits sexuels pleuvent dans la législation et les peines sont d'une redoutable sévérité : la mort par lapidation ou par «tranchement du peuple». A l'opposé de la licence qui règne dans ce domaine dans toute l'Antiquité – et pas seulement dans l'Antiquité –, on constate dans la Bible un effort quasi désespéré qui tend à discipliner et à orienter l'activité sexuelle du couple.

L'homosexualité – si prisée par les Grecs et par tant d'autres peuples – est qualifiée d'«abomination [33]» ; les habitants de Sodome et de Guibéa paient ce vice très chèrement [34]. Les prophètes et les législateurs hébreux sont sans doute les premiers à la prohiber avec une implacable sévérité.

La bestialité [35], si courante chez le nomade qui assouvit ses instincts sur ses bêtes, est, elle aussi, punie de mort. Ici le législateur s'inspire des précédents de la loi hittite. L'interdit s'applique aux femmes aussi bien qu'aux hommes et vise des pratiques répandues dans les campagnes.

Dans cet ordre d'idée, il faut mentionner l'usage courant, parmi les nations, de la prostitution sacrée et de l'hospitalité sexuelle. La distance qui sépare la prostituée, *zonah*, de la prostituée sacrée, *qedesha*, qui travaille pour le compte d'un sanctuaire, est considérable : l'une et l'autre se vouent à la satisfaction des pèlerins et des voyageurs, mais la première sert les instincts de l'homme tandis que l'autre est la prêtresse d'une idole. Il est bien évident que, malgré la condamnation horrifiée de ces pratiques [36], elles n'ont jamais tout à fait disparu chez les Hébreux. Juda voit en Thamar une *qedesha* et n'hésite pas à marchander ses services [37]. Le rédacteur de cette histoire semble n'y voir qu'un incident banal de la vie quotidienne. Des Hébreux sont châtiés pour s'être prostitués avec des filles de Moab à Baal Péor [38]. Les chroniques royales donnent une série impressionnante d'exemples de prostitution sacrée en Israël et en Juda à l'époque de Roboam, d'Assa, de Josaphat [39]. Les rois s'efforcent d'écraser ces usages sans y parvenir. Entre l'histoire de Juda et de Thamar et les maisons de prostitution qui fonctionnaient au Temple de Jérusalem, la veille de sa destruction, il y a plus d'un millénaire de prédication prophétique et de répression légale.

La prostitution a ainsi droit de cité chez les Hébreux. Dans les villes, les prostituées reçoivent leurs clients chez elles : Rahab vend ses charmes à Jéricho en toute quiétude au temps de Josué [40]; elle est visiblement une personne respectée par les autorités. Jephté, fils de Galaad, Samson à Gaza, fréquentent sans complexe les filles de joie et le chroniqueur éternise leur geste sans aucune censure [41]. Les deux prostituées qui s'affrontent dans un procès célèbre ont librement accès au tribunal du roi Salomon. Les *Zonôt* et les *Qedeshôt*, tout au long de la période monarchique, font ainsi partie de la vie urbaine : elles déambulent dans les rues, dans les prétoires, dans les bains publics, aux carrefours des villes; sur le seuil de leurs demeures, elles interpellent les passants, les provoquent du geste et de la voix ou, plus suavement, jouent de la harpe ou chantent pour la joie de leurs clients. Ainsi la prostitution est condamnée par la loi, mais elle subsiste en fait. Le législateur, après avoir décidé qu'il n'y aurait pas de prostituées en Israël, interdit aux prêtres d'épouser des filles de joie et promet au bûcher la fille d'un prêtre qui se livrerait à la prostitution [42]. Les moralistes résignés tentent de prêcher la prudence en décrivant le cynisme, l'arrogance, la brutalité, l'hypocrisie et les faux-semblants de certaines de ces dames [43].

Les précautions prises pour définir l'activité sexuelle illicite mettent en relief le caractère profondément original de l'amour et de la vie du sexe selon les Hébreux. Leur souci

majeur a été de provoquer une démythisation, une démysti-
fication, une libération et une sacralisation de l'activité
sexuelle du couple.

La propreté

L'importance des soins de propreté est soulignée à la fois
par les lois de la Bible et par les nombreuses découvertes
archéologiques qui confirment ce que le Livre nous apprend.
La Bible exige de l'homme qu'il se lave afin d'être en état
de pureté rituelle [44] : il s'agissait sans doute de l'immersion totale de l'homme ou de la femme dans une eau courante
ou dans une piscine rituelle, immersion qui est à l'origine
du baptême chrétien. Cette purification, faite parfois aussi
sous forme d'ablution, est exigée dans de multiples occasions de la vie quotidienne, que l'homme soit malade ou
impur, qu'il ait fait l'amour ou ait été contaminé, qu'il ait
touché à un mort ou à un objet impur, etc. L'immersion, dans
le cas de Na'aman, opère la guérison de sa lèpre [45]. L'acte a
une vertu non seulement religieuse mais parfois magique.

Les ablutions des mains et des pieds, surtout chez les pontifes, avaient une fréquence quasi obsessionnelle : à chaque
repas, en chaque occasion de la vie rituelle ou profane, à l'arrivée d'un hôte, on avançait l'eau et une bassine. Dans de riches
maisons, il y avait des bassins fixes et les esclaves procé-
daient au lavage des pieds du maître et de ses hôtes [46]. Avant
de dormir et après s'être levé, l'habitude était de se laver
encore [47]. Les Hébreux utilisaient des matières végétales,
comme les saponaires, ou minérales pour faciliter le net-
toyage des corps ou des linges [48].

Le bain pris par simple plaisir n'est mentionné qu'une fois
dans la Bible, quand la fille de Pharaon va se baigner dans
le Nil [49]. Mais il est évident que là où il y avait de l'eau,
mer, lac, rivière ou piscine, il y avait des baigneurs. Dans de
riches demeures, il y avait des chambres d'eau pour le bain
et la buanderie. En Syrie, on a même découvert les restes

d'une baignoire de bronze : elle était en service voici plus
de 3 000 ans. Mais en général, le baigneur se lavait debout
ou assis dans un baquet : le roi David voit ainsi la belle
Bethsabée se baigner dans sa cour [50].

Après le bain, notre Joël avait l'habitude d'enduire son
corps nerveux et bronzé d'huile parfumée [51]. Ceci n'était pas
considéré comme un luxe, mais comme un besoin normal
de la vie quotidienne pour empêcher le dessèchement de la
peau. Même les esclaves y avaient droit : en Égypte, sous
Ramsès III, des esclaves se mirent en grève parce que leurs
maîtres les nourrissaient mal et leur refusaient l'huile parfumée pour l'onction des corps que le soleil et l'usage des
saponaires desséchaient. La friction d'huile avait un but précis sur la tête : tuer les poux qui pullulaient surtout chez les
pauvres [52]. Les femmes usaient et abusaient de parfums, parfois faits avec du lait d'ânesse [53]. Seuls les gens en deuil
s'abstenaient de se laver et de s'enduire d'huiles.

Le mariage

La Bible n'a pas de mot pour désigner le célibataire : le
destin normal d'un être vivant s'accomplit dans l'institution
du mariage. Jérémie peut recevoir l'ordre de ne pas prendre
femme et de ne pas avoir d'enfants pour mieux se consacrer
à sa mission prophétique [54] : son cas est évidemment particulier. D'une manière générale, tout le monde se marie.
L'amour romanesque est connu des Hébreux dès l'aube de
leur histoire. Les passions d'Abraham et de Sara, de Jacob
et de Rachel, de la femme de Putiphar pour Joseph, de
Sichem et de Dina, de Samson et de Dalila, de David et
de Bethsabée, d'Adonias et d'Abissag, d'Amnon et de
Thamar [55], de Roboam et de Ma'akha, de la Sulamite et
du héros de son Cantique ont des accents pathétiques qui ont
conservé toute leur fraîcheur.

Le mariage est important parce qu'il commande la naissance d'une progéniture et modifie le statut de la femme

qui s'agrège par son union au clan de son mari : il consacre son transfert d'une famille à une autre. La fiancée devient la propriété de son mari, qui est son maître, son *ba'al*. Le mariage hébraïque est polygamique et, cependant, à côté des femmes légitimes, il admet de plus l'existence des concubines, *pilagshot*. A l'origine, elles étaient probablement des étrangères, mais par la suite, des filles d'Israël eurent aussi le statut de concubines au sein de la famille hébraïque. Celles-ci étaient acquises à prix d'argent ou reçues en butin de guerre. Elles appartenaient à la famille tant que leurs maîtres entretenaient avec elles des relations sexuelles.

Comme dans la plupart des sociétés où la polygamie est légale, la majorité des familles d'Israël semble avoir pratiqué la monogamie de fait. Seule une minorité, généralement des riches, pratiquait la polygamie : celle-ci était un signe de puissance physiologique et socio-politique. Le père de la fiancée pouvait limiter par contrat le nombre de femmes qu'il permettait à son futur gendre [56].

Le choix d'une épouse est déterminé par de strictes traditions. C'est autant l'affaire de la famille que celle de l'homme. A l'époque nomade, le mariage était généralement endogamique : la femme était choisie à l'intérieur du clan ou de la tribu ; elle était parfois la demi-sœur issue du père de son mari [57]. Le but de cette pratique était de garder la femme pour ne pas appauvrir le clan auquel elle appartenait. Mais déjà la famille hébraïque connaissait plusieurs interdits contre les mariages de ce type entre frères et sœurs d'une même mère. Par la suite, l'interdiction fut étendue à toute demi-sœur, à la fille de la femme du père, à la tante, à l'oncle, à la bru, à la belle-sœur et à la belle-mère, etc. [58].

L'époque nomade et semi-nomade connut aussi le mariage exogamique et même le mariage avec des étrangères, avec des esclaves ou, du côté des hommes, avec des incirconcis qui acceptaient la circoncision. Ce n'est qu'après l'installation en terre de Canaan que les lois, afin de préserver le caractère de la nation, tentent d'interdire le mariage avec des étrangères [59]. Mais ces interdits n'ont pas toujours été respectés [60]. A l'époque d'Ezra et de Néhémie, des Hébreux s'obligeront à répudier leurs femmes étrangères, avec leurs enfants même [61]. La loi interdit encore le mariage d'un pontife avec une prostituée ou avec une divorcée et celui d'un grand pontife avec une veuve : ce dernier ne pouvait épouser qu'une vierge de son peuple [62].

La loi biblique distingue entre les fiançailles, *iroussîm*, et le mariage, *nissouîm*. Les fiançailles se concluent aussi par le paiement d'une dot, *mohar*, qui donne au fiancé le droit d'aspirer au mariage. La formule de fiançailles est importante puisqu'elle détermine le statut de la fiancée dans sa future maison en qualité d'épouse ou de concubine. Le mariage lui-même donne lieu au paiement d'une dot plus importante au père de la jeune fille soit comme prix d'achat, soit comme indemnité pour le dommage que provoque au clan le départ d'une femme.

Le mariage était toujours l'occasion d'une fête qui pouvait durer sept jours [63]. Il semble que la cérémonie ait été purement orale et publique, sans signature d'un acte, comme la loi d'Hammourabi l'exigeait. Même le paiement de la dot se faisait sans document, de la main à la main. A une époque tardive un acte fut établi dans le seul but de fixer les indemnités qui seraient à payer à la femme en cas de répudiation. Le mariage en tant que tel restait une cérémonie purement orale : elle consacrait publiquement la volonté d'union des époux et de leurs clans. La dot versée par le fiancé au père de sa future épouse est fonction de la richesse et de l'importance des familles qui s'allient. Il s'agit en somme d'un achat. Le prix de la fiancée déterminera sa valeur et son rang dans le harem. Le trousseau de la fiancée est, bien entendu, un objet de marchandage dans les négociations qui précèdent un mariage. Le prix d'une vierge est fixé par le Deutéronome à 50 pièces d'argent : la virginité, on le voit, est un bien coûteux [64]. Lorsque le fiancé n'a pas d'argent, il peut s'engager au service de son beau-père pour payer le prix de sa belle. L'émouvant Jacob doit servir quatorze ans chez Laban pour avoir sa bien-aimée Rachel, après avoir servi pour épouser Léa qu'il n'aimait pas.

La consommation du mariage donne lieu à un cortège

nuptial, à des banquets et à des bénédictions. Il est important, après la consommation du mariage, de pouvoir établir la virginité de la fiancée : un linge taché du sang de sa défloration est la pièce à conviction qui porte preuve en cas de contestation [65].

La fécondité d'un mariage est le critère de sa réussite. Dieu en est le maître : c'est lui qui féconde le sein de Rébecca, de Rachel ou d'Anne en sanctionnant leur union [66]. La bonne moyenne est d'avoir cinq ou six enfants, de préférence des fils, d'une même femme [67]. Les héros ont souvent une naissance miraculeuse due à l'intervention de Dieu, comme Isaac, Jacob et Esaü, Benjamin, Samuel, Samson. Un rêve, un vœu, la visite d'un «messager» précède et annonce l'événement [68].

L'adultère, la prostitution, la sodomie, le *coïtus interruptus*, l'homosexualité, l'inceste, la cohabitation avec une femme au moment de ses règles sont sévèrement prohibés, comme l'eussent été les pratiques anticonceptionnelles s'il avait été question d'elles. La stérilité est d'ailleurs le châtiment attendu de la violation de ces interdits. Pour l'homme, le crime d'adultère se définit dans un seul sens : avec une femme mariée, les femmes libres lui étant toujours permises soit comme femmes légitimes, soit comme concubines.

La fornication et l'adultère provoquent non seulement la stérilité des femmes mais aussi de la nature. Leur conséquence normale est la famine : le pays ainsi pollué doit vomir le peuple coupable [69]. L'adultère de la femme, la prostitution sont des figures de l'infidélité collective d'Israël, qui trompe Dieu et se prostitue aux idoles [70] : ces crimes se correspondent dans leur nature et leurs conséquences. Le crime d'adultère est si grave et si sévèrement châtié que la femme soupçonnée peut toujours recourir au jugement de Dieu, à l'ordalie pour prouver son innocence. Cette procédure est réglée avec minutie. La femme qui y recourt est contrainte de boire des eaux amères. Si elle est coupable, son ventre gonflera, son sexe sera flétri et elle servira d'exemple à son peuple [71]. La vertu détermine non seulement la fécondité du ventre mais le sexe et la beauté des enfants.

La famille

La famille comprend des personnes issues d'un même père : au sens le plus large, elle comprend la nation tout entière sortie de la cuisse de Jacob, chacune des douze *tribus* nées de ses fils, chacun des clans qui composent ces tribus, *mishpaha*, et enfin chacune des «maisons» d'un père, *béit ab*, dont les clans sont formés [72]. Cette «maison d'un père» constitue l'unité la plus restreinte de la famille, encore qu'elle ressemble très peu à ce que nous entendons de nos jours par ce terme [73]. Elle subsiste en large rassemblement de cellules familiales qui se réorganisent à la mort de l'ancêtre en autant de «maisons d'un père» qu'il avait de fils. Mais la *mish-paha*, dans son sens le plus large, perpétue la mémoire du patriarche dont elle porte le nom d'âge en âge : l'important n'est jamais dans sa puissance et le nombre de ses membres mais dans sa lignée. Ainsi une maison d'un père prospère peut compter plus de personnes qu'un clan en décadence, un clan puissant peut aussi être numériquement plus fort qu'une tribu en état de crise.

La famille biblique est endogamique, patrilinéaire, patriarcale, patrilocale, élargie et polygame. Ces six caractères se retrouvent parmi les autres peuples du Proche-Orient et tous ensemble, parmi eux seulement. Concrètement, la maison d'un père compte ses femmes, ses concubines, sa mère, ses fils, leurs femmes, leurs descendants, ses filles céliba-taires ou veuves sans enfants qui puissent les nourrir et enfin les esclaves, les servantes et les domestiques qui appartien-nent à l'entité familiale. Les frères et les sœurs d'un père appartiennent aussi à sa maison s'ils sont mineurs et inca-pables d'assurer leur subsistance.

Par souci de précision, notons que l'Hébreu se marie géné-ralement à dix-huit ans, il a normalement ses premiers enfants à vingt ans, il devient grand-père à trente-six ans et arrière-grand-père à cinquante-six ans. De nos jours, on se marie généralement à vingt-six ans, on est grand-père à cinquante-deux ans et arrière-grand-père à soixante-dix-huit ans : ces moyennes ont évidemment leurs conséquences sur la structure de la société, la formation des jeunes, le choix d'un métier, la maturité des personnes.

Résolument patriarcale, la famille hébraïque garde peut-être des séquelles du temps lointain où elle était matriarcale et matrilinéaire : la mère donne son nom à l'enfant [74], des hommes sont appelés d'après leur mère et non leur père [75], l'homme peut se marier avec sa demi-sœur issue du père et non de la mère [76]. On a vu également des survivances du temps où le frère, particulièrement l'aîné, monopolisait les droits de la famille : les aînés sont privilégiés en matière d'héritage par rapport aux puînés et les fils par rapport aux filles [77].

La polygamie, le concubinage, nous l'avons déjà dit, étaient un signe de puissance, de richesse, d'honorabilité. Le père avait tous les droits sur les hommes et les femmes de sa maison : dans certaines circonstances il peut vendre ses enfants en esclavage ou les offrir en sacrifice [78]. La loi mosaïque tend à refréner cet absolutisme : le père doit traiter ses enfants avec justice et ne pas favoriser les uns par rapport aux autres [79]. Le cas d'Abraham entraînant son fils vers Moryah ou de Jephté sacrifiant sa fille sont évidemment des survivances du temps où rien ne limitait le droit des pères sur leurs enfants [80].

A l'époque royale, ces manifestations de la toute-puissance paternelle ne sont plus que des souvenirs héroïques précieusement gardés par la nation. La famille fonde alors sa puissance sur le sol inaliénable qu'elle détient et que protègent les lois du droit de rachat des terres vendues. D'ailleurs, le jubilé comporte annulation de toutes les ventes [81]. L'adoption n'est pas admise par la loi : le lien familial et le droit à l'héritage se définissent exclusivement par l'ascendance, par le sang. Le patriarche, qui était le chef et le maître absolu de la famille à l'époque nomade, n'en est plus que le symbole respecté : le «père d'une maison» siège aux portes de la ville avec les Anciens. Il a pour fonction de transmettre son savoir et son expérience aux jeunes et de veiller au respect des lois et des traditions : il est le protecteur naturel de la veuve, de l'orphelin, du résident étranger. Il est l'arbitre de tous les conflits qui peuvent naître entre les membres de son clan en cas de meurtre, de vengeance, de transfert de propriété, de bornage, de mariage, de lévirat. Il est l'auxiliaire de la justice pour ce qui concerne le fonctionnement des Villes-refuges [82]. C'est lui qui décide s'il y a lieu de déférer l'un de ses descendants à la justice pour rébellion, crime puni de mort [83]. En plus des fonctions sociales, il remplit d'importants devoirs religieux : c'est lui qui offre le sacrifice solennel de la famille, c'est lui qui veille au respect des lois religieuses : la circoncision, le sacrifice pascal et les autres rites familiaux se déroulent sous son vigilant contrôle. Mais la réalité du pouvoir est passée de ses mains à celles des autorités centrales, du roi et de son administration.

La répudiation

La répudiation est admise par la loi des Hébreux qui n'en traite que très succinctement : il est ainsi prévu qu'une répudiée ne pourra retourner chez son mari après s'être remariée avec un autre homme. Plus précisément, il est écrit que la répudiation devra se faire par la remise d'un «*acte de rupture*» aux mains de la femme [84]. Il est possible que cet acte de rupture ait remplacé une ancienne cérémonie où l'homme déchirait la robe de celle qu'il répudiait. L'homme perdait son droit à la répudiation au cas où il aurait faussement accusé sa femme de n'avoir pas été vierge au moment de son mariage [85]. La prédication des prêtres et des prophètes condamnait la pratique de la répudiation et demandait aux hommes de rester fidèles à la «femme de leur alliance [86]».

Les successions

La dévolution successorale est prévue dans la loi biblique par trois textes succincts des Nombres et du Deutéronome [87]. Cette législation dérive du partage des terres au

sein de la tribu et du clan : d'où le caractère allusif des textes.
Visiblement le législateur a pour souci le maintien plutôt
que le partage des biens du défunt. L'héritier n'a aucune obligation légale de payer les dettes de son auteur et il semble
qu'anciennement il ne le faisait pas. L'organisme de la tribu
et du clan qui prend part à la succession est foncièrement
agnatique et patriarcal : il admet que seule compte la filia-
tion du côté du père pour tout ce qui touche aux successions.
Ce principe empêche la transmission des biens d'une tribu
à l'autre en cas de mariage exogamique. L'incident des filles
de Selophhad [88] a également pour but de combler l'une des
nombreuses lacunes du droit successoral de la Bible afin de
permettre à l'héritage de rester dans le clan du père [89]. Pour
remplacer la stabilité du patrimoine que seuls les mâles sont
en droit d'hériter, l'aîné a droit au double des parts de ses
frères [90]. Cette pratique est la raison de l'institution du lévirat : si un homme meurt sans descendance, son frère est tenu
d'épouser sa veuve afin de lui en assurer une [91]. Mais nous ne
savons pas, dans ce cas, comment la succession était dévolue
entre les enfants de la veuve et ceux de son mari.

Il est probable que le père avait coutume de partager de
son vivant son héritage entre ses enfants, mais sans avoir le
droit d'amoindrir la double part de l'aîné, même sous forme
de donation à des tiers. Joël n'est pas l'aîné de ses frères mais
il est heureux de ne pas être une femme, cette éternelle sacrifiée au bon vouloir des hommes dont elle ne cesse de
dépendre au sein de la famille patriarcale : elle n'existe dans
le clan que soumise à la loi du père et, dans le mariage, à
celle du mari, même si en fait, le rôle qu'elle occupe dans
la cité est central.

Les femmes de la Bible

Joël a l'idéal qui se dégage des premiers chapitres de la
Genèse : la femme doit être l'associée de l'homme pour réaliser l'ordre de «fructifier» et de «multiplier», le premier

qu'ait donné son Dieu, le Dieu créateur du ciel et de la terre, le Dieu «biologique», source de toute vie [92]. La femme doit être aussi l'aide de l'homme [93]. L'orgueil de la femme se trouve donc dans le nombre et la beauté de ses enfants. La stérilité était un terrible châtiment : tout était mis en œuvre, la prière, les soins et même la sorcellerie pour la vaincre. La veuve sans enfant se voyait obligée de donner une progéniture à son défunt mari en se remariant avec son beau-frère. Mais, dans la vie quotidienne, la femme était la maîtresse de son foyer et de ses enfants. L'exemple d'Abigaïl, la future femme de David, comme le portrait de la femme idéale du Livre des Proverbes et du Cantique des Cantiques, souligne assez l'importance de la femme dans la société hébraïque [94].

La femme est tenue à toutes les obligations religieuses de l'homme compatibles avec son sexe : le plus souvent le texte souligne que la loi est applicable à l'homme et à la femme [95]. Elle avait notamment le droit de se vouer à Dieu par le serment de naziréen [96]. Cependant les femmes d'Israël ne pouvaient servir dans le Temple en qualité de pontifes, comme le faisaient leurs sœurs de Mésopotamie : elles s'en consolaient en décorant le sanctuaire et en participant avec ferveur à ses liturgies et à son entretien [97].

D'Ève à la Sulamite du Cantique des Cantiques, la Bible nous dépeint une impressionnante galerie de femmes. La mère, l'épouse, la reine, la soldate, la sorcière, la concubine, l'adultère, la prophétesse, la fiancée, la sœur, la prostituée, l'espionne, la séductrice, l'intrigante, la femme d'affaires, le chef de clan, la tentatrice, l'amoureuse, la haineuse, la mièvre, l'ardente, la voleuse, la roublarde, la moqueuse, la menteuse, la vicieuse, la jalouse, la subtile, la digne maîtresse de maison, la coquette, la passionnée, l'héroïne, l'anti-Ève, Lilith, la destructrice, la mortelle, la virago, l'amante, la criminelle, la vierge figurent toutes dans cette extraordinaire légende des siècles d'Israël qui s'étend sur près de deux millénaires : à cet égard aussi la Bible nous transmet un document dont il existe peu d'équivalents dans la littérature universelle.

Essentiellement la femme de la Bible – que nous avons déjà appelée Mikhal – est amante, épouse et mère. Elle joue un rôle central dans la vie familiale, sociale, économique, politique et religieuse du pays, en restant toutefois dans une dépendance de principe à l'égard de son *ba'al*, son mari, ou de son père. Son rôle dans la vie économique est souligné dans le chapitre XXXI des Proverbes qui est, avec le Cantique des Cantiques, le premier et peut-être le plus éloquent manifeste du féminisme. Les femmes ne sont pas rares dans la vie politique du pays où elles jouent souvent un rôle déterminant par leur action ou leurs intrigues. Les Hébreux ont eu plusieurs prophétesses, Myriam, la sœur de Moïse, Déborah, Houlda, par exemple, et des reines agissantes, Bethsabée, Jézabel, Athalie. Mais elle est aussi sorcière et diseuse de bonne aventure, malgré l'interdiction formelle de la Bible. Elle sait évoquer les morts [98] : sans doute sont-elles plus promptes que les hommes – étant douées de plus d'intuition – à adopter en ces matières les sciences et les usages des peuples voisins. La mère du roi Assa, Ma'akha, offre une statue à l'idole Astarté [99] et il y eut de tout temps, à Jérusalem, des filles d'Israël qui tissaient des ornements pour cette déesse, ou s'associaient aux liturgies païennes de la Reine du ciel ou de Tamouz [100]. Des femmes se livrent aussi à la divination, à la nécromancie.

Dans la vie quotidienne, elles s'affairent au foyer dont elles sont l'âme : moudre le grain, cuire le pain, préparer les aliments, puiser l'eau dans les citernes ou la ramener des sources dans des jarres qui tiennent en équilibre sur leurs têtes, élever, éduquer les enfants, jouer le rôle difficile d'épouse au sein d'un ménage polygamique, dans une famille et un clan qui comprennent toujours plusieurs dizaines, voire plusieurs centaines de personnes, veiller surtout à la pureté et à la sainteté du foyer : voilà leur vie.

La femme est fidèle, forte, discrète, silencieuse, pacifiée et pacifiante. Elle est pleine de ferveur dans l'adoration et le service de son Dieu, celui de ses parents, de son époux, de ses enfants. Si elle doit se battre pour sa patrie, elle est implacable contre les ennemis, comme Yaël assassinant

Sissera, comme Judith décapitant Holopherne ou comme
la fille de Jephté s'offrant en sacrifice au couteau de son
père. La femme, subordonnée en principe à l'homme, est
parfois son égale au regard de la loi : le père et la mère ont
droit au même respect de la part des enfants; la femme et
l'homme sont passibles des mêmes peines en cas d'adultère, d'inceste et dans l'ensemble de la législation pénale
et criminelle. Elle est idéalisée au point de symboliser
l'honneur de l'homme, la sagesse, la Tora, ou l'amour absolu
dans le Cantique des Cantiques. Et voilà le portrait de la
femme idéale telle que la rêvent les poètes de Sion : peau
blanche ou bronzée, avec des reflets pourpres; yeux taillés
en amandes profondes évoquant la forme d'une colombe;
cheveux noirs dont les longues boucles dansent sur le buste;
dents égales; lèvres écarlates; nez puissant; joues et tempes
transparentes aux reflets de sang; long cou; poitrine ferme;
cuisses longues, rondes, pleines; ventre charnel, souple, aux
couleurs et aux contacts chaleureux comme celui d'une meule
de froment; silhouette élancée et droite comme celle d'un
palmier; démarche souple et solennelle comme une danse
sacrée; odorante et fraîche comme lis – enivrante, suave et
splendide – passionnée jusqu'à la folie, royale jusqu'à la
perfection de l'offrande libératrice.

Nous atteignons là une des pointes extrêmes de la pensée prophétique qui s'exprime avec une éloquence passionnée
dans le Cantique des Cantiques : l'activité sexuelle du couple
est disjointe du culte rendu aux idoles. Les coutumes
païennes, qui confondent les deux plans, sont profondément
enracinées dans les cœurs du monde antique où la prostitution sacrée se pratique constamment partout. D'où, chez les
prophètes, la condamnation véhémente de ce qui est à leurs
yeux une abomination, liée d'ailleurs à celle de l'idolâtrie [101]. Il s'agit ici de prostitution sacrée où l'homme, à
travers la hiérodule, communie avec les idoles qu'elle sert
en payant aussi un tribut au sanctuaire qui l'abrite. La
condamnation se situe ainsi davantage sur le plan métaphysique que moral.

Des multiples condamnations des prophètes, il apparaît

bien que la prostitution sacrée était largement répandue parmi
les Hébreux à l'époque royale [102]. Il est certain qu'il y avait
dans le pays de nombreux sanctuaires où le culte sexuel était
pratiqué. Aux époques de décadence, sous Josias par exemple,
il s'introduit au Temple de Jérusalem même, où il coexiste
avec celui du serpent et des forces de la nature [103] : essentiellement, il vise à gagner la faveur des dieux de la
fécondité dont dépend la prospérité des campagnes. La pratique était ainsi non seulement impure, mais inutile et
sacrilège aux yeux des prophètes. La loi la prohibe avec
insistance; il ne devra pas y avoir de culte de la femme ou
de l'homme en Israël; le salaire de la prostituée est maudit, la prostitution sous toutes ses formes, interdite [104].

Les tendances prophétiques nourrissent ainsi le courant de
pensée dont le Cantique des Cantiques fournit l'expression
triomphante et révolutionnaire. L'amour est restitué à sa
vocation profonde qui est de reconstituer l'unité de la personne humaine. La femme, issue de l'homme, formée à partir
de sa côte, revient à lui dans l'amour – qui se prolonge par
le mystère de la procréation où l'enfant est «brodé» dans
le sein de sa mère. D'où le caractère sacré des organes sexuels,
expression intime de la personne. D'où l'importance sacra-
mentelle attribuée à tout ce qui touche la vie du sexe, et les
multiples tabous qui l'entourent.

Dans l'acte d'amour, l'homme et la femme redeviennent
une chair et reflètent le visage de YHWH, source de toute
vie, de toute fécondité. Le couple redevient unité vivante,
primordiale et fait dans l'amour acte de connaissance.
L'homme *pénètre* la femme : le verbe *yada* désigne à la fois
la vision de la nudité, la pénétration intellectuelle et physique qui se consomme dans l'acte sexuel. Le rejet par la
pensée hébraïque du culte des idoles et de l'adoration de
la nature constitue ainsi le fondement réel de l'amour dans
sa quête d'absolu, de libération, de plénitude dans la seule
lumière et la transcendante immanence de YHWH Élohim,
source de toute vie, vrai Dieu «biologique», créateur du
ciel et de la terre.

Le « sod »

Joël, par la circoncision, a été introduit dans son peuple ; il a ensuite franchi le seuil de sa majorité religieuse et civique vers l'âge de treize ans ; l'armée et le mariage ont fait de lui un homme pleinement responsable devant Elohim pour le passé et l'avenir de sa tribu, de sa nation. Il est relativement facile pour qui a visité un village traditionnel dans le monde arabe, au Proche-Orient ou même en Afrique, d'imaginer la vie simple de Joël et de sa famille dans un bourg ou une petite ville de Judée ou de Galilée. Généralement, chacun ne travaille au champ ou à l'atelier que pour répondre aux besoins de la vie quotidienne, tandis que les femmes s'affairent aux champs ou à la maison, éclairées le soir par des lampes à huile, que nous retrouvons en grand nombre dans les chantiers archéologiques, la plupart en bon état de marche.

Les heures les plus importantes sont cependant celles qui sont consacrées au *sod* ou cercle qui se reconstitue sans cesse au village et à la ville, comprenant les amis qui discutent de tout et de rien à en perdre haleine. C'est l'institution biblique qui correspond à notre journal quotidien ou à notre radio. Et dans le cadre de la cité antique toutes les nouvelles parviennent au *sod* avec à peu près autant de rapidité qu'aux rédactions des grands quotidiens d'aujourd'hui : on discute les faits politiques de la journée, ceux du clan, de la tribu, de la nation ou de l'étranger, surtout quand on apprend qu'une armée venue d'Égypte ou de Mésopotamie est en marche vers le royaume des Hébreux. Mais le *sod* aime aussi à recevoir et à diffuser les récits de la saga des Hébreux, les diatribes et les enseignements des Prophètes. Les proverbes ont dû faire l'objet de maintes réunions du *sod* à toutes les époques et à tous les âges bibliques, chacun rivalisant de science et de mémoire pour citer les écrits des Anciens qui donnent sa substance à la vie du clan et de la tribu, qui en expriment l'âme vivante.

Divertissements et jeux

Le *sod* a pour divertissement privilégié la lecture publique
des œuvres des prophètes et des écrivains, œuvres dont, par
la Bible, nous ne connaissons qu'une infime partie. Les prophètes, sur les parvis des sanctuaires ou aux portes de la ville,
faisaient entendre leurs harangues qui, une fois rédigées et
diffusées, seront répétées de générations en générations et
enseignées comme inspirées par Dieu lui-même.

Les loisirs et les jeux sont nombreux dans la cité antique.
Chez les Hébreux, environ un tiers de l'année était chômé.
Les liturgies, les processions, les sacrifices, les prières
publiques et privées, les pèlerinages au Temple de Jérusalem
ou autres sanctuaires, l'approfondissement des traditions
occupaient les Hébreux, contraints alors d'arrêter tous leurs
travaux.

Le loisir, enrichi par l'étude, semble bien avoir constitué
une catégorie importante de la vie et des mœurs des Hébreux.

Les jeux mentionnés par la Bible sont les concours
d'énigmes, la musique et la danse qui accompagnent les banquets [105]. La danse sacrée a une place privilégiée dans les
fêtes des Hébreux qui sont un peuple joyeux malgré l'austérité de leur religion. Le vocabulaire hébraïque est très
diversifié pour tout ce qui concerne la danse et le chant. La
traversée de la mer Rouge, les pèlerinages, le rassemblement
annuel de Siloé, les processions, les victoires militaires,
toutes les fêtes sont célébrées par des chants et des danses;
les liturgies du Temple s'accompagnaient aussi de chants et
peut-être, à l'époque royale, de danses sacrées.

La musique accompagnait à la fois la vie sacrée et la vie
profane des Hébreux. Elle apparaît non seulement dans les
circonstances fastes mais aussi dans les deuils. les enterrements donnaient aux pleureuses et aux poètes l'occasion de
véritables concerts de lamentations. L'orchestre biblique
était riche d'au moins seize instruments à cordes, à percussion ou à vent, que la Bible mentionne. Il est probable que
les Hébreux en connaissaient un plus grand nombre dont le

souvenir n'a pas été gardé par nos textes. La recherche archéologique aide à reconstituer ces instruments de musique, mais
la musique elle-même de la Bible ne saurait être réinventée
aujourd'hui sous le coup d'une «révélation» : qui y préten-
drait serait la victime de la comédie qu'il organiserait pour
le faire croire. Les musicologues compétents s'appuient toutefois sur les courants les plus anciens de la musique juive ou
chrétienne, dont les origines remontent aux liturgies du Temple,
pour en décrypter avec prudence les caractères distinctifs.

La littérature des Hébreux ne fait aucune allusion à cette
sorte de jeux qui tenait une grande place dans l'Antiquité
païenne, parties de chasse qui absorbaient tellement les journées des Égyptiens et des Mésopotamiens, ou concours de
lutte entre gladiateurs, pantomimes ou pièces de théâtre. A
l'époque royale les jeux publics, les concours de force et
d'agilité n'avaient aucune place dans la cité hébraïque, moins
encore les spectacles de mise à mort de gladiateurs au cours
de combats, ou d'esclaves livrés aux bêtes. Joël n'imagine
même pas que l'homme, créé à l'image de YHWH Élohim,
puisse descendre si bas dans l'inconscience et la sauvagerie.

La tragédie et le rire

A contempler les éléments qu'il est possible de rassembler pour évoquer la vie quotidienne des Hébreux, on est
frappé par la dureté des conditions dans lesquelles ils se trouvent : un pays à la limite du désert, dont il faut conquérir
chaque arpent sur les sables ou les rocs montagnards ; un environnement politique hostile et implacable ; un peuple divisé
par mille contradictions internes ; un Dieu austère qui impose
une loi – nous y reviendrons – plus que contraignante ; une
destinée historique marquée par une série exceptionnelle de
malheurs – guerres, révolutions, famines, épidémies –, et qui
s'achève par la double catastrophe de la chute de Samarie et
de Jérusalem, mettant fin à l'existence du royaume d'Israël,
puis de celui de Juda.

Malgré ce fond tragique, il est frappant de voir à quel point la vie quotidienne de l'Hébreu semble avoir été dominée par la joie, la jubilation, l'allégresse, l'espérance. Peu de civilisations ont chanté la joie de l'homme avec plus de ferveur que l'hébraïque. Et c'est là sans doute un des plus profonds paradoxes de l'existence de cette nation.

Mais observons de plus près la vie de ce peuple.

L'hospitalité y est pratiquée avec la générosité de l'Orient en tant que devoir, non comme une faveur. Il n'y a pas d'hôtels dans les villes, tout au plus une chambre d'hôte aux portes des cités; aussi le pèlerin ou le voyageur est-il en droit d'être accueilli là où il entend passer la nuit, à charge de réciprocité. L'enseignement prophétique insiste sans cesse sur ce devoir qui constitue l'exercice d'une vertu cardinale, l'amour du prochain. La loi donne des indications nombreuses sur la manière pratique d'aimer son prochain ou l'étranger établi dans le pays; ce devoir dérive des obligations qui lient l'Hébreu à son Dieu. D'où l'effort constant en vue de civiliser les mœurs grâce à l'enseignement religieux et au respect des liturgies : pour saluer un homme, on le «bénit», on lui dit «que la paix soit sur toi!».

Car le langage quotidien est naturellement imprégné de la terminologie prophétique transmise par les traditions : celles-ci sont, à l'époque royale, enseignées par les prêtres, les lévites, les docteurs dans toutes les couches de la population. Les parents les transmettent aux enfants et les riches engagent des précepteurs pour les enseigner : de larges portions des écrits traditionnels sont connues par cœur par les lettrés. La prédication prophétique exige, par son élévation, un milieu assez large d'hommes formés aux disciplines d'une haute culture qui rende le message prédicable. Et la salutation se double généralement du baiser de paix, si largement répandu dans tout l'Orient. En face d'un supérieur, on pratique la prosternation et on lui parle à la troisième personne, du moins dans les milieux choisis. Le respect dû aux parents et aux vieillards, la protection des orphelins, des veuves, des pauvres, constituent des devoirs auxquels la loi attribue une importance primordiale [106]. Les formules de politesse, de

bénédiction, les rituels de préséances et les attentions rendues dans toutes les circonstances de la vie sociale, échanges
de visites et de cadeaux, sont des traditions qui tendent à
s'imposer grâce à l'effort des prophètes et des prêtres.

On aime, nous l'avons vu, les festins, les plaisirs de la
table, la musique et les danses : on se réunit pour cela dans
les champs, les vignes, les maisons. Il est de bon ton de parler peu et sagement : les vantards, les moqueurs, les violents
sont vertement censurés. L'art de la parole et la subtilité de
l'esprit se prouvent par la virtuosité des énigmes, des allé-
gories, des paraboles que l'on est capable d'enseigner. La
subtilité du langage n'a pas de bornes, comme d'ailleurs son
réalisme pour parler des affaires du sexe, de la fécondité ou
de la stérilité des femmes, de leurs accouchements ou de
leurs maladies. Tout cela est normal et nul complexe ne
semble avoir joué dans la matière. Cela en paroles. En fait,
la société hébraïque aspire à une grande pureté de mœurs. Le
nazir fait des vœux de continence et il s'abstient de toute
boisson alcoolisée pendant la durée de sa retraite [107].
Lorsqu'une calamité menace, le peuple tout entier se livre au
jeûne, aux pénitences, au premier rang desquelles se situent
la continence et la prière ; les appels prophétiques, en cette
matière, ont atteint une insurpassable grandeur.

En face de cette austérité, la joie biblique éclate à presque
toutes les pages du livre, faisant écho aux réalités vécues par
les héros dont on nous rapporte la vie. Toute souffrance s'achève
en allégresse grâce au salut de Dieu, et, comme l'aurore succède à la nuit, le rire succède au cri de douleur [108]. Et cela
malgré le drame que vit l'humanité dans l'éternité du
Créateur : il n'exclut ni le rire, ni le sourire divin en face de
nos grimaces.

Ce rire, ce sourire n'ont rien de commun avec la raillerie
des réprouvés. La moquerie est condamnée comme les
moqueurs qui seront réduits à poussière de mort [109].

Faisant écho à ces grimaces, retentit le rire de YHWH
dans les cieux et de ses amis sur terre [110]. Le plus austère des
patriarches, le fils inespéré d'Abraham et de Sarah s'appelle
Isaac, c'est-à-dire «le rieur». L'annonce de la naissance d'Isaac

avait provoqué le rire incrédule d'Abraham et de Sarah; et ce rieur d'Isaac est dépeint sous sa tente chatouillant sa femme Rébecca, fort imprudemment d'ailleurs [111].

Le rire familier de Dieu revient fréquemment dans la Bible. Il projette au ciel le rire du peuple dans la joie de son sort et la certitude de toujours triompher de ses épreuves [112].

Les rêves

Joël passe une importante partie de son existence à dormir et à rêver. Les rêves sont pour lui, comme pour tous les Anciens, notamment en Égypte et en Mésopotamie, des avertissements dont il est de la plus haute importance de comprendre le sens. Ses pères lui ont appris à rechercher le sens théologal ou symbolique de ses rêves. L'étymologie du mot *rêve* en hébreu connote probablement une idée de vision. Le rêveur prévoit une réalité qui ne peut manquer de se réaliser et qu'il faut essayer de conjurer, si elle apparaît néfaste. Déjà à l'époque patriarcale, le rêve est un moyen de communication entre l'homme et son Dieu. Abraham scelle son alliance avec YHWH Élohim, pour lui et sa descendance, dans un rêve nocturne [113] : le texte décrit la transe pendant laquelle YHWH lui ordonne de «trancher» ce pacte décisif. Le rêve s'adresse toujours à des hommes : dans toute la littérature des Hébreux il semble n'y avoir qu'une seule mention d'un rêve fait par une femme, celui de la femme de Ponce Pilate tourmentée par le destin de Jésus [114]. Car des païens peuvent aussi recevoir l'avertissement onirique. Ainsi Abimélekh est averti dans un rêve du danger qu'il court en prenant Sarah; Laban y voit se refléter ce que Jacob trame contre lui [115]. Le livre de la Genèse mentionne encore les rêves symboliques que fait Jacob à propos de ses troupeaux [116]. Et Joseph découvre dans ses rêves son avenir de grandeur. Les rêves des ministres emprisonnés avec Joseph et ceux de Pharaon lui-même servent de point de départ providentiel à l'essor du fils de Jacob [117]. Tout le passé est ponctué par des rêves qui enseignent ou préviennent ou exaltent les énergies des Hébreux. Balaam, mandaté pour maudire les fils d'Israël, est averti par un rêve de ne pas le faire, mais de les bénir [118]. Saül, ce grand angoissé, épuise tous les moyens à sa disposition pour connaître la volonté de Dieu, y compris des rêves [119]. Gédéon trouve dans un rêve l'initiative de sa ruse de guerre [120]. Les rêves de Nabuchodonosor sont des prémonitions interprétées avec génie par Daniel [121]. Plusieurs des visions des inspirés d'Israël peuvent bien avoir été des rêves bien que le mot lui-même n'y figure pas [122] : plus précisément ces contemplations sont des états extatiques qui se situent à la limite du rêve et de la vision proprement dite. Les amis de Job décrivent bien cette transe où l'homme entend et voit Dieu [123].

Joël sait qu'il est des moyens de favoriser le rêve prophétique : il a appris que Samuel, dormant au sanctuaire de Silo, entend la voix de YHWH et voit l'avenir. Salomon passe la nuit et prie sur un haut-lieu où il offrira des holocaustes pour que son vœu d'être un roi attentif et juste soit exaucé [124]. L'interprétation des rêves était un art fort développé en Égypte et en Mésopotamie. En Israël, Joël sait distinguer le bon grain de l'ivraie. «Les rêveurs de rêves» sont dénoncés avec autant de sévérité que les faux prophètes. Et, de même qu'il aspire au temps où la sagesse de Dieu recouvrira la terre comme l'eau le fond des mers, il attend aussi l'heure où la faculté de rêver sera donnée à tous :

> Je répandrai mon souffle sur toute chair
> vos fils et vos filles seront inspirés
> vos anciens rêveront des rêves [125].

Le rêve appartient ainsi au même genre de manifestations surnaturelles que la prophétie, la contemplation, la vision : il constitue un lieu de rencontre privilégié entre YHWH et l'homme. L'interprétation du rêve est un exercice de lecture de la volonté de YHWH important, car ce que le rêve dit survient.

Vivre et survivre

Prédire l'avenir

Joël est possédé par le désir de connaître son avenir et celui de son peuple. Il admet que l'avenir appartient à Dieu et que lui seul, peut le connaître. Mais les païens ne disent-ils pas qu'il est des forces, des esprits et peut-être des démons qui connaissent le secret du futur? N'est-il pas possible à l'homme d'entrer en rapport avec eux pour le leur arracher et ne plus pénétrer dans l'avenir à reculons?

En Égypte et en Mésopotamie la prédiction de l'avenir était une pratique au moins aussi courante que de nos jours : le diseur de bonne aventure avait pignon sur rue comme on le rencontre aujourd'hui dans toutes les villes. En Israël, le principe était d'interdire ou de limiter le droit de chercher à connaître le futur : Joël pouvait seulement aller au Temple de Jérusalem ou dans un des sanctuaires du pays, poser sa question à un pontife qui la transmettait à Dieu; celui-ci répondait par «oui» ou par «non» par l'intermédiaire de l'*éphod* ou des *ourim* et des *toumim*, qui étaient probablement des sortes de dés. Il pouvait aussi recourir aux services d'un prophète : celui-ci pouvait l'aider de ses conseils à prendre des décisions importantes pour lui. Le prophète jouait parfois d'un instrument de musique qui facilitait l'état second où il pouvait devenir translucide. La divination prophétique semble pourtant d'une autre nature que la magie ou la sorcellerie utilisées par les mages égyptiens, mésopotamiens ou grecs [1].

Les Écritures mentionnent aussi l'évocation des morts comme moyen de connaître l'avenir : le devin interrogeait l'âme des morts, souvent auprès de puits supposés être en communication avec le séjour des morts.

Le devin, *yad'oni*, était celui qui savait ainsi évoquer les morts et les interroger : il était maître en sciences occultes. Il pouvait utiliser les *teraphîm*, sortes de statues domestiques, mânes tutélaires des familles qui l'aidaient à lire l'avenir [2]. Le *me'onen* était aussi un augure habile à invoquer les morts [3]. Ces devins utilisaient des moyens que les textes citent sans que nous les comprenions toujours. À la cour de Pharaon, Joseph devinait l'avenir sur un calice d'argent, probablement en interprétant les rides du liquide qu'il contenait [4]. Près de Bethléem, les archéologues ont découvert des sorts qui servaient à lire l'avenir voici plus de 3 000 ans. Une autre méthode répandue en Mésopotamie, en Égypte, en Grèce et probablement en Israël consistait à lire l'avenir dans le foie des victimes [5], ou dans les astres [6].

La prédication de l'avenir est cependant comptée par le Deutéronome parmi les abominations païennes formellement défendues aux Hébreux [7] : la consultation des prophètes ou des pontifes par le moyen des *ourim*, des *toumim*, de *l'éphod* était sans doute une concession à une tendance humaine si forte que l'interdiction biblique ne put jamais réprimer totalement. Saül, qui prononça de lourdes condamnations contre les devins qui consultaient les morts, finit par recourir à leurs services avant de périr [8].

Magie et divination

Les pratiques magiques et divinatoires des Hébreux sont inspirées des traditions, riches en la matière, des Égyptiens et des Mésopotamiens. Les livres de la Genèse et de l'Exode reflètent le caractère officiel de la magie et de la divination à la cour de Pharaon. Daniel nous introduit dans la cour de Nabuchodonosor entouré de la troupe de ses devins auprès desquels il recherche la clé de ses rêves et de son avenir.

Parmi les Hébreux, les pratiques païennes tentent d'avoir droit de cité en se revêtant d'un vernis monothéiste : grâce à cet effort, de nombreux tabous, sans doute hérités d'un immémorial passé, trouvent leur place légitime dans les lois et les traditions mosaïques. Parmi ces pratiques, citons l'usage des eaux lustrales pour rendre la pureté aux hommes, aux objets, aux tentes souillées par le contact d'un mort [9]. Les eaux lustrales sont également utilisées pour la guérison de la lèpre et de différentes maladies de peau et même de la « lèpre des maisons [10]».

L'encens est aussi réputé pour ses vertus bénéfiques : on lui prête le pouvoir de chasser les mauvais esprits. Les prêtres en font un usage quotidien dans les liturgies du Temple : il n'a pas pour seule fonction de répandre de bonnes odeurs sur les autels où se consument les viandes sacrificielles, mais, plus efficacement, pour attirer les bénédictions de Dieu et écarter, «absoudre» les forces négatives des fautes et des carences de l'homme, ouvrières de mort et de malédiction.

Le sang est constamment utilisé dans la liturgie sacrificielle. «Le sang, c'est l'être», proclame la sagesse des Hébreux. Il coule sur les autels, gicle sur les murs pour rétablir la pureté rituelle des Hébreux et leur assurer la protection de Dieu comme il le fit en Égypte, à l'heure de la délivrance [11]. Le bouc envoyé à Azazel, le démon du désert, emporte avec lui tous les péchés qu'Israël confesse à Dieu le jour du grand pardon [12]. Il semble que les hommes de la Bible ne faisaient pas de distinction très nette entre rite et magie : ils vivaient globalement leur expérience religieuse en observant le rite, certains de son efficacité.

Élie le Prophète, suivant en cela l'exemple de Moïse, a recours aux mêmes procédés que les mages de Ba'al dans l'ordalie du mont Carmel [13] ou dans les miracles qu'il fait : multiplication de l'huile, résurrection d'un enfant [14].

Le port de phylactères sur le front et le bras gauche [15]; l'exhibition aux frontons des maisons d'étuis contenant des extraits de la Tora [16] sont sans doute repris ou inspirés de pratiques magiques des païens. Les amulettes que portent les filles de Jérusalem, mêlées à leurs bijoux [17] comme les clochettes d'or qui ornent la robe du grand prêtre [18] transforment d'antiques pratiques destinées à chasser le «mauvais œil» en des actes à valeur rituelle.

Une tablette découverte en Syrie, à Arslan-Tash sur la route de Haran à Karkhemish, nous donne un bon exemple de ce qu'étaient ces amulettes au VIIe siècle avant J. -C. Le texte écrit en excellent hébreu biblique contient une incantation contre les démons féminins de la nuit. Ces monstres effrayants avaient la réputation d'étrangler les hommes par les nuits sans lune, spécialement sur leur lit nuptial : d'où l'habitude dans les maisons de laisser brûler une lampe à huile. Le texte de l'amulette, interprété par H. Tur-Sinaï, nous donne un des plus anciens exemples d'une poésie rimée en hébreu biblique.

Les ordalies font également appel à des pratiques magiques pour prouver l'adultère de la femme [19]. La plupart des tabous alimentaires, si nombreux et si importants dans la Bible, sont probablement aussi des actes magiques transformés en rites par la législation biblique. Il faudrait tout connaître des pratiques cultuelles des nations du Proche-Orient pour comprendre par exemple l'interdiction de la consommation du porc, du «chevreau cuit au lait de sa mère» ou des poissons sans arêtes ni écailles.

La divination est largement pratiquée par les Hébreux qui ont probablement entendu parler des oracles de Thèbes, de Delphes, et qui connaissent bien les pratiques des Égyptiens et des Mésopotamiens, grands experts dans l'art de prédire l'avenir. Les devins, chez les Hébreux comme chez leurs voisins païens, lisaient dans les entrailles ou le foie d'animaux sacrifiés, dans les nuages et le vol des oiseaux. Ils savent évoquer l'esprit des morts, comme Saül à Endor, pour les interroger sur les épreuves qui les attendent. Ils ont aussi réponses à leurs questions en lançant des flèches sur une cible et en observant leur point de chute, ou encore en allant consulter les prêtres et les prophètes de YHWH.

En toutes ces matières, la tendance de la législation biblique est de censurer toutes les formes de magie ou de divination. Les séquelles de ces pratiques qu'elle ne peut éliminer sont canalisées et, dans la mesure du possible, interprétées en fonction du monothéisme biblique : le magicien ou le devin n'agissent plus alors par leurs propres forces mais inspirés par l'esprit de YHWH dont ils se disent les interprètes et les agents.

Les sorciers

Joël sait qu'il entre dans l'avenir à reculons. Il se voit entouré de forces cachées et redoutables dont il dépend entièrement pour le bien et pour le mal. Ces forces, nous le verrons, il peut les rendre propices par la médiation de YHWH Élohim, grâce à la prière et au sacrifice. D'autres (et lui-même aux heures les plus graves n'en éprouve-t-il pas la tentation?) trouvent plus efficace de s'adresser aussi au sorcier. Celui-ci ne fait pas que prédire l'avenir comme le devin; il peut agir pour en détourner le cours par des actes, *khishouf*, ou par des paroles, *lahash*, qui peuvent guérir ou frapper, sauver ou tuer.

Joël vit dans un milieu sursaturé de croyances mythiques et de pratiques magiques. Les Assyriens et les Babyloniens, les Égyptiens, les Hittites, les peuples de Canaan vivent dans un univers surpeuplé de divinités et de puissances bénéfiques ou maléfiques : l'art de la magie enseigne comment neutraliser leur pouvoir maléfique ou comment le diriger contre les ennemis ou, au contraire, comment s'approprier leurs forces bénéfiques. Les recettes se transmettaient de père en fils dans les familles de sorciers et elles étaient codifiées dans des traités dont certains sont parvenus jusqu'à nous. Même en milieu païen, le législateur s'efforçait de prendre des mesures efficaces contre la «magie noire», celle qui tue ou qui mutile. L'autre, la «magie blanche», était officiellement admise comme science. On allait chez le sorcier comme, de nos jours, chez le médecin ou chez le prêtre.

En Israël, les prophètes ne cessent de dénoncer les pratiques magiques des nations [20]. Celles-ci contredisent la

croyance fondamentale qui nie toute efficacité au pullule-
ment des idoles et des puissances auxquelles s'adressent les
rites magiques. Le sorcier fait donc partie du lot des «abominations» païennes [21]. L'interdiction se fonde sur la claire
conscience de la vanité et de la supercherie des pratiques
magiques [22]. L'opposition radicale du prophète et du mage
est mise en relief par la Bible dans les duels où s'affrontent
Joseph, puis Moïse et les sorciers d'Égypte, Élie et les prêtres
de Ba'al, Daniel et les mages de Babylone [23]. Dans ces
textes, l'accent est mis sur l'inefficacité de la pratique
magique en face de la toute-puissance de YHWH et de ses
prophètes : la décision est emportée par le pouvoir d'Élohim
et rien d'autre [24]. Le but est de tourner en dérision les super-
stitions des nations et d'obtenir que les Hébreux se
détournent d'elles : le prophète est seul en mesure de
répondre aux besoins que les païens assouvissent chez le
sorcier [25]. Ézéchiel décrit les activités des sorcières en chasse
d'âmes : il analyse avec une rigueur clinique leurs pratiques [26]. À cet égard, la Bible nous fait découvrir différentes techniques utilisées par les mages [27] dont les activités
sont distinctes : selon leurs spécialités, il n'existe pas moins
de six mots pour distinguer les différentes sortes de sorcier. Le *kasaph* est le sorcier qui pratique indifféremment
la magie blanche et la magie noire. En accadien, ce même
terme ne désigne que ceux qui pratiquent la magie noire,
comme le terme *mekhashefa*, la sorcière, l'atteste aussi en
hébreu; l'*ashaf*, c'est le mage qui ne se consacre qu'à la magie
blanche; le *hober habarim*, le noueur de nœuds, dissocie,
sans doute par hypnose, la personnalité de sa victime pour
la soumettre à sa volonté; le *lahash*, ou chuchoteur, s'occupe
plus particulièrement de charmer les serpents et les scor-
pions; une autre racine, *hawa*, désigne le fait de jeter un sort
par des paroles maléfiques; le *rekhès* est enfin le lacet
magique qui enserre la victime de l'ensorcellement. L'abondance et la précision de ce vocabulaire, la rigueur des
châtiments prévus contre la pratique de la divination et de
la sorcellerie attestent combien elles étaient usuelles parmi
les hommes de la Bible.

La médecine

L'étude méthodique de la médecine biblique n'a commencé qu'au XVIIᵉ siècle. Depuis, les découvertes se sont accumulées sur cet art tel qu'il était connu et pratiqué à l'époque en Israël, en Égypte et en Mésopotamie. Les termes qui désignent le médecin ou la médecine ou l'idée de guérir, *rofé*, reviennent 81 fois dans l'Ancien Testament et 83 fois dans le Nouveau. Auprès des médecins, les pontifes, les sages-femmes et parfois les prophètes remplissent aussi des fonctions médicales. Les embaumeurs et certaines catégories de sorciers sont aussi honorés du titre de médecins.

L'idée centrale est que la maladie et la santé dépendent de Dieu. Essentiellement, c'est lui qui envoie le mal et c'est lui qui guérit soit directement soit par l'intermédiaire d'un prophète. Une simple prière peut rendre la santé à un malade [28]. Il faut parfois agir : en regardant les serpents de bronze érigés dans le camp des Hébreux on se guérissait des morsures de serpents [29]. Un bâton plongé dans les eaux polluées les assainissait [30] ; une immersion guérissait de la lèpre et un prophète pouvait ressusciter un mort [31]. Il est évident que les essais d'explication rationaliste de ces «miracles» comme de ceux du Nouveau Testament contredisent ce que pensent et croient les hommes de la Bible.

Ceux-ci ont cependant des connaissances médicales certaines qui leur permettent de guérir sans tout attendre du miracle. Ils avaient des connaissances d'anatomie ; l'homme était connu d'eux en tant que structure vivante ; les noms et les fonctions des parties du corps, y compris l'embryon, la matrice, le foie, les os et les muscles de l'homme sont détaillés avec une précision technique si grande que les langues modernes n'ont pas tous les équivalents pour cette terminologie très diversifiée. Des notions de physiologie transparaissent dans les expressions qui identifient le sang ou la respiration à la vie même. Le rôle psychosomatique du cœur, du foie, des reins est sans cesse souligné dans le langage de tous les jours. Le mouvement du sang était connu des Anciens encore qu'il ait fallu attendre l'année 1628 de notre ère pour découvrir les lois de sa circulation.

Joël ne sait pas distinguer la pureté rituelle de la propreté ou de l'hygiène puisqu'il vit globalement en Dieu. Mais les lois d'essence religieuse qu'il respecte l'obligent à ne pas manger de viandes avariées, à détecter dans ses selles les moindres signes de maladie, à bannir toute nourriture impure, y compris le sang. Il ne mangeait jamais des animaux dont la non-consommation ne pouvait que favoriser une meilleure hygiène. Le corps de l'homme devait être religieusement et régulièrement lavé dans maintes circonstances de la vie quotidienne. Les règlements de l'armée insistaient sur les règles de pureté du soldat et de son camp [32]. L'hygiène sexuelle occupait aussi une place importante dans la vie du couple, contraint de se laver après chaque relation et de s'abstenir du coït pendant les règles de la femme.

En médecine interne, la Bible cite 85 fois le cœur en tant que siège de la vie, de la sensibilité et de la pensée de l'homme. Le livre de Samuel décrit avec une précision clinique l'infarctus qui paralyse Nabal avant qu'il ne meure dix jours plus tard d'une deuxième attaque [33]. La Bible sait diagnostiquer les troubles circulatoires dont souffre le vieux roi David ou l'artériosclérose du roi Assa [34]. La maladie rénale du roi Joram est exactement décrite elle aussi.

Joël voit la grande place que la chirurgie et l'orthopédie occupent dans la vie de son peuple dont chaque mâle, à l'âge de huit jours, subit la délicate opération de la circoncision. Dieu n'est-il pas le grand chirurgien qui a pu prélever une côte du corps de l'homme pour en faire un chef-d'œuvre, la femme [35] ? Les chirurgiens d'Israël ont de plus modestes desseins : ils savaient réparer une fracture du bras ou de la jambe avec autant de dextérité que de nos jours [36]. Cet art était connu dès le IIIe millénaire, une momie le prouve. Les Égyptiens pratiquaient ce type d'opération que les guerres rendaient aussi banal que nécessaire. L'opération du trépan se pratiquait aussi comme le prouvent des crânes, notamment celui trouvé à Lakhish, d'un homme qui vivait voici près de 3 000 ans.

Les Hébreux connaissaient empiriquement des maladies dont les causes n'ont été déterminées que de nos jours : l'acromégalie, *sarou'a*, ou élongation des membres, étudiée en 1907 par J. Erdheim, ou les troubles endocriniens qui provoquent l'enflure des testicules, *merouah ashakh* [37]. Nos textes abondent de notations sur les règles, les écoulements, et les maladies de la femme. Le fœtus est joliment et exactement appelé le fruit du ventre [38].

Nos livres mentionnent les cinq sens et notent les troubles de leur fonctionnement. Les maladies des nerfs, les dépressions et la folie sont souvent mentionnées mais en termes si généraux qu'il est impossible de diagnostiquer à quoi elles pouvaient correspondre exactement. En revanche, les maladies de la peau et du sexe sont décrites avec une profusion de détails techniques [39]. Notons que l'eunuque ou le châtré ne peuvent «entrer dans l'assemblée de YHWH», ce qui leur interdit le mariage.

Les épidémies sont redoutées autant que les guerres ou les famines. Il s'agit généralement d'épidémies de peste qui se propagent par contagion. Les Anciens savaient que l'isolement du malade ou l'abandon de la ville frappée constituaient la défense la plus efficace contre le mal. La Bible mentionne également les empoisonnements et les troubles provoqués par les morsures d'animaux venimeux, sans pour autant en déceler les causes toxicologiques.

En ce qui concerne la vieillesse, elle est décrite en termes que ne répudierait aucun de nos gérontologues actuels, dans le passage poétique qui apporte une manière de conclusion aux pensées de l'Ecclésiaste [40].

Les Hébreux conçoivent ainsi l'âme et le corps comme une unité vivante : on possède la vie à un degré d'autant plus intense que l'on a davantage la bénédiction de YHWH. La maladie rejette l'homme du côté de la mort : la guérison est un phénomène spirituel qui restaure l'intégrité de l'être et sa libre communication avec les puissances de vie qui sont en YHWH. Les maladies les plus graves sont ainsi soignées par les prêtres et les hommes de Dieu dans les sanctuaires.

La lèpre, ou la sorte de maladie de la peau que désigne le mot *sara'a*, fait l'objet de longues analyses dans le Lévitique. Le prêtre est chargé de diagnostiquer la maladie et de constater son aggravation ou sa disparition. Des sacrifices et des ablutions concourent à la purification du malade ou même de la maison qui en est atteinte. Car la maladie est provoquée par un «démon» qui s'est emparé du malade affaibli par le péché : il faut le chasser du corps atteint, de ses poils qui seront rasés et des objets qui auront pu en être atteints; on les lave ou on les brûle. Les oiseaux purs, le bois de cèdre, le cramoisi de cochenille, la marjolaine, l'eau courante constituent des remèdes recommandés. Le prêtre les administre selon un rituel strict. Aussi la législation sacerdotale codifie les maladies qui rendent l'homme impur, elle fixe les remèdes destinés à le purifier et à le guérir. Avec les maladies de la peau, les maladies sexuelles sont les plus fréquemment citées dans la Bible. La loi impose ainsi des règles très strictes d'hygiène corporelle, alimentaire, sexuelle et se préoccupe de sauvegarder la santé publique. Ces mesures s'imposent avec d'autant plus de force qu'elles sont liées aux exigences de la pureté et de la sainteté religieuses. Le premier médecin c'est Dieu lui-même [41] : les médecins peuvent ordonner des traitements à base de plantes médicinales, le vrai guérisseur c'est Dieu seul ou le prêtre et le prophète grâce à leurs pouvoirs charismatiques.

Les guerres

La tribu et l'armée

« Un temps pour la paix, un temps pour la guerre», constatent les Hébreux. Avant l'époque royale l'armée ne se distinguait pas du peuple : la tribu était organisée comme une armée en campagne, toujours en mouvement et toujours prête à se défendre contre les razzias possibles. Les hommes étaient mobilisés par «maisons de père», par clans et par tribus pour mieux défendre leurs familles et leurs biens : l'unité militaire s'appelait «millier», *aleph*, ou «myriade», *rebaba*. Elle dépendait de la tribu dont les chefs décidaient de la guerre et de la paix [42]. Elle comprenait des commandos réputés dans les différentes armes, ceux de Guib'a à la fronde, ceux de la maison de Saül à l'arc, ceux de Juda à la lance, ceux d'Yssashkar dans le renseignement [43]. Les guerriers étaient des hommes libres, non des mercenaires, et suffisamment fortunés pour acheter leurs équipements et leurs armes. Même lorsqu'il s'agit d'un conflit interne, la tribu qui décide la guerre mobilise ses guerriers et les envoie au combat. Elle seule décide la conclusion de la paix, comme on le voit dans le dramatique épisode de la concubine violée puis assassinée et coupée en morceaux [44].

Dans la société tribale, le commandement militaire se confond avec la direction politique : les chefs des «maisons de père», du clan et de la tribu contrôlent l'approvisionnement en armes, la mobilisation et la conduite des opérations. Pendant la période de conquête du pays, le commandement militaire se spécialise : le chef militaire devient autonome par rapport à l'autorité civile [45] : ce sont les *suffètes*. Ils ne remplacent pas les autorités traditionnelles de la tribu mais coexistent et le plus souvent collaborent avec elles.

Par la suite, en marge de la société traditionnelle, on voit apparaître des bandes qui suivent la bannière d'un chef : ce sont des aventuriers sans feu ni lieu. Une de ces bandes s'organise autour de David dont elle favorisera l'ascension vers le trône [46]. Les activités de ces hommes de main, leurs relations avec les populations et les autorités traditionnelles dépendent exclusivement du bon vouloir de leur chef. Nées de la faiblesse du pouvoir tribal, ces troupes contribueront à sa décadence et à l'établissement de la royauté.

L'armée royale

L'armée cesse d'être tribale pour devenir nationale. Le service militaire est obligatoire au lieu d'être volontaire. Les recensements servent non seulement à fixer l'assiette de l'impôt, mais également à faire la mobilisation des conscrits. Le roi prend en charge l'équipement et l'entretien de ses soldats [47]. Leur mobilisation continue à se faire selon des critères territoriaux et tribaux en étroite collaboration avec les autorités traditionnelles de la tribu.

Dès ses origines la royauté appuie son pouvoir sur une armée de métier [48]. Ses premiers cadres sont pris dans la bande qui hisse David au pouvoir mais elle étend par la suite son recrutement sur l'ensemble des tribus; son état-major est choisi de préférence dans la famille du souverain. Le commandant en chef s'appelle *Sar hassaba*, le chef de l'armée [49] : il fait partie de l'entourage et souvent de la famille du roi. Il a sous ses ordres le *Sar ha-haïyl*, le chef des troupes puis les chefs de milliers, de centaines, de cinquantaines, et de dizaines [50]. L'administration de l'armée comporte aussi des actuaires, des contremaîtres et des capitaines, *shelishim*. Les soldats d'élite sont appelés héros, *guiborim* : ils semblent avoir formé une caste consciente de ses droits et de son pouvoir. Notons encore la fonction de cavalier, de coureur et de jeunes attachés [51].

Les chars constituaient une unité autonome placée directement sous les ordres du roi : c'était l'arme la plus puissante et la plus coûteuse. Elle exigeait une formation poussée des soldats et de lourdes dépenses pour l'achat et l'entretien des chevaux, alors fort coûteux. La charrerie servait d'élément d'intimidation et parfois de facteur révolutionnaire dans la politique intérieure du pays : Zimri, chef des chars, s'empare du pouvoir, au royaume d'Israël, après l'assassinat de Ela bèn Ba'asha [52].

L'armée comportait encore une sorte de légion étrangère, les mercenaires, que David organise en unité autonome directement placée sous ses ordres : il la payait de ses propres deniers pour être plus sûr de sa fidélité. Les découvertes archéologiques attestent que ces troupes avaient des cantonnements fixes à Arad, à Meguido et en d'autres points stratégiques. Les mercenaires ont pesé sur le dénouement de maintes crises intérieures autant que dans les guerres contre les ennemis étrangers [53].

Les armes

La terminologie hébraïque s'est précisée au cours des dernières décennies grâce aux armes de toutes espèces découvertes sur les lieux mêmes où se sont déroulées les batailles décrites par la Bible. L'arsenal des Hébreux comprend des armes à longue portée pour l'agression, des armes destinées au corps à corps et enfin des armes proprement défensives.

La fronde, le bélier, l'arc et la lance servent d'armes offensives à longue portée. La fronde lançait au loin les pierres des torrents, et plus tard, à l'époque hellénistique, des balles de plomb. Les bergers s'entraînaient à ce jeu avant de s'en servir dans les combats, comme le fit David au détriment de Goliath [54]. Les guerriers lançaient des pierres de leurs mains quand l'ennemi s'approchait d'eux dans la plaine ou près des remparts de leur ville [55].

Le bélier servait à faire des percées dans les remparts d'une ville assiégée. Les guerriers, protégés par une carapace de boucliers, donnaient des coups de bélier dans les pierres ou les briques du rempart jusqu'à ce que la masse de fer s'y engage : une manœuvre permettait d'élargir le trou et d'en faire une brèche suffisamment large pour permettre le passage des envahisseurs [56].

L'arc était l'une des armes décisives des combats. Il a une longue histoire. Une révolution technique a multiplié sa puissance : au lieu du simple morceau de bois ployé par une corde tendue, l'arc est composé de bois de différentes sortes, préalablement montés pour en éprouver la souplesse, de cornes destinées à renforcer le bois sur lequel elles étaient collées et de cordes de boyaux. Ces arcs mesuraient de 1, 50 m à 1, 70 m et avaient un tir efficace de 300 à 400 m; certains pouvaient lancer des flèches à près d'un kilomètre. Les flèches étaient composées de trois parties : la pointe faite de silex, de bois ou de métal, son support de bois ou, mieux, de roseau et enfin l'empennon fait de plumes qui permettaient à la flèche de voler au loin. Ces flèches étaient portées par l'archer dans un carquois, parfois richement décoré, qui pouvait en contenir une trentaine.

La lance était aussi composée de trois parties : la pointe faite de métal, le bois et la queue destinée à équilibrer l'arme et à la planter en terre ; la queue était aussi faite de métal.

Pour le corps à corps, Joël dispose d'une solide matraque [57], d'épées de longueur et de formes distinctes, de massues, de haches de toutes sortes, de glaives de dimensions et d'utilité diverses.

Pour sa défense enfin, il utilise le bouclier dont nous connaissons aujourd'hui une bonne vingtaine de modèles, le casque et la cuirasse faits de cuir ou de tissu sur lesquels étaient collées des écailles de métal destinées à protéger le combattant sans entraver ses mouvements.

Les chars

Joël a appris le difficile maniement des chars : en temps de paix, ils permettent la chasse et la course. À la guerre, ils constituent l'arme principale, celle qui transporte rapidement le guerrier, ses lances, ses arcs là où ils doivent se trouver, au cœur de l'ennemi. Le premier char apparaît dans l'histoire à la première moitié du IIIe millénaire parmi les Sumériens de Mésopotamie. À l'époque des rois d'Israël, cette arme a connu des révolutions techniques qui en ont fait la reine des batailles. Le lourd char de bois à quatre roues pleines, traîné par deux ou quatre onagres, s'est transformé en une élégante plate-forme volante, si légère qu'un homme peut la soulever seul. Il transporte le «feu» des soldats d'un point à l'autre du front sans que l'ennemi puisse prévoir d'où viendra l'attaque. Ce sont les Cananéens qui ont donné son nom au char, *merkaba*, *rèkhèb*, et qui l'ont promu au niveau de perfection où il se trouve dans les mains puissantes de David : il faut plusieurs centaines de pièces des bois et des métaux les plus rares pour faire un char, son siège, ses roues creuses à quatre ou six rayons, son axe (il a fallu des siècles de recherches aux techniciens pour le placer tout à fait à l'arrière du siège), son brancard, son joug, ses guides et son magasin d'armes qui détermine sa puissance.

Sa construction est si complexe et suppose tant de

ressources matérielles et techniques que les Égyptiens ne s'y
sont mis que fort tard et encore en important toujours les
matières premières des pays du Croissant fertile; mais il
est vrai qu'ils y ont excellé : les chars de parade recouverts
d'or des Pharaons, semblables sans doute à celui que montait Joseph, éblouissent Joël [58]. Les chars de son pays, à lui,
Joël, pour être moins luxueux, n'en sont que plus efficaces :
ils peuvent transporter de toute la vitesse de leurs quatre chevaux (des vrais, pas des onagres) un, deux, trois ou même
quatre guerriers. On conçoit quelle force ils représentent
lorsqu'on pense que David et Salomon furent, en Israël, les
premiers à comprendre l'importance de cette arme, ces rois
disposent dans leurs arsenaux de milliers de ces merveilleuses
machines. Ils ont aussi des ateliers de fabrication et de mon-
tage et surtout des équipes de techniciens qui suivent sur les
champs de bataille pour réparer les roues, les axes et les bran-
cards, ses pièces les plus vulnérables. Oui, Joël est fier d'être
un parfait conducteur de chars.

Les combats

Joël ne sait pas ce qu'est la paix. Il la définirait comme
un état éminemment provisoire entre deux combats, celui
dont on panse les blessures et celui que l'on prépare. Et, de
fait, les Hébreux, pendant leur longue histoire, n'ont connu
que de très brèves périodes de paix [59]. Leurs guerres ont été
offensives à l'époque de la conquête de la terre de Canaan
et de l'expansion du royaume sous Saül, David et Salomon,
mais plus souvent encore, défensives. Ils durent enfin soutenir des combats désespérés contre des empires tout-puissants
qui finirent par les écraser.

La guerre, comme toute activité humaine, est un acte essentiellement religieux. Les lois de la guerre définies par la
Bible attestent que Joël n'attend le salut de la victoire que
de YHWH Élohim et de lui seul. À l'époque nomade, le
signe de la présence de Dieu parmi les armées était, sur le
champ de bataille, le coffre du pacte de YHWH, lieu de la
présence réelle. Si YHWH sort avec les armées d'Israël,

celles-ci gagnent. Leur défaite n'est que le signe de l'absence d'Élohim qui n'a pas soutenu son peuple pour le punir de ses fautes [60].

La présence de Dieu parmi les combattants exige que ceux-ci soient en état de pureté rituelle [61]. En temps de guerre, Joël n'approche pas sa femme, et s'il se rend impur par accident, une pollution, par exemple, il s'éloigne du camp pour se purifier. En dehors de ces règles de pureté, la Bible ne donne que de brèves indications sur la conduite des guerres : le pontife doit préalablement exhorter les combattants [62] ; les soldats qui ont entrepris de bâtir une maison, de planter un vignoble ou qui viennent d'épouser une femme doivent être exempts de la mobilisation comme ceux qui déclarent ne pas être en état de se battre faute de courage [63]. Ces lois sont le reflet d'un temps où le service militaire se faisait dans la tribu et sur la base d'un engagement volontaire. Le Deutéronome exige encore que les habitants cananéens des villes conquises soient tous exterminés [64]. Si ce ne sont pas des Cananéens, la loi exige que des offres de paix soient faites avant le combat : si la ville se rend sans combattre : si la ville se rend sans combattre, elle est annexée. Si elle se bat, en cas de défaite, les mâles sont exterminés, les femmes, les enfants et tous les biens pris en guise de butin [65].

À côté de ces lois qui sont bien dans l'esprit des temps – et pas seulement de cette époque – un contrepoint : les guerriers n'ont jamais le droit d'abattre des arbres fruitiers durant la conduite des opérations, sans doute pour ne pas appauvrir, dans l'avenir, leurs ressources alimentaires [66]. Le butin doit être réparti pour moitié aux combattants et pour moitié à l'ensemble du peuple [67]. Le butin comprend les captifs qui deviennent les esclaves des vainqueurs [68]. Joël peut bien prendre pour femme une de ces belles captives, mais seulement après lui avoir donné chez lui un mois de répit pour apaiser sa peine et ses craintes. Pour le cas où il viendrait à la répudier, il n'aurait plus le droit de la vendre mais l'obligation de la libérer gratuitement [69].

La Bible et la littérature générale de l'époque parlent beaucoup de guerres mais ne les décrivent que très succinctement.

Pour avoir une idée des opérations militaires, nous avons d'importants vestiges archéologiques qui nous permettent de nous représenter la stratégie et la tactique généralement adoptées par les armées de ce temps, encore que les écrits de l'époque fassent tous la part grande à l'intervention des dieux. Elohim participe toujours aux combats de son peuple : il envoie une lourde grêle, une pluie d'étoiles ou arrête même le soleil pour aider à la victoire des siens [70]. Mais ceux-ci, nous le verrons, doivent se battre et suppléer à leur faiblesse numérique par la volonté de vivre et d'inépuisables ruses de guerre : celles-ci réussissaient d'autant mieux que les moyens de communication étaient à peu près inexistants. Les armées recevaient leurs ordres avant le combat et si son déroulement ne se passait pas comme prévu, elles étaient facilement la proie de la panique.

Avant l'époque royale, alors que l'armée est une émanation de la tribu, les soldats sont à la fois mal entraînés et peu armés [71] : la guerre se résume forcément à lancer des attaques surprises, limitées dans l'espace et surtout dans le temps [72]. La tactique préférée est de lancer un raid ou de dresser un guet-apens pour surprendre l'ennemi et autant que possible l'affoler par toutes sortes de stratagèmes afin de le battre avant qu'il ait eu le temps de se reprendre [73]. La nuit ou l'aube sont propices pour de tels coups de main : certains d'entre eux, comme celui de Gédéon, sont à juste titre devenus légendaires [74]. La saga s'empare de ces hauts faits et les décrit en termes lyriques en soulignant que la victoire sourit toujours à l'astucieux petit David en face du géant Goliath.

La victoire ainsi obtenue n'est cependant complète que si les forces de l'ennemi sont détruites : d'où les interminables poursuites des fuyards dont on coupe autant que possible la retraite [75]. Joël sait aussi que son Dieu est un «dieu des montagnes» : il évite de se battre dans les plaines où les chars de métal des Cananéens sont invincibles. Il préfère attirer l'ennemi dans des montagnes dont il connaît tous les replis et où les chars redoutables n'ont pas accès [76]. En cas de siège d'une place forte, Joël essaie d'attirer l'ennemi hors des remparts ou de connaître les accès secrets de la ville [77].

À l'époque royale la stratégie change : elle exige en pleine campagne, ou dans le siège des villes, une armée puissante et bien munie. C'est le rapport des forces qui décide de la victoire : d'où la politique d'investissements des rois. Les chars sont jetés dans les combats par corps de 50 unités fortement entraînées. Les cavaliers apparaissent dans les batailles dès l'origine de la royauté, au début du Ier millénaire avant l'ère chrétienne, mille ans après les chars. Salomon entretient à Meguido et dans d'autres places de très importantes écuries : à l'époque d'Achab, l'armée comptait 2 000 chars et 25 000 fantassins engagés dans la bataille de Karkar [78]. Il est à supposer que les chars et les cavaliers engageaient l'assaut destiné à briser le front de l'ennemi. Les fantassins entraient alors dans la bataille pour exterminer tous les survivants. Lorsque les forces des grands empires déferlaient sur le pays, la tactique était de s'enfermer dans les villes fortes pour laisser passer l'assaut avec le moins de pertes. La plupart des guerres étaient de ce type, notamment contre les Assyriens et les Babyloniens, dont les armées toutes-puissantes étaient dotées des moyens techniques les plus perfectionnés. Fort heureusement pour les Hébreux, ces armées opéraient loin de leurs bases et ne pouvaient s'éterniser dans des sièges de plusieurs mois faute de moyens logistiques suffisants : tout siège exigeait des opérations complexes, des fantassins, des frondeurs, des sapeurs, des archers et des animateurs de béliers et de tours montées contre les remparts. D'où le renforcement des remparts des villes de Juda et d'Israël, toujours prêtes à soutenir un long siège, selon des techniques de défense perfectionnées [79].

La fin des guerres

Joël voit que sa terre est gorgée du sang d'interminables guerres, le sang des siens lorsqu'ils se battaient pour conquérir leur pays, le sang des vaincus, les Cananéens, exterminés ou asservis dans leurs cités, le sang des peuples voisins du royaume et celui aussi versé par les armées venues d'Égypte, d'Assyrie ou de Babylonie. Il a bien étudié ce que la Tora dit de la guerre : elle commande sans réserve la guerre de conquête qui permettra aux Benéi Israël de prendre leur terre aux sept peuples de Canaan. Elle ordonne même sans remords l'extermination de ces peuples, le génocide. Joël tremble en pensant à tous ces hommes, à toutes ces femmes, à tous ces enfants exterminés dans une guerre sainte, parce que Dieu l'ordonne et que le peuple d'Israël, pour sortir de son errance, a besoin d'une terre : celle-ci n'est-elle pas un don de Dieu [80] ?

Il évoque aussi les guerres de l'époque royale : il ne s'agissait plus de conquérir un pays mais de le défendre et de le fortifier. Tel est le sort de toutes les nations, surtout si elles sont petites, installées sur une terre trop belle, au carrefour des grandes voies stratégiques du Proche-Orient. Du sang, encore du sang… [81].

Joël pense enfin à ce que les prophètes disent de la guerre : ils entendent angoissés les bruits de guerre et le cliquetis des armes [82]. Isaïe est le plus violent pour condamner l'esprit militariste qui s'appuie sur la force des armes plutôt que sur celle de l'esprit [83]. Par la guerre, Dieu châtie les péchés d'Israël : la guerre est le premier des fléaux redoutés par le peuple avec la peste et la famine [84].

Ce qui frappe le plus Joël c'est la vision d'Isaïe qui prédit la fin des guerres, la transformation des armes en socs de charrue, la cohabitation pacifique du loup et de l'agneau. Quand ? Au jour du triomphe de YHWH, quand surgiront une terre nouvelle, des cieux nouveaux, un homme nouveau [85]. Le jour de YHWH sera précédé d'épreuves : Isaïe, Joël, Aggée, Zacharie, Ézéchiel excellent à décrire les guerres de la fin des temps, celles de Gog et Magog [86]. La guerre de la fin des temps marquera la victoire du bien sur le mal, de la paix sur la guerre, de l'amour sur la haine.

Et gravissant une colline, son arc à l'épaule, en plein âge du fer, Joël impatient, le regard douloureux, s'interroge : « Jusqu'à quand, Seigneur ? »

La sagesse

Le mot sagesse, *hokhma*, désigne chez les Hébreux la vertu la plus désirable, celle qui permet à l'homme de vivre dans la lumière de YHWH Elohim. Elle s'acquiert grâce aux enseignements de la Tora et de la tradition que confirment la raison, l'expérience et la réflexion des hommes. Elle doit être le lot des rois comme du plus humble des Bénei Israël. N'est-ce pas pour cela que YHWH Elohim s'est acquis un peuple, qu'il l'a fait sortir d'Égypte, qu'il s'est révélé à lui au Sinaï, qu'il lui a donné sa Tora et sa terre? Salomon, dans la saga des Hébreux, est le modèle du sage : «Il était plus sage que tous les hommes», nous dit la Bible, qui lui prête la rédaction de 3 000 proverbes et de 1 005 poèmes. Mais cet écrivain est aussi un savant formé aux sciences exactes que sont la botanique et la zoologie, ainsi qu'aux pratiques d'une économie et d'une politique qui lui permettent de profitables alliances avec le roi Hiram de Tyr ou le Pharaon dont il épouse la fille [87].

La sagesse est un attribut de Dieu d'une nécessité vitale pour l'homme. Elle est fondamentalement une vertu créatrice : par la Sagesse, Dieu fonde la terre [88] et, par elle, les hommes prouvent qu'ils sont fils de Dieu. Car la sagesse est essentiellement transmissible à l'homme qui est une de ses œuvres... Pour recevoir la sagesse, il est nécessaire de s'écarter du mal, de la folie, de la bêtise et d'entendre la voix de YHWH qui parle dans sa Tora et aussi dans les enseignements de ses élus, les sages [89].

Autour de la notion de sagesse, se développe toute une littérature qui mêle les considérations théoriques, celles des premiers chapitres de la Genèse (II, 11), du livre de Job, des parenthèses du Deutéronome ou des réflexions de l'Ecclésiaste à des conseils pratiques à tenir en toutes les circonstances humainement prévisibles de la vie quotidienne [90]. La littérature sapientielle décrit l'homme en tant que tel, de toutes les nations et de tous les temps. Elle s'inspire sans doute des écrits de sagesse des Égyptiens, des

Mésopotamiens et des peuples de Canaan, qu'elle réinter-
prète dans les perspectives, propres aux Hébreux, du
monothéisme éthique.

La loi, l'ascèse, la vie

L'adhésion absolue des Hébreux à la vie les pousse, en définitive, à la pratique d'une ascèse très stricte destinée à les
arracher à l'impureté du monde déchu et à les faire renaître
dans la lumière du Dieu de vie. La loi biblique est, avons-
nous dit, un vaste règlement municipal élargi aux dimensions
d'un peuple tout entier, en attendant de l'être aux dimensions de l'univers, au moins en ses ordonnances essentielles.
Loi et ascèse se confondent : leur domaine comprend la totalité de l'homme, non seulement ses rapports sociaux, mais
sa vie personnelle, sa pensée, ses sentiments, ses relations
sexuelles et plus encore sa purification et sa sanctification
aux yeux de YHWH. Le caractère religieux de la loi, affirmé
par toute l'Antiquité, s'exprime ici avec une grande rigueur.
Dieu est la source unique du droit. Il est le maître de la vie
qu'il normalise pour sa gloire. L'activité juridique de
l'homme n'est pas autre que son activité religieuse, que son
ascèse : dans l'unité de Dieu, l'Hébreu voit s'écrouler toutes
les barrières et l'homme, enfin libéré des illusions de l'idole,
trouve ses racines, son sens, sa liberté. Car l'idée de dépendance sociale qu'exprime toute loi s'accomplit ici en
délivrance, par la renaissance qu'elle provoque dans l'ordre
surnaturel de Dieu. La loi, par l'ascèse qu'elle impose à
l'homme, métamorphose ses jours : elle devient pédagogue,
vérité, vie, facteur de liberté réelle. Elle déploie sa transcendance dans la dignité suprême qui situe sa source et sa fin
en Dieu même.

Aussi la loi hébraïque qui tient une place centrale dans le
Pentateuque constitue-t-elle un document d'une importance
capitale pour l'étude de la société qui lui a donné naissance.
La loi des Hébreux, à l'époque patriarcale, ne nous est connue

que d'une manière indirecte et allusive. La tradition revêt
ses caractères propres à l'époque de Moïse; par la suite, elle
s'adapte aux nécessités de la terre de Canaan; elle ne cesse
de s'enrichir grâce aux apports de l'enseignement prophétique et à la pratique de l'administration royale. Car le roi,
en Israël, comme dans tout l'Orient ancien, est le gardien
de la loi et le juge suprême. Il est le protecteur de la veuve,
de l'orphelin, du pauvre, de l'étranger. Il est tenu de juger
en équité : les Hébreux, comme d'une manière générale les
Orientaux, ignorent le formalisme juridique qui caractérise
la loi romaine. La loi, par essence, est orale : lorsqu'elle est
rassemblée dans des codes – la-*loi-qui-est-dans-l'écrit* – elle
s'accompagne toujours d'une tradition orale – *la-loi-qui-est-
dans-la-bouche* – qui en explicite et en précise le sens. Cette
tradition orale véhiculée dans la mémoire des Hébreux depuis
les origines de leur histoire ne nous est connue que par les
codifications tardives de la Mishna, des Talmuds et des
principaux monuments de la tradition rabbinique; il est très
difficile de dater avec précision ces différents apports, mais
l'ensemble du corpus juridique des Hébreux présente une
grande cohérence interne. Bien qu'il soit actuellement impossible de distinguer avec une précision scientifique ses âges
différents, il constitue une source historique de première
importance pour la connaissance de la société hébraïque.

En effet, la tradition juridique des Hébreux diffère de
celle de leurs voisins, non seulement dans la définition des
délits et des peines, mais dans l'esprit même des lois. La
loi revient d'une manière incessante sur le fait qu'elle est la
loi de YHWH, révélée à Moïse. Ce dernier n'est que le héraut,
l'organe de la volonté divine. La loi, en Israël, une fois pro-
mulguée au Sinaï, ne dépend plus de la volonté des hommes
qui sont à jamais liés par ses ordres.

Par surcroît, la loi, divine en ses origines, s'impose aux
hommes comme une conséquence de l'Alliance – *berith* –
qu'ils ont conclue avec leur Dieu. Il s'agit là d'un contrat
social, d'essence divine et de nature ontologique, dont la
validité se renouvelle aux différentes époques – après le
déluge, au pied du Sinaï, au temps de Josué, à l'époque de

Josias – par l'adhésion publique du peuple entier : il accepte solennellement les obligations qui découlent pour lui du pacte. Le caractère historique de la religion des Hébreux confère à la loi l'un de ses aspects les plus surprenants : elle ne se présente pas sous la forme de code, comme partout ailleurs. Elle est insérée dans le livre de l'histoire d'Israël où l'on trouve pêle-mêle non seulement la relation du passé d'Israël depuis la création du monde, mais encore des lois civiles, criminelles, municipales, de procédure, qui s'entre-mêlent à des considérations théologiques, à des commandements moraux, à des ordonnances cultuelles et sacrificielles recoupant des règlements d'administration publique ou des règles de droit international dans une quête éperdue de la pureté, de la sainteté, de la justice qui puisse mener à l'établissement sur terre du royaume de Dieu. Les lois les plus techniques s'accompagnent chez les Hébreux de discours émouvants, d'adjurations parfois pathétiques, en vue de les convaincre d'obéir aux commandements. La Tora n'est pas distincte de la vie quotidienne : elle en commande la nature et le contenu, en conditionnant la bénédiction et la malédiction.

Les peuples anciens distinguent nettement entre le jus et le *fas*, entre le droit civil et criminel, la morale et la loi religieuse. En Israël, il est à peu près impossible de définir la loi civile et d'en démêler les articles dans l'ensemble des commandements religieux, moraux et mystiques où ils sont enfouis : comme nous n'avons aucun document d'époque sur la pratique des tribunaux hébraïques, aucun attendu de juge-ment ni aucun contrat, il est à peu près impossible d'aboutir à une distinction claire entre les activités juridiques de la cité. Elles se confondent dans l'unité d'une vie orientée tout entière vers l'accomplissement de la volonté du Dieu vivant. Ainsi, le roi David qui vient de commettre un adultère avec Bethsabée, et qui s'est débarrassé du mari encombrant en l'envoyant à la mort sur le front, a-t-il conscience d'avoir « péché contre YHWH seul ».

Le fondement d'un tel désordre et de cette apparente confusion se trouve, bien évidemment, dans la pensée des

Hébreux, voués *à voir toutes choses en Dieu*. Leur loi, cependant, est dure ; elle garde en toutes ses pages l'écho de l'antique talion : «Œil pour œil, dent pour dent.» La loi biblique est celle d'une société pauvre de paysans et de pasteurs : les activités supérieures d'une société riche, celles des médecins ou des architectes, ne sont pas réglementées comme elles l'étaient en Mésopotamie par exemple. C'est la loi des temps de la conquête que l'époque royale reprendra et développera en l'adaptant au nouvel état de la société hébraïque. Les pouvoirs du père, maître absolu de la famille patriarcale, sont limités ; il ne peut plus châtier ses enfants à sa guise, il ne peut adopter un étranger et modifier à son gré l'ordre naturel de succession qui se fait toujours en fonction des liens du sang, du côté du père seulement ; elle concerne essentiellement la dévolution des terres qui fondent la stabilité des familles et des tribus.

La loi fixe des sanctions pour les délinquants qu'elle livre aux juges. Mais elle laisse toujours la sanction suprême aux mains de YHWH, source et gardien de la loi. Dans de nombreux cas, notamment pour les obligations civiques, la sanction est remise uniquement au vouloir de Dieu. L'interdiction du prêt à intérêt, la condamnation de l'usure, l'ordre « d'ouvrir largement ta main au pauvre, aux miséreux dans ton pays», le devoir de défendre la veuve, l'orphelin, l'étranger, la prohibition de toute corruption, réserver les coins des champs, ou la récolte de la septième année, ou la deuxième dîme tous les trois ans aux humbles, sont des obligations légales sans sanction juridique : le délinquant sera directement frappé par Dieu. Là encore la frontière entre le quotidien et l'éternel est niée.

La sollicitude du législateur se porte aussi sur les prêtres et les étrangers dans le souci explicite d'incarner dans le quotidien davantage d'éternité. Les lévites ont pour eux des villes, des pâturages, des revenus déterminés. Le métèque doit être tout spécialement protégé par la société qui l'accueille : on ne doit pas le persécuter ni commettre d'injustice à son égard ; on doit l'aider comme s'il comptait parmi les pauvres de YHWH ; on doit même l'aimer et le soumettre aux mêmes lois que le citoyen, fût-ce en matière de religion. Toutefois ce serait une malédiction que «le métèque soit à la tête et l'Hébreu à la queue [91]». Le libéralisme se heurte à l'exigence de maintenir dans le pays la suprématie du peuple de YHWH.

On doit d'ailleurs distinguer le métèque, guer, de l'étranger, *nokhri*. On peut prélever sur celui-ci des intérêts, lui faire payer une dette, même après l'année de remise : étant en dehors de la cité hébraïque, il n'en a pas les charges et ne saurait par conséquent se prévaloir de ses avantages.

La loi civile insiste sur deux autres sortes de membres qu'elle protège particulièrement, le salarié et l'esclave. Ce souci de protéger les humbles découle d'un grand principe qui anime les sociétés antiques en voie de constitution : elles sont organisées hiérarchiquement, mais avec un contrepoids au principe hiérarchique : le souci de maintenir une égalité de fait au sein de la cité. On a pu définir ce régime par le nom de *hiérarchie égalitaire*.

Les mêmes soucis théologiques et moraux se retrouvent dans d'autres règles qui donnent à la société hébraïque son caractère propre. Les lois qui déterminent la responsabilité civile en cas de dommages causés éclairent la vie des paysans et des cultivateurs. L'homme qui n'a pas recouvert son puits est puni pour les dommages que son imprudence cause à autrui. Le paysan est responsable si ses bêtes pâturent dans le champ d'autrui, si elles blessent des personnes ou des animaux. Il doit ramener, même à son ennemi, sa bête égarée et l'aider à soulager son animal s'il ploie sous le faix [92].

Ici comme ailleurs, la volonté fait la loi des parties : aucun formalisme n'accompagne les contrats. Mais, comme un leitmotiv, revient l'adjuration de ne pas faire de fausses déclarations, de ne pas tricher sur les poids et mesures, de ne pas mentir, de ne pas manquer d'honnêteté en matière de dépôt ou de prêt.

Le caractère religieux de la loi hébraïque apparaît avec plus de force encore en matière criminelle. Ici la responsabilité n'incombe pas seulement à l'homme mais à la bête. Contrairement au droit laïque des autres peuples de l'Orient,

ici, la bête qui tue ou blesse un homme encourt une responsabilité pénale directe. C'est Dieu, le maître suprême de
l'Alliance, fondement de l'harmonie universelle, qui la châtie parce qu'elle a violé les obligations nées, pour elle comme
pour toute créature, de l'Alliance. Un taureau qui tue une personne doit être lapidé; sa viande est impropre à la
consommation. Une bête qui aura servi à l'assouvissement
sexuel de l'homme ou de la femme devra être mise à mort.
La loi joue ainsi non pas selon le principe de responsabilité
morale mais comme facteur d'élimination de tout péché,
de tout obstacle au bon fonctionnement de l'Alliance.

En matière criminelle, la loi établit le principe de la responsabilité personnelle : la responsabilité collective ou
héréditaire est condamnée par la législation : «Les pères ne
seront pas mis à mort à la place de leurs fils, ni les fils à la
place de leurs pères [93]. C'est à la suite d'un long effort que
le principe de culpabilité individuelle finit par se dégager,
avec toutes ses exigences, dans la pensée juridique des
Hébreux. Les textes portent les traces d'une époque où Dieu
« venge les crimes des pères sur les fils jusqu'à la troisième
et la quatrième génération [94]». À une époque plus tardive,
le principe de la responsabilité collective joue dans des cas
particulièrement odieux, comme par exemple celui d'offrir
ses enfants en holocauste à Moloch : Dieu punira l'auteur de
ce méfait mais aussi sa famille. Dans des cas précis on voit
la société administrer le châtiment collectif que la loi remet
entre les mains de Dieu [95]. Mais nulle part les tribunaux
n'appliquent le principe de la responsabilité collective ou
héréditaire. Ceux-ci s'en tiennent strictement à la culpabilité personnelle du délinquant; et c'est là un des apports les
plus considérables du droit hébreu.

Autre domaine où la frontière entre le quotidien et l'éternel se situe de telle manière qu'elle déconcerte notre logique
moderne : la loi distingue, en droit pénal, le châtiment édicté
par le tribunal des hommes et celui que Dieu appliquera
directement. «L'être qui se tourne vers les nécromans, vers
les devins pour putasser derrière eux, je donnerai ma face
contre cet être, je le retrancherai du sein de son peuple [96].»

Si le crime d'offrir ses enfants à Moloch n'est pas puni par le tribunal, il le sera par YHWH «par retranchement». Aux différents modes d'exécution de la peine capitale, lapidation, pendaison, égorgement, brûlement, s'en ajoute un autre d'origine céleste : le retranchement de l'être du coupable. Ce châtiment sanctionne d'une manière générale les obligations cultuelles de l'homme ou ses devoirs de pureté et de sainteté. Le sacrilège est puni, lui aussi, par le «retranchement» du coupable. L'ordalie de la femme adultère prouve la force extraordinaire qu'a, dans la conscience de l'Hébreu, l'intrusion permanente de l'éternel dans le quotidien : le jugement de Dieu est directement sollicité lorsqu'il s'agit d'apporter la preuve de la faute.

Les délits dont la punition est remise à YHWH peuvent être expiés dans certains cas par l'offrande de sacrifices. Le témoin qui a fui son devoir de porter témoignage pourra faire expiation en se confessant à un prêtre et en offrant un sacrifice : on peut être sûr que le témoin aura préalablement réparé sa carence. Ainsi une sanction religieuse vient souvent punir un délit pénal. Inversement, la loi pénale sanctionne – souvent avec sévérité – des délits religieux, par exemple, la profanation du sabbat, le vain emploi du nom de Dieu, la prophétie mensongère, le recours à la sorcellerie ou à la nécromancie, le culte des idoles. Ces actes répréhensibles sont des «abominations aux yeux de YHWH» comme d'ailleurs les délits sexuels, l'adultère, l'inceste, l'homosexualité. Non seulement Dieu et les hommes doivent châtier ces «horreurs» mais la terre elle-même finira par «vomir ses habitants» à cause de ces crimes [97]. La terre joue un rôle actif dans la répression pénale : elle ne pardonne pas qu'on ait répandu du sang sur elle, avant qu'elle ait bu le sang du criminel. Si l'on ne découvre pas le meurtrier, les habitants de la ville la plus proche devront offrir à la terre, en sacrifice d'expiation, une génisse : le but est de faire «disparaître du milieu de toi toute effusion de sang innocent si tu veux faire ce qui est juste aux yeux de YHWH». Là encore, la technique juridique est indissolublement liée à des considérations proprement religieuses. Il en est ainsi dans le cas de coups donnés et de malédictions prononcées par un enfant contre ses parents : dans les deux hypothèses, la peine est la mort, comme conséquence du commandement divin promulgué au Sinaï dans le décalogue mosaïque : « Tu glorifieras ton père et ta mère. »

D'où l'importance essentielle de l'intention pour la détermination de la gravité de l'acte. L'assassinat est toujours puni de mort, le meurtre, parce qu'il est involontaire, jamais. Parfois la loi fixe des peines qui nous apparaissent disproportionnées avec la faute. Mais la loi peut voir un délit dont la punition doit être indépendante du dommage subi : nous avons ainsi une référence directe à l'univers intérieur des Hébreux.

La loi est désignée en hébreu par onze synonymes (cf. Ps. CXIX). C'est dire l'importance capitale qu'avaient ses ordonnances dans la vie quotidienne des Hébreux, dans celle de Joël ; pour eux, il n'y a pas de distinction entre l'ascèse personnelle, la vie de la communauté et ses activités juridiques. La loi dont le fondement se trouve en YHWH doit permettre l'accomplissement et l'épanouissement de la vie de l'homme, du peuple, de la famille, de l'humanité enfin, en Dieu. Elle est la condition et le véhicule des fins dernières de l'homme qui se situent toutes dans l'ordre du salut.

Ainsi Joël, dans la dureté quotidienne de ses jours, s'appuie sur une motivation suprême : rester fidèle, adhérer de tout son être à la Tora de YHWH Élohim, telle que la lui enseigne la tradition de ses pères. Et cette référence constante à la volonté divine nourrit également sa prière.

La prière

Davantage que par ses mythes, ses légendes, ses rites, ses dogmes, sa morale ou son amoralité, sa théologie ou sa philosophie, l'homme se pénètre par la nature de sa prière. Quelle est la prière de l'homme de la Bible qui, plus que tout autre peut-être, est homme de prière ?

On a dit que le Juif avait pour principale vertu l'espérance, le chrétien, l'amour, le musulman, la soumission à Allah (*islam*). Leur ancêtre commun, l'homme de la Bible, assume dans sa vie et dans sa prière ces trois vertus. Mais s'il fallait percer la fine pointe de son âme, je dirais que, pour lui, l'essentiel se trouve dans sa contestation du monde : comme Jacob luttant avec l'ange, pour survivre, il doit vaincre Dieu et les hommes. *Israël* ne veut-il pas dire persister, persévérer contre El, lutter avec lui et le convaincre comme le ministre convainc son roi ou le fils son père ?

La situation politique d'Israël, nation minuscule coincée entre les grands empires, ses croyances religieuses qui la condamnent à contester éperdument les dieux, les lois et les coutumes de toutes les nations du monde obligent les Hébreux à l'héroïsme, nous le verrons, d'une universelle contestation que leur prière ne cesse de refléter.

La prière de l'homme de la Bible se nourrit d'une conscience aiguë de la présence de YHWH, créateur de toute réalité, source de toute vie. Dieu est non seulement présent pour tous les héros de la Bible, les bons et les mauvais, mais pour tous, il est un Dieu qui parle.

La prière de l'homme de la Bible est donc un dialogue ininterrompu avec le Créateur de l'univers. Elle est faite de communion intime avec lui, d'émerveillement, de gratitude, de louange, de confession ou de demande pour que Dieu connaisse les besoins de l'homme et les exauce. Mais plus encore, la prière de Joël s'adresse à YHWH Élohim dans la simplicité de la conversation d'un fils avec son père : son but, le plus souvent, vise à faire assumer par Dieu la droite volonté de l'homme.

« Fais sa volonté comme ta volonté

pour qu'il fasse ta volonté comme sa volonté.

Annule ta volonté devant sa volonté

pour qu'il annule la volonté de l'autre devant ta volonté. »

diront plus tard les Pères, résumant par cette phrase la mystique unitive de l'homme de la Bible, celle de l'union des volontés [98].

Abraham intercède pour Sodome et Gomorrhe afin que

ces villes échappent à l'arrêt de mort qui les menace [99]. Moïse ne cesse d'exiger de Dieu le salut de son peuple [100]. D'un mot «El, guéris-la donc», il obtient la guérison de sa sœur malade de la lèpre [101]. David et Salomon, ces grands rois, sont aussi des êtres de prière [102]. À leur époque se définit le style de la prière hébraïque dont le lyrisme véhiculé de siècle en siècle, notamment par le livre des Psaumes, ne cesse de nourrir la vie spirituelle d'une grande partie de l'humanité. Plusieurs Psaumes [103] élèvent des cris de l'âme qui expriment l'essence même de la personne humaine. Le Psaume CII s'intitule : *Prière d'un misérable, oui, débile face à YHWH; il répand son épanchement.* Certaines de ces prières sont attribuées à David (Ps. XVII, CXLII) ou à Moïse (XC). Le Psaume LI ou l'admirable litanie du Psaume CXIX affirment les plus grands idéaux de l'homme en quête de pureté et de force intérieure.

La Bible n'enferme pas la prière dans des lieux et des temps déterminés. La prière de Joël s'épanche partout et toujours, même si les Hébreux préfèrent à tout autre lieu le Temple de Jérusalem que YHWH habite : c'est dans un Temple qu'Anne vient prier pour avoir un fils [104]. Le temps de la prière a aussi son importance : au moment où les prêtres élèvent les sacrifices, à l'aube, à midi ou le soir, les portes du ciel sont ouvertes : Élie, sur le Carmel, attend l'heure de l'offrande du soir avant de prier [105]. Daniel prie, tourné vers Jérusalem, trois fois par jour [106]. Dans sa souveraine liberté, l'homme de la Bible n'a pas de posture définie pour prier : il le fait debout, assis, couché dans son lit ou en marche sur les routes. Certains Psaumes (CXX-CXXXIV) étaient plus particulièrement chantés par les pèlerins qui gravissaient les degrés de la colline du Temple. L'Hébreu aime aussi se prosterner, s'agenouiller, s'étendre à terre, le front dans la poussière pour prier [107] ou, comme Élie sur le Carmel, prendre la position du fœtus, assis par terre, la tête entre les genoux, posture de yoga classique.

Le combat contre les forces du mal, l'effort en vue d'incliner le dessein de Dieu dans le sens voulu par l'homme naissent d'un besoin de sécurité qu'ils exaltent : la recherche du refuge sûr, de la paix de l'âme et du corps, de l'assurance que l'ennemi ne triomphera pas, qu'il ne reviendra plus attaquer le peuple paisible, que la guerre, la famine, la peste ne se déchaîneront plus, se retrouve dans toutes les prières de la Bible qu'il faut lire en les insérant dans leur contexte historique. Là, elles prennent un relief tragique, très loin des attitudes compassées et convenues de certaines prières ; l'homme de la Bible, face à l'Unique qu'il sait aussi être son Père, pauvre, démuni, craignant d'être tué à la guerre ou de voir mourir son peuple de faim pendant un siège, constamment hanté par l'idée et la peur de la mort mais confiant en son Rocher, nous ramène aux immédiatetés qui rendent ses prières à jamais actuelles.

La vieillesse et la mort

L'attitude de l'homme en face de la mort, *mavet*, comme de l'amour, permet de mesurer l'originalité de la civilisation des Hébreux, en profonde contradiction sur ces points avec les croyances de la Mésopotamie et de l'Égypte. Toute la mythologie de l'au-delà qui inspire les religions des peuples voisins, tous les détails que donne par exemple le Livre des Morts sur le jugement des trépassés, tous les rituels moraux ou magiques qui tendent à gagner la grâce des dieux et le salut de l'âme du fidèle, la prodigieuse hypertrophie des rites funèbres, le luxe des tombeaux, l'écrasante splendeur des Pyramides, les embûches que l'autre monde dresse devant le mort qui y pénètre, les ruineux rites religieux nécessaires au salut des âmes, les rituels de la momification, le pittoresque lugubre des cortèges d'enterrement, les relations qu'il appartient au vivant d'entretenir avec les morts, tout cet univers de mythes et de magie est effacé, supprimé, passé sous silence ou réprimé, sanctionné : la mort est réduite ici à sa plus simple expression.

La Bible donne une description assez mélancolique de la vieillesse : Isaac, Jacob, 'Éli, Ahiyah le prophète devenus vieux cessent de bien voir [108]. David vieillissant souffre d'un froid constant : on lui trouve une jeune fille pour le réchauffer dans son lit [109]. La vieille femme devient si inutile qu'elle n'a même plus la force de soulever un enfant. Le tournant se prend quand les cheveux virent au gris. La force de l'homme diminue, sa tête blanchit sans même qu'il le remarque [110]. Il ne peut plus faire de travaux utiles, porter un fardeau, se déplacer au loin, atteindre un objectif distant. L'Ecclésiaste donne une description imagée du troisième âge :

> « Au jour où tremblotent les gardiens de la maison [*les bras*],
> deviennent cagneux les hommes d'armes [*les jambes*],
> baguenaudent les broyeuses qui se raréfient [*les dents*],
> s'obscurcissent les voyeurs aux lucarnes,
> se ferment les deux portails sur le marché [*les yeux*],
> à la chute de la voix du moulin [*la voix*],
> … L'amandier scintille… [*les cheveux blancs*]
> se fait lourde la sauterelle et sans effet la câpre [*la verge*] :
> oui, il va l'humain vers sa maison de perpétuité
> ils rôdent au marché, les pleureurs
> jusqu'à ce que se rompe la corde d'argent,
> que le globe d'or se fracasse…
> … Fumée de fumées, dit le Qohélet,
> le tout : fumée [111]. »

Cependant vivre vieux est aussi un don de Dieu. Moïse meurt à cent vingt ans sans avoir d'infirmité [112]. L'Ancien devient symbole de sagesse : il possède l'expérience de la vie qu'il doit transmettre, avec tout son savoir, à sa progéniture. S'il est devenu économiquement un être à charge, il compense sa condition amoindrie par le rôle irremplaçable qu'il joue comme *porteur de la bénédiction de YHWH*, reçue des mains de ses pères. Tel est le dépôt le plus précieux que possèdent les Benéi Israël : il se trouve entre les mains des Anciens et rien n'est plus important que d'assurer sa transmission de génération en génération. D'où les grandioses descriptions de la mort de Jacob ou de celle de Moïse : elles s'accompagnent des bénédictions qu'ils répandent sur leurs descendants [113].

> « Glorifie ton père et ta mère
> comme te l'a ordonné YHWH ton Élohim
> pour que se prolongent tes jours
> sur le sol que YHWH ton Élohim te donne [114]. »

Ce commandement doit être pris au pied de la lettre : sans la bénédiction reçue de l'ancien, l'homme ne peut survivre. D'où l'ordre de respecter les anciens [115].

Pourquoi mourir ?

Mourir fait partie de la vie dont le règne est toujours éphémère : mourir «rassasié de jours, plein d'années», en complète lucidité, est un signe de la bénédiction divine. Oui, dans le peuple, dans la tribu, dans le clan, la mort est une voisine constamment affairée. Où qu'elle frappe, les vivants sont toujours prêts à assumer l'important devoir qu'ils ont envers les morts, celui de leur assurer une sépulture décente.

L'ensevelissement est l'affaire des parents [116]. Ceux-ci procèdent toujours de la manière la plus expéditive, à la différence de ce qui se passait dans les peuples voisins. La sépulture est toujours prête : on y accompagne le mort quelques heures après que son décès est considéré comme certain.

Pourquoi mourir? L'homme de la Bible répond à cette question : l'Élohim a fait l'homme de poussière du sol et il doit finalement retourner à la poussière [117]. La mort comme l'obligation du travail sont liés au mythe du paradis perdu [118].

La mort a ses messagers : elle est une entité décrite sous ses différents aspects et avec ses armes multiples [119]. Elle est le symbole de l'inévitable et de l'implacable [120], un monstre qui dévore sans jamais se rassasier [121].

Cette personnalisation de la mort est peut-être un vestige des mythologies antiques. Les Cananéens voyaient dans la mort un Dieu, le père des dieux de leur panthéon. Les mythes ougaritiques décrivent les luttes épiques du dieu Mort, *Môt*, contre les dieux de la pluie et de la fertilité : il les vainc et les emporte dans ses demeures souterraines.

Rien de tel dans la Bible. Le Dieu unique est le Dieu de la vie, toujours vainqueur. La mort fait son œuvre par sa permission et d'une manière temporaire : en fin de compte Élohim, Dieu de la vie, engloutira la mort et la vaincra à jamais [122]. Cette idée de l'ultime victoire de la vie sur la mort, si étrange pour nos consciences contemporaines, exprime l'essence même du monothéisme biblique [123]. En attendant, la mort fait son œuvre : l'homme doit la subir.

Après la mort

Qu'advient-il de l'homme après la mort? La Bible rejette absolument la mythologie, si développée, notamment en Égypte, qui décrit avec minutie les pérégrinations de l'âme après la mort : une sévère censure exclut toute référence à ces thèmes. La mort est immonde, *tamé* : l'homme, dans la sphère des vivants, ne doit pas approcher de son mystère qui appartient, comme toute réalité non révélée, à Dieu seul [124].

Le monde des morts est désigné par plusieurs noms : le Shéol, le lieu commun de tous les morts [125], la terre des gisants de la poussière [126], la fosse [127], le pourrissoir [128], la perdition [129]. Ces désignations sont à la fois concrètes, sobres et réalistes. Aucune place n'est laissée aux déferlements de l'imagination mythologique : ce que l'on voit de la mort c'est le tombeau [130], la terre d'en dessous [131], la terre des ténèbres [132]. La mort, Job le crie, est le lieu où l'on va sans en revenir, « la terre de ténèbres et d'ombremort [133] ».

Tous les morts, même ceux qui n'ont pas été enterrés, sont groupés au Shéol [134] : ce sont des *rephaïm*, des fantômes [135]. Ézéchiel les répartit là en groupes formés selon leur origine [136]. Mais tous, les rois comme les simples mortels, subissent un sort égal et si peu enviable que les morts eux-mêmes ignorent sa gravité [137]. Dans la tombe le lien est coupé entre le cadavre et son Dieu [138] : les morts ne louent pas Élohim [139].

L'égalité devant la mort implique l'obligation d'un enterrement décent : l'accès normal au Shéol passe par le sépulcre et de préférence par le sépulcre familial [140]. Il n'est pas de sort plus redoutable que d'avoir ses ossements jetés hors de la tombe [141].

Le mort privilégié est celui qui «est ajouté à ses pères [142]». Les traducteurs et les exégètes voient souvent là une belle expression poétique. En fait elle est d'une précision technique : le mort était *ajouté* au sépulcre familial et souvent déposé sur un banc de roc où il achevait de se décomposer. Son squelette était alors *ajouté* à ceux de ses pères dans l'ossuaire de la sépulture.

La pensée hébraïque tend à décourager la nécromancie et les pratiques occultes. De ce fait, les spéculations sur l'au-delà sont réduites à leur plus simple expression. Les morts poursuivent cependant leur existence dans le Shéol. Celui-ci se situe sous terre, dans les plus profonds abîmes de l'océan cosmique, sous les racines des montagnes ou même dans cet au-delà où chaque soir le soleil plonge, ramenant les ténèbres. C'est le lieu de l'ultime assemblée des vivants, ténébreux et chaotique royaume du silence. Nulle part il n'est question, chez les Hébreux, d'un Enfer où se régleraient les comptes de cette vie. Cette idée apparaîtra beaucoup plus tard, à l'époque hellénistique, probablement sous des influences perses.

Cependant le mort ne doit pas être oublié des vivants. La Bible décourage vigoureusement toute forme de culte rendu aux morts, elle réprime les usages débordants des enterrements frénétiques, elle prohibe l'offrande de sacrifices ou d'une dîme aux morts comme la consultation des morts (Dt. XXVI, 14; Ps. VI, 28).

Mais le respect de la vieillesse et de la mort est fonction du respect de l'homme et de la vie, sans aucune commune

mesure avec le culte des morts, si répandu en milieu païen.
Le silence biblique sur les conditions de la vie dans l'au-
delà, l'ambiguïté de ce point essentiel attestent une héroïque
volonté de rupture avec les croyances et les coutumes de
l'Antiquité, contre lesquelles se dresse, dans sa faiblesse et
sa solitude, le petit peuple des Hébreux. Son attitude en face
de la mort nous semble aller de soi : elle s'inscrivait comme
une formidable contestation des croyances idolâtres,
mythiques et mythologiques de l'humanité entière. L'être
tout entier est englouti par le tombeau. La toilette du cadavre
est un devoir envers l'homme que l'on enterre : il continue
d'être présent, de souffrir et de sentir. C'est pourquoi, nous
l'avons dit, rien n'est plus horrible que d'être privé de sépulture [143].

Les données que nous avons sur les derniers devoirs rendus
au mort sont des plus succinctes : on lui ferme les yeux [144],
on l'ensevelit, sans cercueil, directement dans la terre ou le
roc de sa sépulture, revêtu d'un linceul ou d'un manteau, avec
quelques petits objets personnels, un poignard, une épée, un
bouclier s'il s'agit d'un soldat, des bijoux, un miroir si c'est
une femme [145]. L'embaumement, l'incinération ne sont jamais
signalés. Dans le cas de Jacob et de Joseph on suit simplement la coutume égyptienne [146].

La sépulture

Les rites de deuil sont réduits à leur plus simple expression : les proches parents déchirent leurs vêtements, se voilent
le visage, se jettent de la cendre sur la tête et s'assoient par
terre pour se lamenter. Le cortège funèbre est accompagné
par les parents et amis du défunt. Les pleureurs crient leurs
lamentations, dont nous avons un émouvant exemple dans
celle qu'improvisa David sur son ami Jonathan [147]. Survivance
d'anciennes coutumes païennes, l'offrande des aliments aux
morts s'observe encore dans certains milieux, à l'époque du
Second Temple [148].

Presque chaque site archéologique révèle ses tombes, ses cimetières, ses nécropoles. Les urnes funéraires du chalcolithique, en forme de maison ou de vase, étaient destinées à recueillir les ossements des morts après la décomposition de la chair. Sukenik en 1934, Jean Perrot en 1958 en découvrent de nombreuses dans les cavernes funéraires de Khoudeira, dans la plaine de Sarôn et d'Azôr, à 6 km de Jaffa, ainsi qu'à Benéi-Beraq et à Hadéra.

Au début de la période israélite, on note plusieurs façons d'enterrer les morts, dans des tombes creusées dans la terre ou le rocher, la tête orientée vers l'Est, le corps vers le Sud (XIIᵉ-XIᵉ siècle) : des poteries sont déposées dans la tombe, avec, parfois, des miroirs de bronze. On enterre aussi dans de grandes urnes de poterie (Xᵉ-IXᵉ siècle) ; dans des cercueils de briques recouverts de tuiles ; dans des fosses communes ayant parfois 3 x 2 m et hautes de 1 m : les morts y sont déposés les uns sur les autres ; on pense qu'il devait s'agir de tombeaux de familles pauvres. On a enfin pour cette haute époque des traces d'incinération, rares il est vrai. Les os calcinés sont conservés dans des poteries (Tel Kassil, Azôr, deuxième moitié du XIᵉ siècle). Les cimetières communs aux hommes et aux animaux (chevaux) sont rares. À Béit-Shéan, les anciennes nécropoles contiennent des urnes funéraires anthropoïdes d'origine philistine.

Les nécropoles d'Akhziv, du IXᵉ au VIᵉ siècle, attestent la coutume d'enterrer les morts dans des sortes de cités souterraines du type qui sera porté, à l'époque post-biblique, à son plus haut degré de développement à Béit-Shearim. De nombreux objets sont déposés auprès du mort. Des bancs courent le long des murs.

Les archéologues se sont efforcés de retrouver, à Jérusalem, les tombeaux des rois de Juda. Plusieurs sépultures ont été désignées ainsi : l'une d'entre elles, le tombeau d'Hélène d'Abiadène, constitue un couloir de 16 m sur 2, 50 m de largeur, et d'une hauteur allant de 4 m à 1, 80 m.

À Siloé, sur la rive du Cédron, on a découvert une sépulture de l'époque royale surnommée le Tombeau de la fille de Pharaon : il est tout entier taillé dans le roc en forme de cube (de 5 x 5, 8 x 4 m) et surmonté par une pyramide d'une hauteur de plus de 4, 5 m. Le tombeau, qui ressemble à une sorte de chapelle de style égyptien, s'ouvre sur un couloir et sur une chambre au plafond voûté. Sur les rives du Cédron, on a découvert plusieurs chambres mortuaires du même style, creusées dans le roc. Le tombeau du «préposé au palais du roi» se trouve à l'intérieur du village. Cet homme devait être un administrateur avisé : l'entrée de son tombeau s'orne d'une inscription avertissant les voleurs qu'il n'y a rien de précieux auprès de sa dépouille ; il maudit par avance tout violateur de sa sépulture, qui semble dater du VIIᵉ siècle. Hors de la cité de David, on a trouvé seulement deux sépultures d'époque royale, actuellement situées rue Mamilla : elles contenaient des poteries de l'époque des rois de Juda. Les tombeaux dits d'Absalom, de la Maison de Hasir et de Zacharie datent de l'époque du Second Temple. Le bilan des fouilles s'enrichit cependant chaque jour : les chercheurs ne désespèrent pas de retrouver les sépultures royales, si elles existent encore, dans les profondeurs de Jérusalem. Des chambres mortuaires monumentales, édifiées au IXᵉ siècle dans un style phénicien somptueux, dans le val des Fromagers, ont été récemment découvertes : elles servaient de sépultures aux grands d'Israël et peut-être aux membres de la famille royale.

Signalons encore les tombeaux de Jéricho (âge du bronze moyen). Des douzaines de squelettes, dans une caverne située hors les murs, appartenaient sans doute à une même famille qui manifestait de cette manière son désir d'être unie, même au-delà de la mort. Des cadeaux avaient été déposés là pour aider les morts à supporter leur existence souterraine, des objets de bronze, de bois, d'albâtre, des poteries, des armes, des bijoux, des scarabées porte-bonheur, des plats et des paniers garnis de provisions. À Afoula, le crâne du mort voisinait avec celui de l'agneau censé le nourrir.

Plusieurs tombes datant de la période royale ont été découvertes dans la vallée du Cédron, tout autour du village de Siloé. Elles sont de trois types différents : elles sont constituées par une chambre mortuaire de forme rectangulaire avec un toit galbé, la place du mort ayant été taillée dans le roc du vivant de son futur occupant et à sa mesure. L'emplacement de la tête y est souligné par un creux pour qu'elle y repose mieux. Parfois, il s'agit de deux ou trois chambres mortuaires réunies par un couloir. Le troisième type de sépulture est constitué par une construction monolithique : le rocher est creusé pour recevoir ses morts en gardant l'apparence extérieure d'un édifice de pierre.

La victoire finale de la vie

Les hommes de la Bible, nous le verrons, adhèrent à une échelle de valeurs fort différente de celle qui inspire l'homme naturel. Ils contestent l'intangibilité des lois de la nature et aspirent à des cieux nouveaux, à une terre nouvelle toute de paix, d'unité, de justice, d'amour, de joie. Au sommet de leur contestation universelle de ce monde, ils annoncent qu'au jour du triomphe de YHWH, la mort elle-même sera vaincue.

L'idée que Dieu peut sauver l'homme de la mort est, semble-t-il, très ancienne chez les Hébreux. Nous trouvons dans la Bible des hommes dont il est dit qu'ils ne sont pas morts ou qu'ils ont ressuscité : Hénokh, Élie sont enlevés au ciel où Elohim les a pris. D'anciennes traditions parlent d'une ascension identique de Moïse dont la tombe est inconnue [149]. Le Psalmiste prie ainsi :

« Élohim rachète mon être de la main du Shéol :
Oui il me prend [150]. »

Ces textes opposent avec force l'idée d'une descente au Shéol à celle d'une ascension au ciel. L'homme qui échappe à un danger mortel est comparé aux gisants que Dieu arrache à la fosse [151], qu'il fait monter du Shéol [152]. La même idée s'applique au serviteur souffrant : il souffre pour porter les carences du monde. Sa souffrance est comparée à une mort à laquelle Élohim l'arrache [153].

À partir de ces données très anciennes s'élabore une

certitude : celle de la résurrection des morts qui marquera
la victoire d'Élohim, Dieu des vivants, sur cet antique ennemi
de l'homme, la mort.

> « YHWH fait mourir et vivre
> Il fait descendre au Shéol et en fait remonter [154]. »
> « Tu n'abandonneras pas mon être au Shéol
> Tu ne donneras pas à tes adorateurs
> de voir le pourrissoir [155]. »

Ces textes, à défaut de prouver la doctrine de la résurrection des morts, accusent avec force une pensée et des
aspirations qui se situent au cœur de la problématique du
monothéisme éthique.

La victoire sur la mort, la résurrection des morts est envi-
sagée avec sérénité par les hommes de la Bible. Lorsque Élie
ressuscite l'enfant d'une veuve [156], lorsqu'un mort revit simplement pour avoir été mis en contact avec le squelette du
prophète Élisée [157], personne ne s'en étonne : il est au pouvoir de Dieu et de l'homme de Dieu – vif ou même mort
– d'assurer la défaite de la mort, de ressusciter des morts.
Ézéchiel étend le thème à tout le peuple d'Israël en décrivant sa résurrection d'entre les morts dans une des pages les
plus puissantes de la Bible : la résurrection des morts dans
la vallée des ossements desséchés [158].

La même idée se retrouve, exprimée avec autant de force,
dans Isaïe :

> « Tes morts revivront, mes charognes se lèveront.
> Réveillez-vous ! Chantez, habitants de la poussière,
> Oui, rosée de lumière, ta rosée
> La terre met bas des spectres [159]. »

Cependant, il n'y a qu'un seul texte biblique qui fasse mention directe et indiscutable de la résurrection des morts (ou
plus précisément de leur réveil, de leur relèvement). Il est
d'époque tardive puisqu'il s'agit de Daniel (vers 167 avant
l'ère chrétienne ?) :

« Nombreux parmi ceux qui dormaient
dans le sol et la poussière se réveillent
les uns pour la vie, à perpétuité,
les autres pour les flétrissures,
la déréliction à perpétuité [160]. »

Là, nous sommes à un point d'aboutissement doctrinal :
il ne s'agit plus d'aspirations ou de visions prophétiques,
mais d'une affirmation claire, annonçant à la fois la résurrection et le jugement des morts ou tout au moins de bon
nombre d'entre eux.

C'est à partir de ces textes que se développeront dans le
judaïsme pharisaïque puis en chrétienté les doctrines de la
vie éternelle, de la résurrection des morts et du jugement
dernier. Pour paradoxale qu'elle soit, l'idée de la victoire
finale de la vie sur la mort exprime l'essence même de la
pensée des hommes de la Bible.

Joël ne cesse de penser aux enseignements que son peuple
lui donne sur la vie et sur la mort. Parler de la résurrection
des morts peut sembler extraordinaire à des hommes qui ne
croient pas aux pouvoirs de YHWH Élohim, le Dieu de la
vie et des vivants. Il est de la puissance de YHWH de régner
seul, de triompher de tous les ennemis de son royaume, de
la mort et de ses alliés, la guerre, la haine, la corruption.
D'où la certitude de Joël : YHWH vaincra la mort. Mais il
est de la justice de YHWH de rendre rétroactivement justice à toutes les victimes de la mort, donc de les réveiller
et de les faire sortir de leurs tombeaux : d'où le soin de bien
aménager les lieux et de bien traiter les défunts. Idée folle,
disent les païens. Peut-être, mais pas plus folle, Joël le pense,
que d'espérer le triomphe de la justice dans un monde inique,
de la liberté au sein de l'esclavage, de la paix tandis que la
guerre se prépare et règne partout. Oui, il est juste et logique
de penser à la victoire finale de la vie sur la mort, d'espérer une terre nouvelle, des cieux et un homme nouveaux. Joël
redouble de ferveur au service de YHWH Élohim, le Dieu
de la vie, le Dieu des vivants : il s'attend à la victoire finale
de la vie au Jour de YHWH.

Troisième porte
L'homme et le ciel

« Un royaume de pontifes, une nation consacrée. »
Ex. XIX, 6.
« Ils pénétreront, oui, moi, YHWH, leur Elohim. Je suis avec eux, ils seront mon peuple. »
Ez. XXXIV, 30.

Les racines du ciel

Les Hébreux mettent plusieurs siècles à rédiger la Bible :
on est étonné par l'impressionnante unité de fond et de forme
de la collection des 39 livres qui ont véhiculé la pensée
d'Israël, de siècle en siècle, à travers le monde. On est visiblement en présence d'un langage neuf dans l'humanité, d'une
pensée qui ne perdra jamais son originalité et qui choisit des
voies nouvelles, inexplorées et inimitables de la communication humaine.

La pensée des élites d'Israël est tout entière consacrée à
la définition, à la garde et à la transmission du message de
Dieu.

Les anciens, les lévites, les scribes assurent la continuité
de la tradition orale et écrite de la nation. La mémoire
sémitique est développée à un point extrême : elle réalise
la prouesse d'une transmission à peu près immuable des
textes et des enseignements anciens. La mémoire en sa prodigieuse fidélité, assouplie et renforcée par un exercice
constant, aux ascétiques exigences, constitue le véhicule le
plus sûr de la sagesse d'Israël. Elle est le conservatoire et
le garant universels de la survie de la nation et de son patrimoine spirituel. Cet exercice de la conscience a pour objet
la Tora, véhicule de la volonté de Dieu. La langue hébraïque
devient un prodigieux instrument de définition et d'élaboration de la pensée : les textes de la Bible, plus de deux
millénaires après leur rédaction, n'ont rien perdu de leur

éclat, de leur profondeur ni de leur fascination. La langue y est aussi riche que puissante : elle transmet une pensée dont les élans et les élaborations rythmiques continuent d'emporter l'adhésion, de soulever l'enthousiasme. Il s'agit, avons-nous dit, non pas de philosophie, mais de communication immédiate d'un mystère connu en sa source. Il est visible que la tradition écrite sert de support à un vaste enseignement oral et que tous deux exigent l'adhésion d'hommes capables de l'entendre, de le comprendre, de le garder et de le transmettre.

Les prophètes tonnent sans cesse contre Israël, soulignent d'âge en âge, de page en page, ses crimes, ses infidélités, ses péchés, ses trahisons. Ils ne cessent d'en maudire les faiblesses et de décrire, avec une minutie passionnée, les conséquences du mal qu'il commet. Tel est leur rôle, et l'on sait avec quel éclat durable ils le remplissent. Mais, il faut bien le dire, ce peuple dont ils médisent tellement, c'est celui-là même qui recueille avec dévotion les paroles de ses censeurs inspirés, qui subordonne tout à la conservation et à la transmission de leurs enseignements religieux.

Platon, Shakespeare, Bossuet eussent été inconcevables dans une société ignorante, incapable de comprendre leur œuvre. Celle-ci présuppose un public qui supporte et comprenne ses plus hautes significations. Ainsi de la Bible : la complexité de ses significations, leurs harmoniques, l'élévation de ses concepts, l'élaboration extrême de son langage, la richesse de son vocabulaire, la violence de son éloquence, toujours actuelle en sa nudité, peut-elle se concevoir sans l'existence d'un vaste public accordé, de génération en génération, à ses enseignements ? On a eu tendance, au siècle dernier, à décrire les Hébreux comme des primitifs vivant dans le dénuement de leur vie nomade, semi-nomade ou dans la pauvreté de leur enracinement sans cesse fragile et combattu en Canaan. Certes. Mais ce dénuement et cette pauvreté n'ont pas empêché – et c'est là, sans doute, l'un des aspects les plus étonnants de ce mystère – la gestation, puis l'éclosion en son sein d'une exceptionnelle série de génies religieux qui éclairent la nuit des temps.

La représentation du monde

Comment Joël se représente-t-il l'univers où il vit? Ce que les Grecs dénomment *kosmos* et les Latins *natura* est appelé par Joël *olam*, c'est-à-dire la perpétuité mystérieuse de l'espace et du temps. Par ce nom, Joël designe les cieux et la terre qu'Élohim, il le sait, a créés au premier matin des mondes. Les cieux comprennent tout ce qui est au-dessus de la terre, l'air, le soleil, la lune, les étoiles. Là-haut se trouvent aussi les eaux de pluie qui sont au-dessus du ciel, conçu comme un vaste plafond solide et plat dont Dieu peut ouvrir les vannes pour arroser la terre. Car plus haut encore il y a « les ciels des ciels», lieu de la demeure et du trône de YHWH Élohim [1] où habitent aussi toutes les puissances mystérieuses qui l'entourent, ses messagers, ses séraphins et aussi les «Satans» qui discutent sa volonté.

La terre comprend le «sec» et l'abîme des eaux de mer d'où coulent rivières et fleuves [2]. Comme le ciel, la terre est conçue comme une immense étendue plane agrémentée de vallées, de fleuves et de montagnes qui se perdent en ses confins dans un cercle, *houg*, mystérieux. Sous terre se situe le Shéol, séjour des morts, des fantômes, des spectres. Comme «les ciels des ciels» le Shéol est invisible pour l'homme. Il y a ainsi six niveaux de représentation de l'univers qui se correspondent parfaitement : la terre et les eaux d'en bas, le ciel et les eaux d'en haut – et au-delà «les ciels des ciels» et le Shéol, sièges et dispensateurs l'un de lumière, de vie, de bénédiction, l'autre de ténèbres, de mort, de malédiction. Joël ne cesse d'admirer et de chanter le ciel, étendu comme un dais nuptial sur la terre et qui repose sans doute au loin sur de très hautes montagnes [3], car les colonnes du ciel font partie de la terre. Au plus haut des mondes inférieurs et supérieurs, visibles et invisibles, source et fin de toute vie règne YHWH Élohim, l'Adon des Hébreux, leur Dieu «biologique», créateur de toute réalité, matrice de toute vie, dont la puissance créatrice n'a ni limite ni fin.

Un conflit entre l'esprit et la nature

Joël vit au sein d'un petit peuple qui ressent constamment sur ses frontières la pression d'empires géants. La guerre, et la guerre victorieuse, est la condition permanente de la survie d'Israël. Et Joël se prend à rêver aux enseignements de ses prophètes et de ses prêtres qui donnent un sens à l'histoire des hommes. La vie n'est pas absurde mais elle est l'enjeu du conflit qui oppose le bien au mal, la paix à la guerre, l'esprit à la nature.

Comme le Dieu qui lui a donné naissance, l'univers est un. C'est Dieu, par la puissance de son verbe, qui l'arrache au chaos de la diversité et lui donne sa vocation d'unité comme il tire Adam du sommeil de la matière en lui insufflant un souffle vivant, *nephesh*. Joël voit l'homme et l'univers non dans sa matérialité mais en tant que souffle, haleine de vie : l'expression la plus courante pour désigner l'homme est *nephesh* : il est avant tout une *nephesh*, et d'elle dépend le destin de l'homme et du monde. La définition aristotélicienne, *l'âme est la forme du corps*, dans la mesure où elle *exclut* tout dualisme, pourrait bien convenir à la conception que Joël se fait de la *nephesh* : elle se manifeste dans toutes les pensées, tous les gestes, tous les regards de l'homme. Elle est une entité vivante qui définit la personnalité et son vouloir. Car l'âme de l'homme ne se distingue pas de son corps, ni de son esprit. Le corps dépend du vouloir et de la santé de l'âme. Que celle-ci défaille et le corps pâtira. Qu'elle meure et le corps cessera de vivre. Ce qui est vrai pour l'homme se vérifie pour la création entière dont l'âme inclut celle de l'homme et, dans une large mesure, dépend d'elle. Ainsi la conscience du réel est globale chez le Sémite et participe davantage des pouvoirs de l'intuition directe, de la vision, que de la pensée abstraite.

Cependant, celle-ci s'exerce de la manière la plus aiguë lorsqu'il s'agit de distinguer les contraires qui animent le dynamisme interne de l'univers. Ici le regard de Joël rejette les nuances de sa vision d'ensemble, pour introduire, de la manière la plus abrupte, une dichotomie fondamentale dans l'ordre créé. Il est frappant de voir comment le peuple qui donne naissance au monothéisme se rattrape en décelant une apparente dualité dans l'universalité du réel. Noé fait entrer dans son arche des couples de tous les animaux. Ainsi YHWH semble-t-il avoir agi pour l'univers : tout y va par deux ; le Dieu d'unité, dès qu'il se met à l'œuvre, suscite des réalités complémentaires, puissamment contrastées.

Dès le premier jour, il crée les cieux, qui constituent la demeure divine, et la terre, définie comme chaotique et déserte ; la mer et l'aride, les ténèbres et la lumière, la nuit et le jour. Le monde, dès sa naissance, est divisé en deux, et cette cassure s'aggrave après qu' Adam et Ève sont chassés du Paradis, pour avoir goûté au fruit de la connaissance du bien et du mal.

Le bien et le mal introduisent dans la symbolique des Hébreux une cascade de notions opposées : la mort et la vie, la haine et l'amour, l'iniquité et la justice, l'impur et le pur, le profane et le sacré, l'angoisse et la joie, le bonheur et le malheur. La distinction des cieux et de la terre se renforce : d'un côté il y a le chaos primordial, les ténèbres sur la face de l'abîme, de l'autre la lumière et l'esprit de Dieu couvrant la surface des eaux. Cette distinction constitue l'harmonie en noir et blanc de la première journée des mondes. Elle permet la guerre, l'angoisse, la mort. La terre des hommes exclut l'indifférence. Et Joël doit choisir entre les deux seules voies qui se partagent la totalité du réel, la voie du bien ou celle du mal. Le choix est ainsi inéluctable : il est l'exigence et le risque de la cassure originelle. La pensée cosmogonique, métaphysique, politique et morale des Hébreux se fonde pour eux sur cet axiome : la voie des ténèbres et la voie de la lumière se partagent l'universalité du réel. Sur leur frontière s'affrontent sans répit les justes et les réprouvés, les bons et les méchants : ils ne cessent de se livrer une guerre, à la vie, à la mort, du commencement à la fin, dans l'attente du triomphe final de la lumière sur les ténèbres, de la vie sur la mort.

Ba'al, Astarté, Moloch

Les Hébreux ont pour dieu national YHWH Élohim. Mais vivant au milieu de peuples idolâtres, ils versent souvent, soulevant la fureur de leurs prophètes, dans le culte des idoles des nations qui les entourent.

Ba'al, le Seigneur, est l'un des principaux membres du panthéon cananéen. Il est le dieu responsable de la fécondité des champs et des troupeaux : il est adoré par les Cananéens et par les Hébreux, séduits par son culte, sur des hauts lieux ou ses prêtres reçoivent des fidèles leurs offrandes de vin, d'huile, de prémices, de sacrifices d'animaux. Le culte s'accompagnait de repas rituels qui se terminaient par des danses extatiques et des orgies. On conçoit que les Hébreux aient été tentés de délaisser l'austère Dieu du Sinaï pour se livrer à de tels ébats auxquels les invitaient de belles Cananéennes. La constance et la violence des imprécations prophétiques contre les Hébreux idolâtres prouvent l'étendue de ces déviations fréquentes dans tous les milieux, y compris chez les rois de Juda et d'Israël dans tous les siècles de la période royale. Des reines comme Jézabel, la fille du roi prêtre de Tyr, Ittba'al, ou Athalie, la fille de Jézabel et la femme de Jeoram, roi de Juda, furent d'ardentes promotrices des cultes de Ba'al et d'Astarté parmi les Hébreux.

Astarté n'offrait pas moins de charmes à ses adorateurs que Ba'al. Sous le nom d'Ashéra, cette déesse de la mer est citée quarante fois dans la Bible hébraïque, notamment dans les livres des Rois et les Chroniques. Ce terme désigne indifféremment la déesse ou ses représentations, image, arbre ou stèle. Ashéra est la femme ou parfois la parèdre du dieu El, principale divinité de l'Asie antérieure. Elle est souvent représentée sous la forme d'une femme enceinte quoique vierge. Elle est la déesse de la vie sexuelle et de la guerre. Ses temples étaient des centres officiels de débauche : des filles d'Israël n'hésitaient pas à se mêler à leurs sœurs cananéennes pour se livrer à la prostitution sacrée. Elle était adorée en Arabie du Sud et chez les Amoréens sous le nom de «la

reine du Ciel [4]». Cette Vénus orientale est représentée dans
son agressive nudité, seins déployés, fesses charnues, regard
accusé, ventre rebondi, par des statuettes et des pierres sculptées que nous possédons en plusieurs centaines d'exemplaires.

Citons encore le dieu terrible qu'était dans le panthéon
oriental, Moloch, le Roi : il exigeait de ses adorateurs le
sacrifice de leurs enfants. Dans les lieux où il était adoré, on
a retrouvé d'épais tas de cendres contenant les squelettes
des enfants victimes de ces horribles sacrifices. Le livre des
Rois [5] attribue l'introduction du culte de Moloch en Israël
au roi Manassé (687-642). En fait, ce culte était pratiqué de
tous temps par les Cananéens et il dut trouver de fervents
adeptes chez les Hébreux aussi. Le roi Josias bannit ce culte
du pays [6], mais son fils Joaquin le rétablit et il resta en honneur pendant toute l'époque royale. Jérémie [7], Ézéchiel [8]
s'indignent devant ces horribles pratiques : l'enfant était préalablement égorgé ou parfois attaché vif sur l'autel où ses
parents le livraient aux flammes en holocauste.

L'un des lieux de culte les plus célèbres du dieu Moloch
se trouvait aux environs immédiats de la Jérusalem biblique,
dans le val de la Géhenne, là où plus tard les Romains cru-
cifiaient leurs condamnés. D'où la réputation sinistre de ce
Val, aujourd'hui verdoyant, situé à l'ouest et au sud de
Jérusalem. Son nom dérive de celui de son ancien propriétaire, Hinôm, mais il a fini par être synonyme d'enfer.

Les armes de la victoire

L'enseignement qu'il reçoit dans sa famille, dans son clan,
dans sa tribu, et davantage encore auprès des prêtres et des
prophètes qu'il connaît, pousse Joël à adhérer à la vision du
monde que lui propose la Bible avec l'autorité du Dieu qui
s'y exprime. Pour lui, comme pour chaque homme de son
peuple, l'univers a un commencement. Un vouloir suprême,
celui de YHWH, anime et dirige l'histoire des hommes
vers un but défini, le règne de la justice, de la paix, de la

fraternité entre toutes les nations de la terre. Joël sait que seuls les Hébreux croient cela : qu'ils rêvent même d'un monde où l'agneau cohabitera paisiblement avec le lion et d'où la mort sera bannie. Ils s'attendent à des cieux nouveaux, à une terre nouvelle, à un homme nouveau.

Dans le grand conflit qui oppose la lumière et les ténèbres, le bien et le mal, l'homme est appelé à prendre parti et à combattre pour assurer la victoire de YHWH. Les Hébreux situent tout leur intérêt sur la vie d'ici-bas : ils effacent de leur conscience les mythes mésopotamiens et égyptiens de l'au-delà. Ils poussent si loin leur amour de la vie qu'ils déclarent la mort *impure* en attendant sa disparition : non seulement l'homme connaîtra l'éternité de vie, mais encore les justes seront appelés à ressusciter. Cette croyance apparemment folle se situe dans la logique la plus profonde de la pensée hébraïque animée par un tout-puissant amour de la vie. YHWH n'a-t-il pas pour nom le vivant d'éternité ?

Entre les deux courants contraires qui déchirent l'histoire religieuse de l'humanité, celui des religions naturelles qui favorisent le déchaînement des instincts et celui d'une ascèse qui nie les réalités de ce bas monde, les Hébreux optent pour une sanctification des réalités quotidiennes de l'existence, orientées vers le triomphe de la vie sur la mort, de l'histoire des hommes sur la nature.

L'alliance qui célèbre le mariage de YHWH avec la création, avec l'humanité, avec son peuple, avec les prêtres et les rois de son peuple, est la machine de guerre introduite dans la nature pour en incliner le cours, pour en préparer la mutation et la renaissance dans sa conformité nouvelle avec la transcendance du vouloir divin.

La Tora, la loi issue de l'Alliance, ne définit pas seulement une morale théoriquement bonne, mais l'ascèse à laquelle le peuple élu doit se soumettre s'il veut atteindre les objectifs que YHWH assigne à son destin. Telle est la signification profonde de l'idée hébraïque de l'élection. Puisque l'humanité a été chassée hors du Paradis, puisqu'elle est vouée à sa régénération messianique et que la route est longue, difficile et incertaine, un peuple doit être choisi

pour garder le dépôt de Dieu et doit livrer le combat qui
assurera le triomphe de l'éternel sur le quotidien, désormais métamorphosé dans la lumière de YHWH. La
conception de la famille et du peuple, les notions de la
solidarité tribale, de prédominance patriarcale, de pureté
légale, de ségrégation volontairement consentie pour réaliser la plénitude du vouloir divin, doivent se comprendre
en fonction du dynamisme historique d'Israël. Sa religion
n'était pas une philosophie, mais un levain introduit dans
l'histoire pour en assurer, davantage que des changements
révolutionnaires, la mutation globale. D'où la nécessité
pour les Hébreux de conserver l'intégrité du message divin
par un incroyable repliement sur leurs sources originelles.
Celles-ci les vouent à se dresser contre l'ensemble des
croyances et des pratiques de l'humanité entière. «Ils sont
Hébreux contre les autres hommes», dira plus tard saint
Paul (I Th. II, 15). Et comment pouvaient-ils être autrement si l'essentiel de leur message était de dénoncer comme
illusoires, folles ou criminelles les croyances et les pratiques de la totalité de l'humanité, y compris les errances
de leur propre peuple?

Mais quelles sont les armes qui peuvent mener ce combat
fabuleux pour assurer le triomphe du Dieu d'Israël? Joël ressent jusqu'à l'angoisse sa faiblesse et l'impuissance de tous
les siens. L'Hébreu n'est pas chargé de partir en croisade
contre les nations. Comment le pourrait-il dans sa petitesse?
Sa mission consiste à réaliser une communauté humaine qui
pratique la justice du Dieu unique et établisse son ordre sur
la terre des hommes, afin de forcer les nations à se situer par
rapport à ce centre d'incandescence, YHWH. La victoire ne
pourra venir que de lui, YHWH Élohim, de lui seul et de
tout ce qui émane de lui, sa Tora, son Temple, ses prêtres,
ses lévites, ses prophètes et peut-être, un jour, le roi des rois,
le fils aîné d'Élohim, le Messie qui réalisera le miracle
attendu par tous, le règne de la justice et de la paix sur la
terre des hommes. Telles sont les paradoxales vérités que ne
cessent de lui enseigner les *fous de Dieu*.

Les fous de Dieu

Abraham et Moïse constituent les deux modèles parfaits qui, d'âge en âge, inspirent le prophétisme hébraïque. Tous deux sont à la fois les élus et les missionnaires de Dieu. Avec eux commence la grande, l'incomparable tradition : un homme se dresse parmi son peuple pour faire entendre le message de Dieu, dont il a reçu la révélation, pour être l'instrument de sa volonté, dans son incarnation historique.

Abraham et Moïse représentent les deux pôles extrêmes de la prophétie hébraïque. Le premier l'annonce ; il est le chevalier de la foi, il croit aveuglément la voix qui l'inspire, n'en discute pas les ordres, même lorsqu'elle exige de lui le dépouillement de son exode sans retour, ou le sacrifice de son fils unique, Isaac. Il n'essaie pas de s'opposer à la volonté de YHWH, sauf pour intercéder en faveur de Sodome. Il est tout entier certitude, fidélité, abandon, amour, même lorsque sa voie l'isole et qu'il semble voué à l'échec, pauvre fou de Dieu.

Moïse est le prophète de l'accomplissement historique. Il se situe, dans sa prodigieuse grandeur, en médiateur entre son Dieu et son peuple. Homme du double dialogue et de l'interprétation suprême, seul en face de son Dieu et en face de ses tribus ou de ses ennemis. Prophète d'une incomparable *passion* qu'il a essayé de fuir et qui le saisit : il doit assumer le vouloir divin et réaliser son fabuleux destin dans le doute, le refus, la crainte et le tremblement. Il est aussi l'homme des douleurs et des révoltes, chargé de l'écrasante négociation qui doit aboutir à la sortie d'Égypte, à la traversée du désert, au don de la loi au Sinaï. Sa mission s'achève au seuil de ses ultimes accomplissements, l'installation de son peuple en Terre promise. Tous deux, Abraham et Moïse, sont des *Hébreux*, des hommes en marche, avec leur peuple, vers l'au-delà de la promesse, guidés par une voix transcendante qui inspire leur offrande et les réalisations de leur combat mystique.

Abraham, Moïse et tous les inspirés d'Israël sont des chefs

charismatiques : ils puisent leur puissance dans l'esprit de YHWH, qui commande le destin des hommes.

L'esprit souffle où il veut : le choix de Dieu s'abat sur un couple stérile, celui d'Abraham et Sarah, pour faire sortir de lui un peuple entier ; sur un bègue, Moïse, pour faire de lui l'avocat de sa cause ; sur une femme, Déborah, pour la transformer en chef militaire ; sur un hors-la-loi, Jephté, pour qu'il soit le juge de son peuple ; sur des bergers, Saül, David, pour en faire des rois.

L'élection de l'homme de Dieu se passe de son consentement. Elle est le plus souvent un acte unilatéral : Samson est voué au nazirat par sa mère ; Samuel a une naissance miraculeuse, comme les patriarches Isaac et Jacob ; Moïse est sauvé des eaux ; Jérémie se sait élu dès le sein de sa mère : « Avant que je ne t'aie formé dans le ventre, je t'avais pénétré, avant que tu ne sortes de la matrice, je t'avais consacré, inspiré pour les nations : je t'ai donné [9] ».

Le prophète est investi d'une mission suprême : orienter le cours de l'histoire dans le sens voulu par Dieu ; il a le pouvoir d'abattre et de démolir, de détruire et de renverser, de bâtir et de planter. Élie, Élisée, dans l'extraordinaire cycle de légendes qu'inspire leur action, inclinent le prophétisme vers l'action politique proprement dite. La monarchie hébraïque, forte de son caractère théocratique, avait éliminé le contrôle de l'autorité spirituelle des prêtres et des voyants, en assurant la centralisation et la fonctionnarisation du culte et de la prêtrise. À la suite d'Élie et d'Élisée, le prophète écrivain, seul, et bien souvent contre tous, remplit la fonction de censure spirituelle du peuple et de ses dirigeants. Cette révolution des caractères fondamentaux de la prophétie commence au milieu du VIIIe siècle, le plus brillant de l'histoire de la monarchie hébraïque, et se poursuit jusqu'à la fin du VIe, lorsque le peuple disparaît dans la double catastrophe nationale de 721 et de 586. C'est face au malheur extérieur, qu'incarnent l'Assyrie et Babel, que se définit le message prophétique le plus pur.

Le prophète pense, prêche, agit dans la vie quotidienne de son peuple. Un jour il entend une voix, il voit brûler un buisson rempli par la gloire de Dieu, il rencontre un ange : l'illumination se produit; une mutation soudaine de son être le transforme en agent et en avocat de la volonté du Créateur.

> « Le lion rugit : qui ne frémit?
> Adonaï YHWH parle – qui n'est inspiré [10] »

Le prophète essaie le plus souvent de se soustraire à son élection : de Moïse à Jonas le réflexe normal de presque chacun est de fuir le lieu de la théophanie, d'échapper à la passion qui le saisit – à laquelle il cède faute de choix. Seuls Abraham et Isaïe se livrent à leur destin sans révolte et sans résistance. Les autres savent quels jours terribles les attendent, et quelles souffrances ils devront endurer en devenant les hérauts de YHWH.

Car le prophète exerce sa mission dans l'actualité politique. Il est le vigile qui monte la garde aux portes de la cité pour avertir le peuple des malheurs qui menacent et, si possible, pour les exorciser. Le prophète parle, agit, menace, promet, s'engage devant un auditoire. Il est, dans un certain sens, un homme politique – mais qui n'a rien à voir avec ce que nous entendons aujourd'hui par ces termes : son parti c'est Dieu, et la seule chose qu'il brigue c'est la justice et la paix qui instaureront le royaume de Dieu et son ordre nouveau sur terre. Le prophète est un inspiré et ses contemporains voient souvent en lui un psychopathe : il ne se soucie ni de décence, ni de faveurs, ni de logique, ni de respect humain [11]. Il est possédé par une présence qui le séduit, qui l'habite et lui dicte son comportement, ses gestes, ses paroles; il est l'objet d'une visitation et la force formidable qu'il incarne est celle d'une détermination absolue, provoquée par la révélation. Lui-même est néant, son esprit personnel n'a de réalité que par la grâce du Dieu qui lui révèle ses secrets dans l'objectivité d'un dialogue. Le prophète est l'homme du dialogue avec le Créateur du ciel et de la terre, avec le maître de l'histoire qui conduit son peuple à la mort ou au salut, qui le disperse ou le réunit, l'abat ou le sauve, selon son seul vouloir.

Il est impossible de comprendre ou de concevoir l'existence des prophètes hors du contexte historique dans lequel ils agissent. Mais, connu, celui-ci n'efface ni le paradoxe ni le mystère de la prédication prophétique.

Le prophète n'est, en tant que tel, ni un prêtre ni un chef d'État. Il est un homme de YHWH et il prouve sa qualité par la vérité et la puissance de son verbe, ainsi que par ses actes. Ceux-ci revêtent souvent un caractère symbolique : ils sont destinés à frapper le peuple. Osée épouse une prostituée pour signifier l'infidélité d'Israël. Isaïe se promène nu et déchaussé pendant trois ans pour annoncer les malheurs de son peuple [12] ; il donne des noms symboliques à ses enfants. Jérémie se met un joug autour du cou. Ézéchiel fait cuire son pain sur de la bouse de bœuf et des excréments humains ; il dévore un parchemin ; il traverse des périodes de mutisme intégral et de claustration dans sa chambre, figé dans l'immobilité, attaché sur sa couche [13] ; il perd sa femme bien-aimée et ostensiblement il ne prend pas son deuil [14] ; il se rase la barbe et les cheveux ; il brûle un tiers de ses poils en public et pourfend à l'épée un autre tiers tandis que le reste est censé représenter la source du feu qui brûlera Jérusalem [15]. Dans son extase, le prophète délire souvent : la glossolalie [16] est l'un des signes et l'une des expressions du drame de possession qui fonde sa puissance.

Les pouvoirs du prophète

Les prophètes sont dotés de pouvoirs surnaturels : leur théologie politique se fonde sur la certitude que l'intervention divine peut forcer le destin et réaliser l'impossible. Le miracle est justement l'impossible qui se réalise, grâce à l'intervention d'une puissance supérieure auprès de laquelle intercède l'homme de Dieu. Les armées sont mises en déroute, les sièges sont levés, les famines brisées, les morts ressuscités, les malades guéris, les pains multipliés, les eaux fendues, les punitions et les récompenses surviennent, grâce

à l'intervention personnelle du prophète sur l'ordre de Dieu.
Celui-ci commande aux éléments, arrête ou provoque la chute
des pluies. Et des légions célestes se déchaînent grâce à lui
pour vaincre surnaturellement les ennemis d'Israël. Le miracle
est l'instrument normal du jugement de Dieu et provoque
les mutations historiques voulues. Le peuple, instruit par ses
lévites, ses prêtres, ses voyants et ses prophètes, vit dans le
souvenir et l'espérance de l'événement miraculeux qui viendra le délivrer de ses maux. Et si nous connaissons les œuvres
d'une vingtaine de prophètes, entre les règnes de David et
de Josias, des centaines d'autres, connus et inconnus, exercent
leur magistère dans toute l'étendue du royaume. Le prophète
est un orateur et parfois un écrivain : mais sa force vient de
la vision qui l'habite et de la voix divine qui l'inspire et
authentifie sa mission. Dans l'état d'extase, il voit au-delà
des apparences et au-delà du présent : le réel se révèle à son
regard, dans toute sa plénitude. Il contemple les choses
cachées, ce qui se passe loin de lui : il « pénètre » l'avenir...
Il détecte, immobile, des ânesses égarées au loin et sait qui
vaincra dans une bataille qui n'est pas commencée. Il peut
même, comme Ézéchiel, se déplacer dans l'espace, par les
pouvoirs de la lévitation. Et comme Moïse au Sinaï ou dans
la Tente d'Assignation, il peut contempler YHWH face à
face et lui parler comme à un ami. Il comprend les êtres
dans la plénitude réelle de leur âme : il peut donc les diriger, les commander, les incliner à faire son vouloir, qui n'est
jamais autre que celui de son maître céleste. Il est couvert
de peaux de bêtes ou de lin, attentif aux inspirations de
l'esprit de son Dieu et prêt à se livrer au mystère de l'union,
dans l'extase. Sa puissance est si grande que même après sa
mort il conserve ses pouvoirs : un cadavre ressuscite après
avoir été mis en contact avec les ossements d'Élisée [17].

Le prophète ne partage pas toujours le destin des mortels.
Comme Élie au terme de sa carrière, il peut être enlevé au
ciel, en tourbillon, sur un char de feu [18].

Aussi le peuple et les rois s'adressent à lui comme à un
directeur de conscience, un juge, un médecin, un conseiller
et, parfois, un stratège. Il est la conscience et le cœur vivant

de la nation, sa part de Ciel et sa consolation [19]. Le seul fait d'approcher un homme de Dieu fortifie le mortel, le met en contact avec les puissances divines qui l'habitent [20]. Le prophète sanctifie le peuple parmi lequel il vit, et dirige ses rois, qui ont toujours des inspirés dans leur entourage : Gad et Nathan auprès de David ; Shemayah auprès de Roboam ; Ahya auprès de Jéroboam ; Amos auprès de Jéroboam II... Ils sont à la fois leurs conseillers et leurs censeurs : l'audace de Nathan, reprochant à David ses méfaits, donne la mesure de leur courage [21].

Une contestation universelle

Avec l'apparition sur la scène de l'histoire d'un type d'homme nouveau, l'écrivain-nabi, le prophétisme change de nature. Les caractères extérieurs du mouvement perdent leur importance, auprès du contenu du message, qui se définit avec une force et une clarté insurpassables à partir du VIIIᵉ siècle. Les peaux de bêtes, les extases, les sacrifices, la glossolalie sont relégués à l'arrière-plan : la prédication et l'action politique pour la promotion et le triomphe des idéaux essentiels du mosaïsme constituent désormais la préoccupation première des inspirés d'Israël.

Le prophète fait du triomphe de la justice et des grands idéaux spirituels, moraux et sociaux la condition de la survie nationale. En fait il introduit une révolution dans les valeurs de l'esprit : il met au premier rang, non pas le culte de l'homme envers Dieu, mais la justice, le respect des valeurs humaines de défense des pauvres et des faibles. Israël sera jugé et condamné «pour avoir vendu contre argent le juste et le gueux pour des sandales [22]». Les riches, les puissants, les notables, les rois, les prêtres sont cloués au pilori et fustigés avec une incroyable violence pour leurs crimes contre les petits, contre la justice, contre la paix. Le culte n'a pas de valeur magique ou mythique propre : le salut dépend de la grâce de Dieu et de la justice de l'homme. Israël sera châtié pour ses crimes, mais il sera aussi restauré dans la joie de la libération finale. L'eschatologie débouche sur des perspectives terribles ; le flot des envahisseurs provoquera la catastrophe de la fin du monde, décrite comme l'invasion d'une armée de sauterelles qui châtiera un monde cruel, voué à la mort. Les prophètes, par la suite, développeront ce thème de la destruction du monde sur un mode apocalyptique : le ton ira en montant d'Osée à Joël, d'Isaïe à Michée et à Habaquq pour atteindre au paroxysme des prophètes de la catastrophe : Jérémie, Ézéchiel et, plus tard, Daniel. Avec eux, la contestation prophétique atteint sa plus haute violence, ses pires fureurs annonçant celles de l'Apocalypse.

Le prophète est ainsi le témoin d'une exigence absolue qu'il présente au nom du Créateur du ciel et de la terre : il ne défend pas une idée, une doctrine, une théorie ni les intérêts d'un groupe, d'une classe, d'une nation. Sa revendication est d'ordre divin, de nature métaphysique et universelle. D'où, l'extrémisme, la véhémence et la portée de sa contestation.

Le point de départ du mouvement prophétique, mis en branle par la vision et la voix de Dieu, est une révolte ouverte contre l'ordre établi, contre la nature de l'homme et la nature des choses. Le but final de la revendication prophétique est d'obtenir la mutation totale du réel et sa renaissance dans l'ordre surnaturel de la justice, de l'unité et de l'amour.

Arrachés à leur milieu, les prophètes contestent, sans retenue, la cité, ses structures sociales, ses dieux, ses croyances, ses ambitions, son luxe, son hypocrisie, ses mensonges, ses injustices.

Osée, Amos, Isaïe, tous les autres prophètes, dans chacune de leurs sentences, clouent au pilori le genre de vie des Hébreux à l'époque monarchique : ils leur reprochent d'avoir abandonné la pureté des temps anciens, de servir les idoles des païens, d'exploiter les pauvres, de vivre dans un luxe excessif, dans des villes trop riches et des maisons trop somptueuses, de trop manger et trop bien, de trop boire, de trop bien s'habiller, de trop se parfumer, de trop se divertir, de trop forniquer et de trop s'enrichir au détriment des humbles, contre la loi de leur Dieu.

La protestation du mouvement prophétique va plus loin : il s'érige contre l'asservissement de l'homme à l'œuvre de ses mains, exige le respect du sabbat même par l'étranger, par les animaux, par la nature ; allant jusqu'au bout de leur pensée, les prophètes prévoient le jour qui sera tout entier sabbat, c'est-à-dire une civilisation du loisir, où l'homme sera délivré de la malédiction du travail.

Dressés contre la cité, les prophètes, avons-nous dit, n'épargnent ni les rois, ni les grands, ni les prêtres : on peut même dire que ceux-ci constituent leur cible de prédilection. Nous avons vu la répugnance de Samuel devant l'institution de la monarchie qui devait provoquer, en fait, une mutation radicale dans l'histoire d'Israël. Les prophètes dirigent leurs critiques contre les abus du régime monarchique, contre l'abandon de la loi et des coutumes hébraïques anciennes, contre la toute-puissance et l'arbitraire des grands, contre l'exploitation des humbles, contre « ceux qui mangent la chair de mon peuple, et leur peau, sur eux, la dépouillent [23] ». Ils attaquent avec la pire violence les grands d'Israël qui sont les ennemis du bien et les amis du mal. Ils se situent, ce faisant, non seulement sur le plan divin, spirituel, religieux et moral, mais encore politique et social. Ils attaquent, avec une violence qui leur vaut d'être jetés en prison et parfois condamnés à mort, la politique royale et les méfaits des puissants. Pas un seul d'entre eux ne pense en aucune manière que l'amour de Dieu peut conduire à une indifférence en face de l'ordre temporel, bien au contraire, puisque tout dépend de Dieu, y compris le roi.

La contestation prophétique ne s'arrête pas aux frontières d'un pays : elle concerne toutes les nations dont l'idolâtrie et les crimes sont condamnés sans appel. Les diatribes des prophètes contre les idoles nous paraissent aller de soi aujourd'hui. À l'époque où elles sont prononcées, elles manifestent un esprit de révolution poussé au-delà de la témérité. Dire des dieux de toutes les nations du monde qu'ils ne sont rien, de la pierre et du bois, c'est en vérité saper les assises de l'ordre universel et ajouter, aux yeux de tous, le sacrilège à la rébellion. C'est à cette audace, cependant, que parviennent les Hébreux, dénonçant, malgré leur faiblesse et la précarité de leur condition, les crimes de l'Égypte, de l'Assyrie, de Babel.

Mais la revendication révolutionnaire des prophètes va encore plus loin : elle s'attaque à la nature même de l'homme et du monde. L'homme de chair, dominé par ses instincts, ses appétits, ses ambitions, sa haine, sa violence doit être métamorphosé en un être nouveau, qui aura répudié sa nature pour devenir semblable à l'image idéale du juste, créé à la ressemblance de Dieu. Il aura la loi d'amour gravée au cœur et cessera de faire le mal. Alors non seulement les nations subiront une semblable mutation, mais encore le règne animal sera régénéré : le loup et l'agneau cohabiteront en paix. Alors l'homme libéré vivra sur une terre nouvelle et dans des cieux nouveaux, dans une révolution absolue, définitive, de l'ordre naturel : la vision prophétique, réalisée, sera devenue historique. Alors la justice de Dieu régnera en vérité sur la terre comme au ciel, mettant un terme à la querelle que les Hébreux ne cessent d'avoir contre la justice du Créateur lui-même.

Il restait au mouvement prophétique à aller tout au bout de son rêve et à effacer une ultime frontière, celle qui sépare la vie de la mort. À la fin de l'époque monarchique surgit parmi les Hébreux l'ultime espérance, la plus folle de cette frénétique époque : la mort elle-même sera vaincue, les morts ressusciteront au jour du triomphe du Dieu de vie. L'injustice, la douleur des hommes sont ainsi transitoires sur la longue voie de la délivrance de l'homme. Nulle part plus fortement qu'ici ne s'exprimera jamais la révolte contre l'absurdité de la mort, la contestation du pouvoir et de ses agents, le désir enfin d'un changement radical de l'ordre du monde.

La langue des prophètes

Davantage que dans la conscience historique, les traditions ancestrales, la communauté des intérêts ou les frontières géographiques, l'identité d'un peuple se révèle par le langage qu'il parle. Ainsi l'Hébreu se définit d'abord par son langage : ce dernier détermine son appartenance, sa culture, sa formation, sa spiritualité comme son dynamisme mental et ses aspirations. De même que le peuple hébraïque sort du monde araméen et cananéen, sa langue appartient au groupe des langues sémitiques ainsi dénommées parce que la plupart des peuples qui les parlent sont rattachés par la Bible à Sem, fils de Noé [24]. Ces langues permettent de supposer l'existence d'une langue primitive commune aux Sémites dont elles auraient dérivé, comme l'italien, le provençal, le français, l'espagnol, le catalan, le portugais, le roumain l'ont fait du latin. Cette langue sémitique originelle nous est inconnue, mais il est possible d'en reconstituer les structures grâce aux idiomes auxquels elle a donné naissance et qui, en se développant, ont provoqué son éclatement et sa disparition.

L'hébreu appartient au groupe nord-occidental des langues sémitiques. Ce groupe a donné au monde un alphabet; inventé par les Phéniciens, il se répand chez les Araméens, les Cananéens, les Hébreux. Les Grecs l'empruntent pour l'adapter aux besoins de leur langue [25]. L'hébreu sera la langue que les tribus araméennes, venues de Harran, adopteront en Canaan : nous en connaissons la forme primitive par les gloses et dans certaines formes grammaticales des lettres d'El-Amarna. La Bible nous donne la somme la plus complète de la littérature hébraïque. Le calendrier de Guèzer, du IXe siècle avant l'ère chrétienne, les ostraca de Samarie et d'Arad, les sceaux, cachets, estampilles et monnaies de l'époque biblique, l'inscription de Siloé à la fin du VIIIe siècle, les monnaies de l'époque des Maccabées, les textes lapidaires des synagogues, tombeaux, sarcophages, les manuscrits de la mer Morte, puis, par la suite, le fleuve abondant de la littérature rabbinique : tels sont les témoins de la langue des Hébreux, jusqu'à l'heure de la renaissance actuelle. Elle a été et demeure le plus puissant facteur de l'unité du peuple de la Bible : c'est elle qui lui a donné son originalité propre et une homogénéité telle qu'elle lui a permis de triompher des antinomies, des contradictions et de l'action dissolvante du temps et des circonstances adverses. La langue a été ainsi le facteur important de l'unité du peuple hébraïque au cours de son histoire millénaire.

L'hébreu a toujours été une langue parlée par un petit groupe d'hommes. La majorité, à la fin de l'époque royale, parlait au Proche-Orient l'araméen, langue que les Hébreux eux-mêmes, au retour de leur exil de Babylone, finiront par adopter : dans la Bible, trois chapitres du livre d'Esdras [26], cinq chapitres du livre de Daniel [27], un verset de Jérémie [28], et deux mots de la Genèse [29] seront écrits en araméen. Cette langue, ainsi promue à la dignité de langue sacrée, servira à la rédaction par les Hébreux de précieuses traductions de la Bible, les Targums, et à la composition des Talmuds de Jérusalem et de Babylone. Ces volumineux monuments donneront à l'araméen une prééminence que n'eurent jamais le nabatéen ou le palmyrénien.

Il faut voir dans les caractéristiques de la langue hébraïque l'une des clés du mystère d'Israël. L'hébreu est une langue à flexion interne. Le fond du langage est composé par des racines verbales dont la conjugaison permet d'évoquer le sujet, l'objet, l'idée, l'émotion ou le sentiment à exprimer. Chaque racine contient l'idée maîtresse que l'on retrouvera dans le discours sous toutes ses nuances, toutes ses formes. Le rôle des voyelles, tantôt longues, tantôt brèves, est de donner au mot le sens voulu. L'hébreu, a-t-on dit, est une langue aristocratique : elle ne livre son secret qu'à ceux qui la connaissent. De fait, sa structure consonantique ne s'anime et ne livre son sens qu'au regard de l'initié.

L'hébreu est ainsi la langue du rythme et du nombre. Des particules invariables articulent le discours; la syntaxe rudimentaire se fonde sur la coordination davantage que sur la subordination des idées. Elle est la langue de la vision, faite pour évoquer l'image, le mouvement, l'expression concrète du geste – davantage que pour l'analyse subtile des idées. Langue d'un savoir global, d'une révélation concrète – davantage que d'une réflexion abstraite – dont le génie arrache la pensée à l'abstraction pour la livrer à l'impératif de l'acte.

Les Hébreux, au retour de l'Exil, abandonnent leur antique alphabet pour celui qu'ils rapportent de Mésopotamie. Mais, traditionnellement, le verbe est lié au nombre, la lettre au chiffre. Les Hébreux attribuent une valeur numérique à chacune des lettres de l'alphabet, de telle sorte que leurs écrits sont aussi des documents chiffrés, comme la coutume en était établie chez les Mésopotamiens. L'approfondissement de cette particularité devait alimenter aux époques ultérieures les recherches des cabalistes, attentifs à découvrir le secret de la révélation biblique. Sous le nom de *guematria* ils établiront, plus tard, la science des équivalences numériques secrètes des textes bibliques. Quoi qu'il en soit, il est certain que les scribes devaient étudier et enseigner cette particularité du langage, voué à l'initiation de l'homme à une plus haute vérité. Ainsi le total des lettres du mot *Ehad*, unité, est égal au total des lettres du mot amour, *Ahaba*, et la somme de l'unité et de l'amour équivaut au chiffre du Dieu d'unité et d'amour, YHWH, 13 + 13 = 26. Il est certain que la structure même de la langue hébraïque, comme de la plupart des langues orientales, favorisait les jeux de mots et d'écriture, les énigmes et les mystères dont chaque texte, et plus particulièrement les Écrits saints, ne manquait pas de s'enrichir.

Le caractère foncièrement indifférencié du temps sémitique lui confère une insurpassable puissance d'évocation. Pour Joël le prétérit n'est jamais qu'une préfiguration de l'aoriste, le futur ne cesse d'informer le présent. Sa langue, la pensée qu'elle véhicule s'imposent à lui comme un impératif, elles l'assaillent par des faits réels, non par des idées, et ceux-ci provoquent en sa conscience l'incendie du verbe. Le langage transcende la conscience analytique : il transmet d'une manière immédiate le mystère révélé au lecteur qui en devient un élément, un facteur. La pensée s'impose à Joël grâce à une dialectique non discursive qui libère des choses qui passent. Sa nuit est soudain peuplée d'une présence, qui offre à la contemplation de l'homme, sans le secours d'aucun ordre logique formel, l'universalité du réel. Les rythmes du langage, souvent chanté, agissent comme d'eux-mêmes pour abolir, dans sa conscience, le transitoire et la plaquer en face des réalités secrètes de la terre et des cieux. Langue d'un mystère et instrument de son approfondissement. Langue

sacrée, pour employer le langage des Hébreux – c'est-à-dire
langue à part, dans un certain sens cryptographique, et qui a
distingué le peuple ainsi livré à ses pouvoirs, le situant dans
un univers et dans un temps qui gardent leur puissante originalité. Parole de YHWH, pour employer encore une
expression chère aux prophètes d'Israël, et infusant dans la
conscience de l'homme une étincelle du divin. Parole de
toutes les certitudes, qui s'affirme non pas comme une hypothèse sujette à révision, mais massivement, implacablement
comme une découverte, dont l'évidence manifeste et conditionne l'ordre réel du monde. Grâce aux pouvoirs de leur
langue, celle de la Bible, la vie quotidienne des Hébreux lettrés se réfère inévitablement à un ensemble de valeurs
transcendantes qui, bon gré mal gré, en estompe la trivialité
et la situe, en soi, dans le procès d'une histoire à part,
« sainte». Même l'humour du peuple de la Bible s'est ressenti d'une telle incandescence…

Les destinées des langues sémitiques, issues d'une souche
commune, ont été les plus diverses. L'accadien était la plus
archaïque : son prestige dans l'Orient méditerranéen était
lié aux conquêtes des empires babylonien et assyrien. Au
milieu du IIe millénaire, il était la langue diplomatique de
tout le Proche-Orient, y compris l'Égypte et l'île de Chypre.
L'effondrement de Babel, la transformation de son empire
en satrapie des Perses, la conquête d'Alexandre, la fondation de Séleucie sur le Tigre, pour effacer jusqu'au souvenir
de l'ancienne reine de l'Orient, aboutiront à l'effacement
de Babylone et à l'oubli de sa langue, remplacée dans l'usage
courant par l'araméen. Toutes les langues sémitiques nord-
occidentales connaissent un même sort : l'amorrhéen, le
cananéen, le phénicien, le punique, l'araméen, le nabatéen et
le palmyrénien, l'araméen oriental – ces derniers conservant
un semblant de vie dans le syriaque des liturgies et des théologies orientales et dans le dialecte de quelques villages [30]
– sont oubliés par les peuples qui les parlaient et sont deve-
nues des langues mortes, supplantées par l'arabe, qui connaît
la prodigieuse expansion que l'on sait après l'apparition
de l'Islam. L'éthiopien, qui est, comme l'arabe, une langue

sud-sémitique, survit dans ses différents dialectes, en se confinant en Abyssinie.

L'hébreu est la seule langue du groupe sémitique oriental et nord-occidental qui ait échappé à la mort : elle survit à l'effondrement national d'Israël en tant que langue liturgique et théologique et continue à maintenir en vie les rescapés de l'Exil. Une étrange dialectique assure la survie de la langue dans la mémoire du peuple qu'elle arrache, par ses pouvoirs, à la disparition et dont elle prépare et permet la résurrection à l'heure du Retour.

Les prophètes s'expriment dans une langue concrète. La Bible, de la Genèse à Daniel et, plus tard, des Évangiles à l'Apocalypse, est écrite comme le synopsis d'un film. Chaque phrase décrit un geste, une action ou rapporte les phrases d'un dialogue. Des techniques d'écriture oubliées se conservent dans les écoles et dans le milieu des lévites au Temple de Jérusalem. Les scribes apprennent l'art d'écrire à leurs élèves : ils ont pour maîtres les grands inspirés d'Israël dont ils ont le devoir sacré de recueillir, de garder et de transmettre les œuvres. L'art d'écrire est celui de rester fidèle aux modèles inspirés des Anciens. L'écrivain moderne cherche à étonner par la nouveauté de ses idées et de son style. L'homme de la Bible a l'ambition contraire de perpétuer les pensées, les traditions et le style des pères de la nation. D'où l'extraordinaire fixité du style et du vocabulaire des écrits bibliques. Les historiens, les exégètes, les linguistes ne parviennent à se mettre d'accord sur la date d'aucun des livres de la Bible. À confronter leurs conclusions on y constate, à propos d'un même texte, des différences de datation de plusieurs siècles. La source de ces désaccords se trouve dans les techniques d'écriture et de transmission des textes sacrés par les soins des disciples des prophètes, des prêtres, des lévites et des scribes. Ils ont su donner à la Bible son style transhistorique qui défie nos méthodes modernes de datation qui associent l'évolution du langage à celle du peuple. Ici, la langue des prophètes est censée traduire l'inspiration de YHWH, d'où sa fixité. Les procédés de construction d'un texte nous échappent le plus souvent : ainsi la Genèse est tout entière bâtie comme une symphonie sur le chiffre 7. Son premier verset compte 7 mots en hébreu et 7 x 2 = 14 mots son deuxième verset. Ce livre comporte 7 x 7 + 1 chapitre. Il raconte l'histoire des 7 jours de la création, des 7 x 2 = 14 rois que défait Abraham, etc. L'analyse révèle, ici comme ailleurs, le caractère harmonique et symphonique du style biblique. Il fallait connaître ces techniques d'écriture et de composition pour accéder à la maîtrise de la parole. Le prophète et le scribe étaient formés avec rigueur aux procédés de composition de ce langage d'inspiration sacrale où la parole engage à la fois la personne de Dieu et l'avenir de l'humanité. De génération en génération, les Hébreux se formaient par l'étude des mêmes textes ainsi perpétués dans la mémoire des hommes comme dans les réalités quotidiennes de la vie du peuple.

Ainsi, l'hébreu est à la fois la langue quotidienne des Hébreux et celle de la Tora de YHWH, de la Bible : celle-ci est écrite avec les mêmes mots dont les Hébreux se servent quotidiennement. Elle est le véhicule d'une pensée, d'un message religieux, politique et social qui ne cesse d'informer, de solliciter, d'interroger les hommes de la naissance à la mort : la Tora de YHWH constitue l'essentiel de leur vie, un essentiel auprès duquel rien ne compte puisque tout, la vie et la mort, la guerre et la paix, la gloire ou l'asservissement, dépend d'elle. Dans la vie quotidienne de Joël et de Mikhal, la présence de cette Tora et du Dieu qu'elle annonce se traduit par des pèlerinages, des offrandes de sacrifices faites au sanctuaire, des contacts permanents avec les prêtres, les lévites, les prophètes et les voyants, un souci constant de respecter les anges et les démons qui sont les témoins et les agents de ces mondes invisibles mais très réels, de cet au-delà du temps et de l'espace sensibles, qui sont au-dessous de la terre et au-dessus des cieux.

La culture qui anime la vie du peuple est proche de celle qu'annonce la Bible grâce à l'entremise constante des pontifes, des lévites, de la tribu, de la nation. La haute qualité du langage que tous ont appris à parler en écoutant les récits de la Bible ou les commentaires qu'ils inspirent contribue à l'éveil de l'intelligence, au respect des traditions, à l'exaltation des énergies. Mais les nabis sont les agents les plus efficaces de la tension spirituelle que l'on constate parmi le peuple de la Bible, en tous ses âges.

La création littéraire

La vie du peuple, son histoire millénaire, la révélation dont il se sent l'objet aboutissent à la constitution d'une riche tradition orale dont les parties essentielles sont recueillies et gardées par écrit. Les prêtres et les scribes jouent un rôle décisif dans cette œuvre dont la nécessité a dû se faire sentir à l'époque monarchique, notamment à partir du règne de Salomon.

La littérature sapientielle a atteint un haut degré de développement dans les pays que les Hébreux connaissaient bien, l'Égypte, la Mésopotamie. Elle se développe en Israël, dans l'esprit du monothéisme éthique : des livres de sagesse sont composés à partir des traditions anciennes du peuple ; les Proverbes, le livre de Job, l'Ecclésiaste illustrent ce courant littéraire dont on reconnaît aujourd'hui l'ancienneté.

Une importance particulière est donnée par les prêtres et par les rois aux lois du pays, que la tradition fait toutes remonter à la révélation divine recueillie par Moïse au Sinaï, comme conséquence de l'élection et de l'alliance de YHWH. *Les Dix Commandements*[31] *et le Code de l'Alliance*[32] constituent sans doute le noyau le plus ancien et le plus original de la tradition juridique propre aux Hébreux. Celle-ci devait s'enrichir des textes hérités de la période nomade et semi-nomade du peuple, et plus encore de l'expérience qu'il acquiert après son installation en Canaan, à l'époque monarchique. L'institution de la monarchie accentue l'évolution du droit hébraïque, dont les prêtres et les prophètes sanctionnent l'orthodoxie. Le Deutéronome constitue le plus éloquent exemple de la fusion du courant juridique avec les enseignements des prêtres et des prophètes : le tout est enseigné au nom de YHWH, le Dieu d'Israël.

À l'époque royale, l'historiographie se développe sous

l'impulsion du roi qui entretient des scribes, chargés d'écrire
la chronique de leur règne. Les livres de Samuel, des Rois,
des Chroniques constituent des documents originaux qui n'ont
pas de parallèles dans la littérature ancienne. La saga des
Hébreux est réinterprétée en fonction de leur foi. L'historiographie aspire à la transmission exacte des faits, des
discours et des motivations des héros : les détails les plus
humbles sont notés avec minutie. On voit que les chroniqueurs
utilisent les archives du royaume et s'inspirent de traditions
orales dont ils ont une connaissance parfaite, et qu'ils analy-
sent d'une manière pragmatique aux lumières de leur religion.
D'où la précision de cette vaste littérature, qui, en 160 chapitres, nous rapporte l'histoire de la monarchie hébraïque,
de Saül à l'Exil, et dont les faits essentiels ne cessent d'être
confirmés par la critique contemporaine [33]. Les livres de
Daniel, d'Esther, de Judith, d'Esdras et de Néhémie, et plus
tard ceux des Maccabées, enrichissent le patrimoine de la
littérature historique des Hébreux.

A uprès du Pentateuque et des livres historiques, la littérature hébraïque possède les inépuisables trésors de l'œuvre
des prophètes, telle qu'elle s'ébauche à l'époque prémonar-
chique et s'affirme, dans sa force, sa multiplicité et sa
diversité, sous le règne des rois de Juda et d'Israël.

Dans l'ensemble de cet immense monument littéraire dont
l'influence n'a jamais cessé de croître, les Hébreux vénèrent
avec une particulière ferveur les livres poétiques, étudiés non
seulement parce qu'ils sont des écrits sacrés, mais encore à
cause de leur valeur artistique. Il est probable que les écoles
de scribes conservent et transmettent les règles d'une poétique
hébraïque dont l'existence se décèle à la lecture de ses chefs-
d'œuvre, dans les divers genres, psaume, chant de victoire,
chant de deuil, poème initiatique ou liturgique, énigme, parabole, proverbe, oracle, élégie, bénédiction, malédiction, poème
épique, lyrique ou dramatique, et enfin chant d'amour, dont
le Cantique des Cantiques constitue un immortel exemple.

La poétique hébraïque peut être considérée comme le véhicule de l'éternel dans la vie quotidienne du peuple, qui ne
cesse de chanter les œuvres de ses inspirés, dans les fêtes et les

liturgies du Temple. La limite qui sépare la prose de la poésie est difficile à déterminer, tellement la puissance incantatoire de la phrase hébraïque s'impose au lecteur, dans quelque genre que ce soit. Le langage quotidien se confond souvent, par sa force et sa netteté, avec celui de la prose artistique ou du poème. Le parallélisme, qui est l'âme de la poésie hébraïque, est un procédé d'expression que l'on retrouve dans la plupart des traditions populaires : il se nourrit ici de toute la puissance du matériel sonore, rythmique et imagé de la langue, dont les possibilités sont incroyablement riches, par rapport à la pauvreté relative du vocabulaire. La langue est par elle-même concrète, d'où les ressources du monde imaginatif des Hébreux. Ils ne parlent, ou presque, que de Dieu, sans avoir recours au langage abstrait des philosophes, ni à l'approche intellectuelle des poètes métaphysiciens anglais du XVIIe siècle, par exemple. Le monde littéraire des Hébreux n'est autre que celui dans lequel ils vivaient réellement : l'humus, le roc, le désert, l'eau, le feu, le soleil, la lune, les étoiles, les animaux domestiques ou sauvages, la guerre et la paix, la demeure, la faim et la satiété, la vie et la mort. Mais ces réalités quotidiennes sont contemplées en Dieu – d'où la puissance transcendantale et le mystère du langage de la Bible. Ses significations sont grosses d'harmoniques inépuisables qui maintiennent le lecteur ou l'auditeur dans une inlassable curiosité. Le poète inspiré semble détenir le secret du réel tout entier : Dieu, le divin, le ciel, les anges; Satan, le monde démoniaque; l'homme, toutes les péripéties possibles de la vie, le bien, le mal, le péché connu dans sa plus horrible ou sa plus subtile noirceur, la paix, la guerre, la nature tout entière, les nations et Israël, le peuple élu réuni autour de la cité de YHWH, écrin ouvert pour la célébration de ses noces au jour de sa libération.

Le miracle

Le quotidien est vécu sous la dépendance de l'éternel dans un univers où la création naît et n'existe que par YHWH. Tout être, toute vie, tout acte constitue un événement naturel provoqué et soutenu par le vouloir de YHWH [34], qui peut s'affirmer avec plus d'évidence dans le miracle. Celui-ci est l'événement impossible, inattendu et salvateur qui survient grâce à l'intervention surnaturelle de YHWH. Les Hébreux vivent dans le souvenir, l'actualité ou l'espérance du signe, *ôt*, de la merveille, *mophêt*, de l'extraordinaire, *pélé*, du miracle, *nèss*, qui manifestent aux yeux de tous le règne de YHWH, son triomphe sensible. Les tempêtes, les tremblements de terre, les éclipses, tous les événements qui sortent de l'ordinaire [35] sont d'autant plus facilement attribués à YHWH que tout dépend de lui. La vie quotidienne est vécue par les Hébreux, de la naissance à la mort, avec des ressources inentamées d'étonnement et d'émerveillement en face du réel, notamment pour tout ce qui touche à la vie du corps et à celle du couple. Les récits de la naissance miraculeuse de Jésus ont des précédents dans la Bible hébraïque qui attribue à une intervention divine directe la naissance d'Isaac [35], des jumeaux de Rebecca [36], de Joseph, le fils de Rachel [37], d'Obed, fils de Ruth [38], de Samuel [39]...

Les miracles les plus notables sont ceux qui éclairent l'histoire du peuple de YHWH : la révélation faite à Abraham, la sortie d'Égypte, le passage de la mer Rouge, la conquête de Canaan, l'immobilisation du soleil par Josué, les victoires de David et des rois alimentent, de génération en génération, la vénération des foules.

YHWH intervient aussi pour guérir les malades, ressusciter les morts, sauver du danger, de la famine, de la destruction. La saga de Samson, l'histoire de Jonas, l'apocalypse de Daniel, les Chroniques sont remplies de miracles. Mais aux yeux des Hébreux, ceux-ci n'ont rien d'étonnant puisque tout vient de YHWH.

L'interprétation des rêves

Le rêve joue un rôle important dans la vie des Hébreux. Il constitue un signe divin qu'il serait imprudent d'ignorer et parfois fatal de ne pas comprendre.

Le sommeil met ainsi l'homme en contact avec l'esprit de YHWH, et rien n'est plus important que d'en bien interpréter les messages. Ce qui est prévu dans le rêve doit survenir – car Élohim en a décidé ainsi : à l'homme d'aviser [40]. Dieu parle à l'homme dans le rêve : à Abimelech, à Jacob, à Salomon [41]. Lorsque le message divin n'est pas clair, il faut alors s'adresser à un sage interprète comme le firent Pharaon et Nabuchodonosor [42]. Chaque rêve constitue une sorte de théophanie qui révèle le message de Dieu : à la suite d'un rêve, Gédéon attaque et vainc les Madianites [43]. Mais en matière de rêve, comme dans la prophétie, il convient de distinguer le bon grain de l'ivraie. Les « rêveurs de rêves » sont dénoncés par les Hébreux avec autant de sévérité que les faux prophètes. Et de même que l'on aspire au temps où la sagesse de Dieu recouvrira la terre comme l'eau le fond des mers, on attend aussi l'heure où la faculté de rêver sera donnée à tous :

> « Je répandrai mon souffle sur toute chair :
> vos fils, vos filles seront inspirés,
> vos anciens rêveront des rêves
> vos adolescents verront des contemplations [44]. »

Car le rêve appartient au même genre de manifestation que la prophétie et la vision. Il constitue, dans le meilleur des cas, un lieu de rencontre privilégié entre YHWH et son peuple. L'interprétation du rêve consiste à découvrir ce que YHWH a mis dans l'âme du rêveur, car c'est cela qui se réalisera pour lui.

La musique, la magie et l'extase

La recherche contemporaine a bien mis en lumière les liens profonds qui existent entre la vie spirituelle, les mythes populaires, la magie, le symbolisme des nombres et les instruments de musique. En Israël la musique occupe, du commencement à la fin, une place centrale dans la vie de la nation. Après la création du monde, nous dit la Genèse, l'humanité pratique trois métiers : la pâture des troupeaux, le travail du bronze et du fer, et la musique inventée par Yuval [45]. Le chant, le jeu des instruments, la cantilation s'expriment en hébreu par des séries sans fin de synonymes qu'il est à peu près impossible de traduire en d'autres langues, tant leur richesse est grande, et tant sont subtiles leurs nuances. Par surcroît, tout événement, la naissance, le mariage, la mort, le couronnement des rois et surout les liturgies sacrées, les processions s'accompagnent de musique instrumentale, orchestrale et chorale. Car la musique, comme la parole et la pensée, est un moyen puissant de la communication avec le ciel, avec les hommes et avec la création entière. Elle modifie le réel et, bien faite, elle a un pouvoir incantatoire d'une exceptionnelle puissance : elle agit sur l'esprit des hommes, sur leur psychisme comme sur les puissances surnaturelles ou préternaturelles.

Les instruments les plus anciens, rattachés au souvenir de Yuval, sont l'apanage des prêtres et des liturgies sacrées : la corne, *yovel*, le cor, *shophar*, la trompette, *hatsotsra*.

Les instruments à cordes sont confiés aux lévites. Ils comprennent la lyre, *kinnor*, la cithare et la harpe, *nebel*, et différents instruments de facture comparable, les *assor, minnim, sambukha, santerin*...

Il y avait aussi toute une série d'instruments à vent du type 'ugab*, sorte de flûte en roseau, avec ses variantes en canne, bois, os et, par la suite probablement, en métal, les *hallil, abud, mashroquita*...

Enfin l'orchestre s'enrichit d'instruments à percussion en airain ou en métal, les tambours, les timbales, les *tsiltselim*, les *pa'amonin*, les *mésiltayim*, sortes de cymbales, de gongs, ou de clochettes. Ces dernières, habilement façonnées, ornent la robe du grand prêtre : trente-six clochettes jouent, lorsqu'il avance, une mélodie savamment composée.

Il existe donc toute une symbolique des instruments sacerdotaux dont le plus classique est le *yovel* et le *shophar*, la corne d'animal. Le son que l'homme en tire a une valeur sacrée et des pouvoirs rituels. Le *shophar* apparaît dans les liturgies du Temple, dans les théophanies et aussi sur les champs de bataille. C'est lui qui sert à Gédéon, lorsqu'il joue son tour aux Madianites [46]. Il ne s'agit pas là seulement d'un effet de surprise : le son du *shophar* est une arme en soi, dont les pouvoirs magiques doivent semer la déroute parmi les ennemis.

Si les musicologues cherchent à reconstituer avec véracité le chant vocal des Hébreux à l'époque du premier Temple, il est bien certain que la musique orchestrale de l'époque royale ne nous est pas connue. L'orchestre du Temple était impressionnant avec 120 trompettes sacerdotales qui accompagnaient la mélodie des harpes et des lyres [47]. Au moment des sacrifices, les cors se taisent et retentissent les trompettes d'argent dont les pouvoirs mystiques sont plus grands.

Les trompettes jouent un rôle efficace dans les combats ; elles commandent les mouvements des troupes, exaltent le courage, soulignent et publient les péripéties de la bataille.

Les harpes, les lyres, les cithares dont les formes et les techniques de fabrication ont considérablement évolué, pour la longue période qui nous occupe, sont les véritables instruments de la musique hébraïque : ils sont de toutes les fêtes, de toutes les danses, de toutes les processions, et les prophètes s'en servent pour appeler sur eux l'esprit de YHWH.

Le livre des Chroniques nous donne des précisions sur les fonctions musicales souvent héréditaires : il évalue au nombre fantastique (et sans doute symbolique) de 4 000, les musiciens du Temple, où il y avait, comme en de nombreux sanctuaires du monde antique, une école de musique.

Les Hébreux aiment le chant et leurs collines, leurs villes, leurs villages font écho aux symphonies du Temple. L'art du chant, celui de la cantilation font partie intégrante de l'éducation des enfants. Les enterrements aussi s'accompagnent de musique. Les pleureuses professionnelles chantent leurs élégies, que scandent les musiciens, généralement des flûtistes [48]. Là encore la musique a une valeur mystique et remplit une fonction proprement cultuelle. La voix de l'homme s'élève, se marie à celle de Dieu et permet la communication

spirituelle la plus haute; Asaph, Jeduthun, Meman, «experts
en musique», sont des conseillers du roi [49] parce qu'ils sont
eux aussi, à leur manière, des prophètes.

La musique sert à libérer les pouvoirs mystiques de l'âme.
Elle a une valeur thérapeutique et libératrice. Les corporations de prophètes le savent et leurs assemblées
s'accompagnent toujours de chants et de danses au son des
flûtes, des tambours et des harpes. Saül appelle auprès de
lui David pour être guéri des ses humeurs grâce aux puissances de la musique. Elle est une des voies qui permettent
à l'homme d'atteindre l'état second où, dans l'extase, il
peut voir le réel au-delà de ses apparences, déceler les secrets
de l'avenir, découvrir dans sa profondeur le mystère de
YHWH.

L'Hébreu croit qu'il est possible de connaître la volonté
d'Élohim et même d'influer sur elle. Personne parmi les
Hébreux ne nie les pouvoirs des sorciers et des magiciens [50].
Ils savent que l'homme peut avoir efficacement recours aux
forces obscures, mais ils repoussent les explications mythologiques que les peuples donnent des manifestations de ce
qui est au-dessus ou au-dessous de la nature sensible. Le sorcier est le détenteur d'un savoir purement humain : il est
efficace par sa propre force et non par celle des idoles qu'il
prétend représenter. La magie est répudiée uniquement à
cause de son contexte idolâtre : c'est à cause de sa référence
aux pouvoirs des idoles ou des démons que la Bible la
condamne et la punit de mort [51]. Mais qu'elle se fasse au
nom et par la puissance de YHWH Élohim, son efficacité et
même sa légitimité ne sont niées par personne. Les prophètes
agissent magiquement par le pouvoir d'une baguette, par le
simple contact de leurs mains ou de leur manteau, d'un mouvement de leur corps, d'une parole de leur bouche, d'un regard
de leurs yeux. Les hommes d'Élohim sont translucides et
percent les secrets de l'avenir : ils guérissent les malades,
réveillent les morts, font des miracles. Mais ils ne jouissent
de ces pouvoirs que par le Dieu qu'ils servent et dans le seul
but de prouver au peuple sa supériorité par rapport aux idoles
et à leurs prêtres [52].

Encore faut-il souligner que le recours à des rites magiques ou à des pratiques voisines de la sorcellerie n'existe que dans les premiers âges de la prophétie. Le bâton de berger de Moïse est doté de pouvoirs magiques sur un ordre d'Élohim : c'est lui qui permet la miraculeuse épopée de la sortie d'Égypte. Mais Moïse fait aussi des prodiges par le seul pouvoir de sa prière [53]. Les livres de Samuel et des Rois abondent des hauts faits miraculeux qui ont toutes les apparences d'actes magiques.

Les prophètes classiques renoncent à l'utilisation de ces pouvoirs. Ils fondent leur action sur la force spirituelle de leur pensée et de leur verbe. Ce n'est que dans des circonstances exceptionnelles qu'ils ont recours à une dramatisation de leur activité [54]. Mais la croyance au pouvoir efficace de la parole, qu'elle soit bénédiction ou malédiction, demeure constante. Le prophète est le maître de la parole de YHWH, d'où la toute-puissance et l'efficacité de sa prédication [55].

Le prophète peut puiser son inspiration dans l'extase qui lui permet de voir et d'entendre Dieu. La Bible décrit des états qui ont été assimilés à l'extase dionysiaque, mais l'extase prophétique n'est généralement pas de ce type, qu'elle soit collective ou individuelle [56]. Elle est le plus souvent un état subit qu'aucune technique ne prépare et qui est décrit d'un mot : le souffle ou la main de YHWH s'abattent sur l'homme de Dieu qui ne peut rien faire d'autre que prophétiser dans cet état second [57]. L'inspiration est ainsi considérée comme une force extérieure qui éveille l'esprit du prophète : l'enthousiasme le saisit, lui et ceux qui l'entendent. Elle vient d'une manière subite et irrésistible. Ce n'est qu'en des circonstances exceptionnelles que le prophète saisit sa lyre pour puiser dans la musique le réconfort de l'extase [58]. Même dans le plus profond enthousiasme, le prophète ne s'identifie pas au Dieu qui l'habite dans l'extase où il entend sa voix et parle en son nom. Sa contemplation provoque en lui des manifestations physiques : il tremble, s'angoisse, s'afflige ou jubile, tombe la face contre terre ou s'élève dans les airs en lévitation. Dans tous les cas le prophète est coupé du monde extérieur, entièrement livré à sa contemplation et à sa prière.

Là, Dieu se découvre à lui en personne, dans toute sa gloire
ou bien par l'intermédiaire d'un messager [59].

La contemplation de Dieu provoque le frémissement, la
crainte et le tremblement de l'homme en face de l'infini
qu'il découvre et qui peut le faire mourir, qu'il soit prêt à le
recevoir ou non, qu'il accepte ou non la visitation et la mission dont il est investi [60]. Dieu en quelque sorte séduit
l'homme, et d'une certaine manière le viole, pour en faire
un instrument de sa volonté. Ce n'est pas par hasard que le
symbolisme du mariage revient si souvent sous la plume des
prophètes. Ils ont conscience de l'immédiate proximité de
Dieu en sa toute-puissance créatrice : ils tremblent d'être
habités par lui, choisis pour une mission qui les écrase sans
qu'ils puissent la fuir, voyant bien l'abîme qui sépare leur
contemplation idéale de sa réalisation pratique.

Car le prophète croit à la réalité de sa contemplation. Il
voit la présence de YHWH chassée du Sanctuaire et il en
déduit l'exil prochain d'Israël et la destruction du Temple :
ce n'est plus Dieu qui lui parle dans un contact médiat, mais
son messager. Parfois, le prophète, comme c'est le cas avec
le second Isaïe, ne parle pas avec Dieu : il entend cependant
des voix qui l'inspirent. Zacharie dialogue avec le messager qui habite en lui et son regard se tourne vers l'avenir qui
l'angoisse et dont il espère percer, comme plus tard Daniel,
le mystère. Ainsi le mouvement prophétique, enraciné dans
l'histoire, débouche, par son intensité même, sur l'insatiable
quête des spéculations eschatologiques.

Les Inspirés

Le mot *Nabi*, traduit par les Septante par prophète, désigne
plus exactement l'homme qui est saisi par l'inspiration divine
sous le coup de laquelle il parle et agit par la vertu du souffle
qui l'habite. Le mot *Nabi* est la forme passive d'un verbe qui
signifie *être inspiré* et qui a pu être rapproché de racines arabes
voisines qui signifient *se réveiller du sommeil, faire connaître,
annoncer une nouvelle*, ou de l'accadien *nabû, crier, appeler*

et *être appelé*. Ces significations sont plus exactes que la traduction choisie par les Septante d'un mot d'ailleurs usé par trop d'emploi. Le *Nabi* n'est pas un homme qui prophétise, un diseur d'avenir : essentiellement c'est un inspiré qui vit dans l'intimité de YHWH Élohim, qu'il parle, agisse ou se taise. Le *Nabi* peut d'ailleurs être l'inspiré du mensonge, de Ba'al ou d'Astarté et non de Dieu [61].

Le véritable inspiré est envoyé par YHWH dans le but précis d'éduquer le peuple ou de prier pour lui [62] : c'est l'homme d'Élohim qui se dresse seul en face de son peuple et des nations et souvent contre tous pour faire retentir la voix de vérité qui l'habite [63]. La Bible nous décrit aussi des groupes d'inspirés qui entourent Samuel [64], et des fils d'inspirés qui apparaissent dans la saga d'Élie et d'Élisée [65].

Deux autres mots désignent l'inspiré : il est *celui qui contemple* et *celui qui voit*, le *hozé* et le *roé*. Des critiques ont pu voir, dans les contemplatifs et les voyants, des sortes plus anciennes d'inspirés. En fait, ces mots désignent les mêmes hommes selon différents aspects de leur vocation : ils sont inspirés mais aussi ils contemplent et voient la vérité qui se découvre à eux. Les textes décrivent l'inspiré en train d'admirer une vision qui semble être extérieure à lui ou une contemplation plus intime. L'inspiré contemple parfois une parole [66]. La violence de l'inspiration est telle qu'elle rend possible la vision de la parole comme les Hébreux, au Sinaï, voyaient les voix [67]. La contemplation a parfois pour objet YHWH Élohim lui-même qui, par définition, est invisible. Il s'agit, nous le verrons, d'une forme *sui generis* de contemplation extatique qui permet à l'inspiré de voir l'au-delà du temps et de l'espace.

Les inspirés : Abraham

« Va-t'en de la terre, de ta patrie, de la maison de
                                                           [ton père,
vers la terre que je te ferai voir [68]. »

C'est par ces termes que commence l'aventure prophétique. Ils s'adressent à Abraham dont on ne connaît encore rien sinon qu'il est le fils de Térah. Il s'agit d'un départ, de la rupture d'un homme d'avec le milieu social dont il dépend, rupture d'avec sa patrie, son lieu de naissance et, plus difficilement et plus nécessairement, d'avec la maison de son père en un temps où l'identité d'un homme dépend de celle de son père. Il ne s'agit pas d'un simple départ en voyage. Abraham ne quitte pas la maison de son père, sa ville natale puis son pays, comme le ferait un voyageur ordinaire. Le texte inverse l'ordre des choses : il quitte d'abord son pays, puis sa ville, puis enfin la maison de son père pour aller vers une destination inconnue : «Vers le pays que je te ferai voir.»

La vocation d'Abraham commence ainsi : un homme entend une voix. Un Dieu inconnu lui parle et il l'entend, il lui obéit et, sur son ordre, se lance sur les pistes du désert avec sa femme et ses biens. Ils vont en direction de la terre de Canaan. Il ne s'agit pas d'un caprice de jeunesse. Abraham, nous dit le texte, a soixante-quinze ans quand il quitte Haran. Le récit de ce départ se poursuit par l'énumération d'une série ininterrompue d'autres épreuves. Il devait recevoir la bénédiction de celui qui lui ordonnait de partir et une terre pour lui et ses descendants. Mais à peine arrivé sur cette terre promise, il est aussitôt contraint de la quitter à cause de la famine qui y sévit. Il s'exile en Égypte où sa femme lui est prise par Pharaon [69]. Revenu sur la terre promise, il entre en conflit avec Lot son frère et il doit partager avec lui cette terre qu'il vient à peine de recevoir. Il doit encore faire la guerre contre les puissants rois d'Orient pour sauver son frère Lot. Lorsqu'il attend la naissance miraculeuse de son premier enfant, il doit encore errer, affronter de nouveaux dangers, se soumettre à l'ordre qui lui enjoint de circoncire son fils à l'âge de huit jours, sauver, une fois de plus, Lot des dangers qui s'acharnent sur lui, risquer de perdre encore sa femme Sarah, enlevée cette fois par Abimelek, le roi de Guerar, perdre son deuxième fils Ismaël, chassé, avec Agar sa mère, par la jalousie de

Sarah sa femme. Survient enfin la plus terrible de ses dix épreuves : il reçoit l'ordre se sacrifier son fils aîné, son bien-aimé Isaac [70]. Et il entend encore obéir à la voix de son Dieu : le texte raconte l'épreuve suprême avec sobriété faisant de ce récit l'un des chefs-d'œuvre de la littérature mondiale. Isaac sera sauvé à la dernière extrémité du couteau que son père brandit sur son cou. Les dix épreuves d'Abraham sont racontées dans un style harmonique caractéristique des techniques d'écriture de la Bible. La première épreuve, la rupture d'avec le père Térah correspond à la dernière, le sacrifice du fils Isaac ; la deuxième et la troisième épreuve correspondent à la neuvième et à la huitième : Sarah est en danger là auprès de Pharaon, ici chez Abimelek et, dans les deux cas, Abraham doit se séparer d'êtres chers, Lot puis Agar et Ismaël ; la quatrième épreuve correspond à la septième : dans les deux circonstances Lot est en danger et Abraham le sauve. Enfin la cinquième et la sixième épreuve concernent toutes deux le sort d'Isaac et d'Ismaël ses fils.

Ces histoires du vieux patriarche ont évidemment un but pédagogique : il s'agit de donner en exemple ce chevalier de la foi qui ne sait rien refuser à son Dieu, qui n'existe que pour réaliser sa volonté dans une disponibilité parfaite à sa parole. Chacun de ses voyages, chacun de ses gestes est symbolique : au cours de ses trois voyages en Canaan, il y bâtit des autels pour YHWH, signe de la conquête du pays et de sa consécration au Dieu d'Israël. Il y acquiert une sépulture pour sa femme à Hébron, signifiant par là sa volonté d'enracinement dans cette terre dont le roi Melki-Sèdèq le bénit et il fait acte de sujétion en lui donnant la dîme de tous ses biens.

Abraham demeure pour Israël le père de la foi comme il l'est pour les musulmans et pour les chrétiens qui le reconnaissent aussi pour ancêtre, lui qui les enracine tous aux sources d'un ordre nouveau de justice et de paix dont les prophètes deviennent les héros.

Les inspirés : Moïse

Chronologiquement et pour son importance historique, Moïse est le premier inspiré de la Bible comme Abraham demeure le modèle des pères de la foi. Les textes de l'Exode, du Lévitique, des Nombres et du Deutéronome nous décrivent l'épopée du libérateur de son peuple qu'il arrache à la servitude égyptienne. Le récit met l'accent sur l'intimité des relations de Moïse avec son Dieu : il lui parle en tête à tête dans la tente du rendez-vous, il contemple sa gloire et les derniers mots du Deutéronome sont pour affirmer qu'il ne s'est pas levé en Israël d'inspiré semblable à Moshé que YHWH ait connu face à face [71].

L'inspiration de Moïse est décrite comme une réalité si puissante qu'il lui est possible de répandre son souffle sur 70 des Anciens d'Israël qui se mettent eux aussi à prophétiser [72], c'est-à-dire à avoir le comportement extatique habituel aux voyants. Dans le Buisson ardent, Moïse ne voit Dieu ni dans un rêve ni dans son imagination, mais par pénétration directe : il lui parle en clair. Les dialogues sont aussi précis que ceux d'une conversation courante : « YHWH parle à Moshé face à face, comme l'homme parle à son ami [73]. » Le texte apporte cependant une restriction à cette intimité : Moïse n'a pu voir le visage de YHWH parce que « l'humain ne peut voir sa face et vivre [74] ». Par ces mots le texte affirme à la fois la transcendance et l'immanence de l'Adôn.

Moïse est le plus grand des prophètes : parfois les textes laissent supposer qu'il est plus grand que les prophètes, l'homme-Élohim, qui voit l'avenir et fait des prodiges grâce à son pouvoir surnaturel. Par rapport à Aaron, Moïse est Élohim lui-même : il lui transmet la révélation qu'il faut faire au peuple [75]. Une même relation unit YHWH à Moïse, Moïse à Aaron et au peuple. La branche qu'il a en main a des pouvoirs miraculeux : elle se transforme en serpent et sert à fendre la mer Rouge. Lui-même demeure dans l'intimité de Dieu au Sinaï pendant quarante jours et quarante nuits sans manger et sans boire [76]. Mais, indépendamment de ses pouvoirs thaumaturgiques, le livre de l'Exode décrit Moïse comme l'homme du dialogue avec Élohim, celui qui reçoit et transmet à Israël son vrai nom : YHWH [77].

Les inspirés : Natân, Élie, Élisée

Moïse incarne dans l'histoire d'Israël la plus altière figure de prophète : il est le prêtre, le serviteur et l'élu de YHWH. Il transmet ses pouvoirs à Josué qui lui succède à la tête du peuple. Mais Josué n'est pas un prophète : il est un conquérant que YHWH inspire et soutient comme le sera Saül, le premier roi d'Israël, que l'esprit de YHWH visite parfois [78]. De Josué à Saül, Israël est dirigé par des chefs charismatiques qui sont des guerriers-sauveurs occasionnellement habités par le souffle de YHWH.

L'inspiré cesse d'être un chef temporel à partir de Samuel [79] : il est un envoyé de YHWH qui intervient dans tous les domaines et à toutes les occasions de la vie nationale pour redresser les fautes et les torts : il montre la route voulue par Dieu pour l'avenir de son peuple et il est soutenu dans son action par des groupes de prophètes extatiques.

À l'époque royale, le mouvement prophétique se renforce et trouve le visage et la voix qui le caractérisent en Israël. L'homme de Dieu jouit d'une situation privilégiée à côté du roi qu'il a le droit de critiquer et même de combattre au nom de la vérité qui l'habite [80]. Natân et Gâd sont attachés à la cour de David où ils jouissent d'un rang officiel. Quand David prend Bethsabée et fait tuer son mari, Natân le censure brutalement [81].

À la mort de Salomon, le schisme divise son héritage en deux royaumes. Au Nord, le mouvement prophétique ne cesse de se dresser contre la royauté dissidente : les inspirés censurent les rois pour leurs infidélités religieuses, leurs erreurs ou leurs trahisons politiques. À l'époque d'Achab, leur opposition alimente un mouvement populaire de révolte. Lorsque Jézabel autorise le culte idolâtre de Ba'al, Élie prend la tête de la résistance contre la Maison royale d'Israël. Le combat aboutit à l'exécution de 400 prêtres de Ba'al après l'ordalie du Carmel [82]. Jézabel se venge en ordonnant l'extermination des inspirés de YHWH : seuls quelques-uns échappent au massacre [83]. C'est dans ces sanglants conflits des dieux ennemis que se déroulent les sagas grandioses d'Élie et d'Élisée [84].

Ces derniers apparaissent ici comme doués de pouvoirs surnaturels : ils opèrent des miracles, multiplient les ressources de farine et d'huile d'une pauvre veuve, par le pouvoir de leur prière ils ressuscitent des enfants morts, d'une parole ils permettent à une femme stérile d'enfanter [85]. Élie est miraculeusement nourri par des corbeaux dans le désert où il s'enfuit après avoir égorgé les 400 prêtres de Ba'al [86]. Élisée est un thaumaturge qui assouvit miraculeusement des affamés, fait flotter un objet de fer et guérit Na'amân de la lèpre. Sa parole est toujours efficiente, qu'il bénisse ou maudisse. Il frappe de cécité et capture l'armée des ennemis d'Israël; il rend la vue à des aveugles. Il a un pouvoir de clairvoyance qui lui permet de voir et d'entendre à distance : il prévoit l'avenir et ses prévisions se réalisent. Il fixe magiquement le sort d'une guerre en lançant quelques flèches [87]. Les rois, les ministres comme les hommes et les femmes du peuple ont recours à ses oracles pour régler leur conduite quotidienne.

L'inspiré reçoit de YHWH ses pouvoirs surnaturels : il dialogue avec lui et ne prend de décision qu'en son nom : «Ainsi a parlé YHWH...» Il peut lui arriver de se tromper lorsque Dieu entend lui cacher ses décisions. Il ne parle et n'agit jamais que sur son ordre. À cette époque nous voyons l'inspiré entouré à nouveau par des groupes de disciples qui font rayonner son enseignement et sa légende. Ils partagent sa vie, participent à ses luttes même quand il se dresse contre les rois d'Israël ou de Juda.

Les inspirés : Amos

'Amos, l'homme de Teqoa'(vers 750) renouvelle le mouvement prophétique en Israël et lui donne, avec ses contemporains Osée (vers 744) et Isaïe (vers 740), une impulsion que rien n'arrêtera. Les «prophètes écrivains» de cette époque se savent les successeurs des voyants extatiques ou des thaumaturges qui les ont précédés et, à vrai dire, ils héritent de leur situation sociale en se dressant au sein de leur peuple contre les princes de ce monde. Mais le style de leur enseignement est profondément différent : ils cessent d'être des faiseurs de miracles ou des diseurs d'avenir. Leur génie consiste à critiquer les réalités du temps présent au nom du Dieu qui les inspire. Ils dénoncent les crimes et les injustices en donnant leur avis sur les questions de l'heure, dans l'espoir de voir naître un peuple, une humanité, un roi qui puissent correspondre à l'annonce de Dieu. C'est alors que surgit l'espérance eschatologique, qui sert de ferment à l'histoire de l'humanité : ils s'attendent à des cieux nouveaux, à une terre nouvelle, à un homme nouveau.

'Amos, le premier des prophètes écrivains, conteste le repliement d'Israël sur lui-même. YHWH est le Dieu de tous les peuples : Israël n'est pas plus important pour lui que de lointaines tribus et si élection il y a, elle ne fait qu'aggraver sa responsabilité morale. 'Amos se présente à nous comme un éleveur, *noqed*, que YHWH enlève à son troupeau pour en faire un prophète d'Israël : l'homme est évidemment d'une trempe et d'une culture exceptionnelles. Son style révèle une profonde connaissance des réalités religieuses, politiques et littéraires de son temps : il ne dédaigne pas, en bon artiste, d'introduction dans son œuvre des détails autobiographiques ; cet orateur est aussi un poète. Comme Jérémie, ce maître de la parole est un villageois qui a su s'intégrer dans les grands courants littéraires de son temps. Mais au-delà de la forme, le fond de sa pensée constitue une critique cruelle de la société et du monde où il vit : il dénonce l'exploitation des pauvres et des faibles, les crimes des puissants, l'injustice des riches. Il découvre les racines du mal dans l'être même de l'homme, l'orgueil, la force de mensonge d'êtres dévoyés par l'appétit du pouvoir et qui se vantent d'illusoires triomphes politiques ou militaires. Plutôt que de savantes liturgies, le Dieu d'Israël exige la justice et l'équité pour tous, y compris pour les nations. Le jour de

YHWH n'est pas seulement celui du salut d'Israël mais du règlement des comptes de tous ses criminels. Une exigence de justice absolue l'habite et c'est avec elle qu'il juge la société de son temps : ses crimes lui font voir clairement qu'elle succombera sans qu'il puisse dire devant qui. La dévastation peut venir d'un cataclysme naturel ou d'un ennemi dont il ne précise pas l'identité [88]. Ses paroles retentiront dans l'âme de chaque homme d'Israël lorsque, trente ans plus tard, la capitale du royaume du Nord tombera sous les coups des Assyriens : l'heure de la destruction et de l'exil annoncés par l'inspiré était arrivée (722).

Les inspirés : Osée

Osée (744) grandit dans une société déjà ébranlée et dont il voit bien qu'elle ne pourra surmonter ses contradictions internes ni échapper aux dangers qui la menacent. L'amour déçu d'une femme qui le trahit fournit à Osée son thème majeur : Israël se prostitue loin de son Dieu qui ne cesse cependant de l'aimer. La «puterie» d'Israël se manifeste par le culte des idoles et par ses conséquences sur la moralité de la nation. 'Amos dénonçait les méfaits de la classe dirigeante. Osée fustige le peuple tout entier bien que ses crimes soient surtout le fait de ses dirigeants. Il décrit une société pourrie, qui n'a plus le respect d'aucune valeur ni la lucidité de voir combien l'arc, l'épée, la guerre sont proches de ses frontières. En face de ses désolations, il décrit les « matrices» de Dieu, son amour infini, ses réserves de salut. Il annonce le Jour de YHWH où le peuple reviendra à la pureté de ses sources et où il répondra à son Dieu par la même fidélité, le même amour. L'eschatologie d'Osée annonce le renouvellement du mariage de YHWH et de son peuple une alliance étendue à tout l'univers : l'harmonie cosmique sera rétablie entre Dieu, les cieux, la terre, les hommes [89].

Les inspirés : Isaïe

Isaïe (vers 740) domine cependant cette première génération de prophètes-écrivains : jeune homme, il a dû entendre, sur le parvis du Temple, à Jérusalem, les diatribes enflammées d''Amos, puissantes à la fois par leur pensée, leur courage, leur style martelé où les répétitions de mots, de syllabes, de consonances aident à l'incantation. Il a dû être subjugué par le déferlement lyrique du discours d'Osée, par la virtuosité avec laquelle il joue sur les mots putain, putinerie, putasserie ou sur chaque syllabe du verbe pénétrer-connaître, comme s'il entendait extirper le mal de l'âme de ses auditeurs et la remplir de la pénétration de YHWH par le seul pouvoir de sa parole. Isaïe retient ces efficaces procédés littéraires : il utilisera la manière brutale d''Amos ou les subtilités d'Osée en les portant sur des cimes jamais atteintes alors et jamais dépassées depuis.

Lui aussi nous fait pénétrer dans l'intimité de sa vie privée : il est marié à une prophétesse dont il a eu au moins deux enfants [90]. Mais l'événement qui détermine sa vocation se trouve dans la théophanie où YHWH Élohim se révèle à lui dans la gloire de sa sainteté [91]. Il est terrassé par cette présence soudaine en lui, présence qu'il souhaitait ardemment et qui le laisse néanmoins effondré parce qu'il se sent impur. Purifié par le tison qui lui brûle les lèvres, il se propose pour devenir le porte-parole du Créateur des cieux et de la terre. Il se lance dans cette redoutable entreprise appelé par la vocation qui l'ouvre à l'inspiration, tandis qu'il voit la décadence spirituelle et les dangers qui menacent son peuple ; il ne se fait guère d'illusions sur l'efficacité de sa prédication pour détourner la catastrophe qu'il annonce : il sème une semence qui lèvera un jour sur des terres ravagées par les armées assyriennes.

La critique de la société qui l'entoure se fonde sur des arguments de fait. Mais il garde l'espoir d'une intervention transhistorique qui puisse bouleverser les données d'une situation désespérée. L'analyse de la situation internationale de son temps est faite par un homme qui est proche du palais royal, de ses sources d'information et de ses problèmes. Sa vision dépasse ainsi les frontières des royaumes de Judée et d'Israël : il est le premier à proposer une sorte de discours de l'histoire universelle où le destin d'Israël et celui des nations sont synthétisés dans la dialectique du salut universel. Histoire et eschatologie sont embrassées par une même pensée qui dénonce toutes les faiblesses de l'idolâtrie et de la civilisation matérialiste.

C'est alors que naît, sans doute pour la première fois dans l'histoire du monde, une espérance aussi folle que l'annonce de la résurrection des morts : sur la colline du Temple, Isaïe prédit qu'au jour de YHWH les nations ne feront plus de guerres, qu'elles transformeront leurs épées en socs de charrue, leurs lances en serpes et qu'elles n'enseigneront plus les stratégies militaires [92]. La paix des nations, des races, des classes et même des espèces sera universelle. La mutation s'étendra aux animaux : le loup et l'agneau cohabiteront en paix. La création tout entière sera renouvelée : YHWH engloutira la mort dans ses abîmes. Les vivants en seront délivrés pour toujours. Le Dieu d'Israël étant le Dieu de la vie et des vivants, la défaite de son seul, de son vieil ennemi, la mort, pour être parfaite, devra être rétroactive : les morts se réveilleront, se relèveront dans le chant nouveau des cieux nouveaux et de la terre nouvelle. L'homme nouveau sera délivré du poids de la mort et de l'ombre de toutes les injustices. Isaïe traduit ainsi les significations du jour de YHWH dans les réalités de l'histoire : le roi d'Assyrie sera le fléau de Dieu brandi pour punir les crimes d'Israël. Mais il ne réussira pas à abattre Jérusalem ni son peuple qui sont, dans la pensée d'Isaïe, l'axe de l'histoire universelle dont le centre se trouve au Temple habité par la présence réelle de YHWH Élohim, créateur des cieux et de la terre.

Les inspirés : Michée

Vingt ans plus tard Michée, le dernier des prophètes de cette génération, annoncera, lui aussi, le jour de YHWH mais sans croire encore à la conversion des nations. Les armées assyriennes assiègent alors Jérusalem : elles détruisent Samarie et abattent le royaume du Nord dont les populations décimées sont déportées. Le roi idéal que Michée attend n'est plus le serviteur de YHWH, le prince de la paix des visions d'Isaïe, mais un guerrier qui saura vaincre les ennemis d'Israël et d'abord l'Assyrie. C'est après sa victoire que surviendra le jour de YHWH où la paix universelle deviendra une réalité historique.

Comme l'avait prévu Isaïe, Jérusalem est sauvée du siège qu'avait entrepris contre elle le roi d'Assyrie, mais Samarie et le royaume du Nord sont effacés de la carte ; les survivants du massacre sont déportés. Puis les prophètes se taisent : il faut attendre un siècle, avant qu'ils ne fassent entendre à nouveau leur grande voix [93].

Les inspirés : Jérémie

Une fois de plus la pression de l'histoire aidera à l'éclosion du génie : entre 626 et 586, Jérémie vit les quatre décennies les plus dramatiques de l'histoire de son peuple à laquelle sa vie est intimement mêlée. Sa vocation est décrite en termes inoubliables : YHWH l'a séduit et il s'est laissé séduire pour devenir son instrument, le porteur de sa parole, l'annonciateur de sa volonté. Il dénonce d'abord l'idolâtrie des Hébreux : la racine du mal, c'est l'oubli et la trahison d'Israël. La réforme de Josias (621) n'a pas donné les fruits que prêtres et prophètes en attendaient. C'est alors que Jérémie sort dans les rues de Jérusalem pour annoncer la destruction du Temple, la guerre et la mort. L'ennemi sera bientôt aux portes de Jérusalem : ce sera Nabuchodonosor, le puissant roi de Babylone, fléau de Dieu, roi du monde. Jérémie a le courage téméraire de le crier dans les rues : il faut se soumettre à Babylone et se convertir à YHWH Élohim. Sinon, Jérusalem est perdue. Il faut subordonner le destin d'Israël au dessein de Dieu qui a promis la domination universelle à Babylone et à son roi. D'où la vanité de résister à l'invasion et au siège. Cet homme qui se dresse contre le peuple de son pays et ses rois est en fait un timide, un intros-pectif, un angoissé, un émotif sans cesse tourmenté par une insurmontable anxiété. Il est fasciné par l'idée de la mort qu'il est le premier à décrire sous les traits de la grande fau-cheuse [94] : elle est au centre de ses angoisses.

L'inspiré pense, parle, écrit, agit en étant intimement mêlé à la vie quotidienne de son peuple qu'il ne cesse d'encoura-ger ou de menacer. Ses *Confessions* constituent sans doute la première œuvre de ce genre dans l'histoire de la littérature universelle : il nous fait le dramatique récit de l'éveil de sa vocation, de ses luttes contre lui-même et contre son Élohim, des aventures pathétiques de sa vie militante. Il pousse son refus du monde jusqu'à ne pas se marier et à ne pas avoir d'enfants ; ses voisins à 'Anatôt le trouvent si insupportable qu'ils tentent de l'assassiner. Pendant le siège qui précède la chute de Jérusalem, il est arrêté, jeté en prison, battu, libéré puis arrêté de nouveau et, cette fois, condamné à mort. Sauvé à la dernière extrémité par les dignitaires de la cour, il recommence ses imprécations avec plus de fureur. Baroukh, son secrétaire, lit publiquement ses œuvres dans l'enceinte du Temple. Le roi Joaquim brûle le texte séditieux de son discours et ordonne une nouvelle arrestation de l'inspiré qui se cache. Sous le règne de Sédécias, Jérémie jouit d'abord des faveurs du roi dont il est le conseiller. Puis il rompt avec lui et dénonce sa politique : il a la folle lucidité de récla-mer, seul contre tous, la capitulation devant l'ennemi. Il est une fois de plus condamné à mort, mais le roi organise en sous-main son évasion. Il continue son action, mais personne ne l'écoute : Babylone victorieuse écrase Jérusalem et met fin au royaume de Judée. Le prophète est exilé en Égypte où il continue à dénoncer l'idolâtrie d'Israël avant de dispa-raître dans d'obscures circonstances.

Telle a été la vie passionnée d'un des grands inspirés d'Israël : il maudit son temps et son monde, condamne les rois, censure les prêtres, lance l'anathème contre les hiérar-chies et les hommes en place, prêche la rébellion, encourage la trahison. Mais le respect mystique qui entoure l'homme de YHWH est si grand qu'il échappe à une mort violente. De nos jours, les polices tuent pour beaucoup moins.

Jérémie n'est pas un splendide orateur comme son contemporain Ézéchiel, il n'a pas le style incomparable d' 'Amos, d' Osée ou d' Isaïe, il est simplement un homme dont plus de 2 500 ans nous séparent mais qui demeure étonnamment proche de nous par sa pensée, son style, son genre de vie, ses folles aspirations à un monde au-delà du monde. Sa révolte contre les injustices sociales et les ambitions des empires exprime bien les angoisses les plus profondes de l'homme de tous les siècles et celles de nos contemporains confrontés à d'ultimes périls. Un homme vivant : il pleure, comme 'Amos, les malheurs du *peuple* de Jérusalem et non, comme Isaïe, sur la ruine de la cité. Celle-ci demeure étrangère au villageois d' 'Anatôt qui refuse la complexité et les faux-semblants de la vie urbaine. Ce qui le passionne, c'est l'homme : il languit, dans les murs de la ville, après ses champs, ses forêts, ses déserts hantés par des lions, des loups, des chameaux, des chacals. Il est sensible à la souffrance de l'homme comme à celle des animaux sauvages. Les images de guerre le hantent, les terreurs de la nuit, l'affrontement des armes. Il a ainsi le génie d'inventer le langage qui exprime et véhicule de siècle en siècle une vision neuve et prophétique de nos jours encore, vingt-cinq siècles après sa mort, loin de sa patrie, dans un refuge d'exil, en Égypte.

Les inspirés : Sophonie, Habaquq, Nahoum

Sophonie (vers 625), Habaquq (vers 615) et Nahoum (vers 612) sont aussi des contemporains de Jérémie. Ils assistent aux dernières années de l'Assyrie : la chute de Ninive (612) est le châtiment attendu de ses crimes. Les dimensions des catastrophes de ce temps dépassent l'entendement des hommes qu'elles écrasent. Habaquq s'interroge sur la justice de Dieu : pour la première fois apparaît un sentiment de résignation en face des tragédies que les hommes subissent. Le

juste n'a qu'à attendre avec foi et confiance l'arrivée du jour
de YHWH : ainsi naît la conscience des fatalités de l'histoire qui triomphera dans les littératures apocalyptiques.

Les inspirés : Ézéchiel

Ézéchiel est déchiré par la chute de Jérusalem, la destruction du Temple, la fin du royaume de Judée,
l'extermination ou l'exil de la famille royale et du peuple.
Il avait prévu l'événement : il avait dénoncé les raisons évidentes à ses yeux qui le rendaient fatal, sans croire pourtant
que ses avertissements puissent changer le cours de l'histoire.
Avec le sens dramatique qui le caractérise, Ézéchiel décrit
la gloire de YHWH qui s'esquive du Sanctuaire et déserte
avec les griffons sur lesquels elles repose [95]. Ce départ rend
le prophète muet. Il s'isole pour intérioriser sa vision et affi-
ner sa prédication : après avoir été l'annonciateur de la
catastrophe, il en sera le consolateur.

Ézéchiel est l'un des prêtres qui ont été déportés à Babylone
après la catastrophe de 586, probablement avec le roi
Joachim. Il s'est établi en Babylone avec ses frères déportés : il est ainsi le premier inspiré à vivre en exil loin du
Temple détruit et de la patrie perdue.

Son livre débute par l'extraordinaire vision du char de
YHWH [96]. Le génie de l'inspiré se déploie dès les premiers
rythmes de sa prose pour décrire ce qui est au-delà de la
vision, au plus haut des cieux des cieux. La main de YHWH
est sur lui : il peut parler en son nom. C'est à nouveau le combat d'un prophète visionnaire contre son peuple aveugle.
Ézéchiel frappe l'imagination, non seulement par le fond et
la forme de ses discours, mais encore par des gestes symboliques dans la meilleure tradition prophétique. Isaïe
déambulait nu dans les rues de Jérusalem : Ézéchiel ingur-
gite le rouleau d'un manuscrit, s'enferme des mois dans un
mutisme total, mange de la bouse d'animaux, pose des
énigmes, celle des deux vautours ou des deux femmes [97].
Comme Jérémie, il voit dans les crimes d'Israël la raison

essentielle de sa défaite, de son exil et de son asservissement à ses ennemis. Il était blasphématoire de penser que la présence de YHWH dans le Temple suffisait à elle seule à empêcher la défaite. Ézéchiel fustige, en termes cinglants, les inspirés du mensonge qui annoncent la paix alors que la guerre est aux portes. Il calme les impatiences et les velléités de révolte des déportés : ils doivent s'abandonner à la volonté de YHWH qui triomphe toujours, quoi que fasse l'homme.

Il annonce la fin de l'exil, le retour des déportés, la reconstruction de Sion et du Sanctuaire : le peuple ressuscité connaîtra un avenir lumineux. Le même homme se dresse ainsi avant la catastrophe contre l'optimisme du peuple et des grands qui se croient invulnérables ; et, lorsque le ravage est passé, il s'oppose au pessimisme général pour redonner courage et espérance à la fille de Sion. Tel est le paradoxe du prophète toujours dressé contre le courant qui emporte les masses. La défaite politique d'Israël n'était qu'une étape rendue inévitable par les crimes des dirigeants : elle ne survient que pour permettre les moissons du salut.

Ézéchiel tourne son imprécation contre les peuples voisins d'Israël : eux aussi seront châtiés pour leurs méfaits. Ils ont pu écraser les deux royaumes des Hébreux, ceux de Samarie et de Judée : ils les verront ressusciter de leurs cendres à l'heure où le châtiment s'abattra sur les responsables de cet écrasement. Le nouvel Israël sera unique : il aura un cœur nouveau, une âme nouvelle sous la houlette du roi idéal de la Maison de David. Ce souverain sera le délégué du peuple devant son Dieu, choisi pour faire régner la justice et la loi de YHWH. Il n'aura pas à faire la guerre : Dieu seul sera son bouclier et celui de son peuple. Ézéchiel est si certain du rétablissement d'Israël sur sa terre qu'il propose aux déportés un plan du partage de la terre entre les tribus et un projet détaillé de reconstruction du Sanctuaire de Jérusalem.

Plus que ses prédécesseurs, Ézéchiel a recours à des actes symboliques pour rendre ses enseignements plus frappants : il grave le plan de Jérusalem sur une brique où il figure d'un trait le siège auquel elle succombera : un mur de fer improvisé signifiera devant la ville que Dieu sera sourd à ses appels. Le prophète reçoit l'ordre de se coucher sur son côté gauche pendant trente jours et sur son côté droit pendant quarante jours, la face tournée vers le dessin de Jérusalem assiégée pour prophétiser sur elle. Il mime aussi une évasion de la ville par une brèche pratiquée dans son rempart, la nuit, les épaules chargées pour signifier qu'ainsi le roi de Judée devra s'enfuir de la ville vaincue. Le rôle du prophète est de mettre en garde le peuple, de lui annoncer d'avance les dangers qui le menacent. Cela fait, chacun reste responsable de ses actes. Ézéchiel réaffirme avec puissance le principe de la responsabilité individuelle : de même que chaque homme est responsable de ses actes, chaque génération n'engage qu'elle seule par ses fautes ou ses mérites. Il nie avec violence les principes de responsabilité collective ou héréditaire : l'avenir est ouvert devant chaque nouvelle génération d'Israël, celle du retour et du relèvement qui sont certains parce que la gloire de YHWH l'exige.

Ézéchiel décrit objectivement ses visions : la main de YHWH se pose sur lui et en un instant l'entraîne par lévitation entre le ciel et terre, de Babylonie à Jérusalem : il voit ce qui se passe dans le Sanctuaire, puis il revient par la même voie, en Babylonie, sur les ailes du souffle. Les déportés croient qu'il s'agit d'un vrai voyage et non de la traduction lyrique d'une vision. Ainsi de l'extraordinaire vision des ossements desséchés où il annonce la résurrection d'Israël en un style d'une insurpassable vigueur [98].

Les inspirés : le deuxième Isaïe

Les chapitres XL-LXVI d'Isaïe sont écrits vers cette époque par un prophète qui traite essentiellement de la rédemption d'Israël après son écrasement par Babylone : le thème est traité avec une ampleur jamais atteinte en un style éblouissant de force et d'enthousiasme. YHWH est le Saint d'Israël, il est éternel, unique, tout-puissant : le prophète déborde d'amour pour le Créateur, sauveur des cieux et de la terre, maître de l'histoire. L'auteur insiste sur l'amour du Dieu matriciel pour Israël, son peuple, qu'il doit arracher à l'Exil. Nous sommes au temps où le roi perse d'Élam a conquis Babylone (539), permettant ainsi une nouvelle espérance. La voix de l'inspiré s'élève sur les ruines de Sion hantées encore par les souffrances, le désespoir, la persécution et la mort : elle affirme que YHWH le Dieu d'Israël est non seulement le créateur du ciel et de la terre mais l'ultime arbitre du destin des nations. Il rappelle symphoniquement les thèmes habituels de la prophétie classique en évoquant la personne du serviteur de YHWH dont la passion s'identifie à celle de son peuple. Sa vocation ne consiste pas seulement à sauver les restes de Jacob : il doit aussi devenir la lumière des nations, délivrer la Création de sa chape de ténèbres et y faire régner la justice, la paix universelle. Le prince de la paix, rempli par le souffle de YHWH, sera le libérateur des pauvres, des humiliés, des persécutés, l'artisan du salut messianique d'Israël et des nations.

La rédemption d'Israël sera totale : les ruines seront relevées, Sion sera rebâtie avec splendeur, le pays sera plus vaste, plus sûr et les richesses des nations y afflueront. La rédemption spirituelle concernera toute chair. YHWH conclura une alliance éternelle avec son peuple composé de justes tandis que l'humanité entière reconnaîtra et servira YHWH Élohim. Pour Israël, le salut viendra directement de Dieu. Une fois acquis, il s'étendra aux nations : le serviteur de YHWH les arrachera aux ténèbres pour les conduire vers la lumière et l'allégresse des cieux nouveaux et de la terre nouvelle. Le rôle du serviteur de YHWH dans le procès du salut est souligné ici pour la première fois : on sait quel destin eut cette idée dans la littérature religieuse des Juifs et des Chrétiens. La souffrance a une valeur expiatrice, rédemptrice et salvatrice. Telle est la nouvelle réponse que le prophète apporte au problème du mal. Israël, serviteur de YHWH, souffre non pas à cause de ses fautes mais pour expier celles des peuples qui le haïssent, le persécutent et le pillent. Sa souffrance est féconde puisqu'elle fera prendre conscience aux nations des

crimes qui les souillent. La grandeur du serviteur se situe
ainsi dans son rejet, sa déchéance et sa souffrance; il accepte
de les subir afin d'amener la rédemption du monde.

Les derniers inspirés

Tel est le dernier des grands feux de la prophétie biblique.
Zacharie et Malachie tenteront de traduire en termes politiques l'espérance eschatologique du deuxième Isaïe. Ils
verront en Zoroubabel le prince de la paix : leur erreur
consacre la fin de la grande époque prophétique d'Israël. Le
Sanctuaire détruit a privé le peuple des sources de son inspiration et de sa purification. Malachie (vers 460), Abdias
(vers 400?), Joël (vers 350?), Jonas (vers 340) et Daniel (vers
167) confirmeront le fait : si la voix s'est tue, son écho ne
cessera de retenir en Israël et dans le monde.

Aux sources de la lumière

Le sacré

L'aspiration la plus profonde de l'Hébreu est de vivre en conformité avec le vouloir de YHWH. Il lui faut donc être non seulement en état de pureté mais accéder au sacré, ainsi qu'il est écrit : « Soyez sacrés : oui, je suis sacré moi, YHWH votre Élohim. » Qu'est donc ce sacré qui ne cesse de hanter le peuple des Hébreux ?

Le sacré, *qedousha,* est le principal attribut de YHWH et de tout ce qui touche à lui, à sa présence, à son culte : la Tente d'assignation, le Temple, tout ce qui s'y trouve, les sacrifices, les offrandes, les pontifes, les sabbats et les fêtes sont déclarés sacrés et sont protégés par un arsenal de lois, en général des interdits, qui en préservent le caractère, celui-là même qui distingue Jérusalem, ville du Sanctuaire, et Israël, peuple témoin et annonciateur de YHWH.

Soulignons que c'est par abus de langage que l'on parle de « Terre sainte ». Les mots *eres haqodesh* désignent la terre du *sanctuaire de YHWH* : rien n'est sacré que par la présence réelle de YHWH unique, source de toute consécration. Est sacré tout lieu où YHWH se découvre ou s'adore [1] : c'est une qualité objective du réel et qui n'est pas en état d'induction en face du sacré tombe foudroyé [2]. D'où les interdictions qui défendent l'accès du buisson, de la montagne, de la tente ou du temple que Dieu habite, ainsi que tout contact avec les objets, les huiles, les aliments qui lui sont consacrés. Le grand pontife portait sur son front un diadème d'or sur lequel étaient gravés les mots : « Sacré pour YHWH. » Il participait au caractère sacral du sanctuaire et du Dieu qui y vivait, comme Moïse sur le Sinaï, comme les pontifes et les *nazirs* qui faisaient des vœux de consécration temporaire [3]. Toute profanation du sacré était censée provoquer la mort un peu comme, de nos jours, tout contact avec un câble électrique. Cette mort était dite « mort de la main d'Élohim ». Qu'elle soit immédiate ou non, le profanateur était toujours réputé comme « tranché de ses peuples » et, comme tel, rejeté [4].

Le concept de « sacré » est difficilement compréhensible pour un homme moderne, justement du fait qu'il est désacralisé. Pour l'Hébreu, le mot « sacré » et les réalités qu'il désigne sont des catégories immédiates de sa conscience et des aspirations quotidiennes de sa vie. On cherchait alors à accroître sa part du sacré comme aujourd'hui, ses revenus. Tel était, pour le plus grand nombre, le but suprême de l'existence. De fait, il n'est pas simple de définir avec exactitude tout ce que les anciens désignaient par ce mot. Le concept de sacré se retrouve dans toutes les langues, mais son contenu n'est jamais le même selon les lieux, les cultures et les âges. Pour l'Hébreu, il désigne l'attribut le plus proche de l'essence et de l'identité de Dieu. Il en connaît le frémissement quand il prie dans les liturgies de la Tente d'assignation ou du sanctuaire et parfois aussi dans les forêts ou les déserts lumineux de son pays, lorsqu'il entend réciter la saga d'Israël, la parole vivante de YHWH ou encore, quand il écoute les histoires d'anges, de démons, ou d'hommes de Dieu. C'est un tremblement intérieur qui ne peut être assimilé à la crainte mais plutôt à un vertige, au pressentiment de ce que sont les dimensions réelles de l'univers, l'au-delà du « ciel des cieux » ou du Shéol, tout l'impénétrable mystère qui nous fonde et nous environne, celui de la vie et de la mort. L'homme ne saurait expliquer le pourquoi des innombrables tabous qui l'entourent, mais il sent bien que, sans le sacré et l'appareil complexe qui le protège, il cesserait d'être un fils d'Israël, un témoin de YHWH et de son royaume. La sainteté des tabous est d'une autre nature que celle de YHWH, mais celle-ci serait-elle ressentie sans leur secours ?

Les demeures de Dieu

Dieu est une réalité omniprésente, non pas une idée à laquelle on peut croire ou non. YHWH Élohim habite son peuple où il a une maison, le tabernacle à l'époque nomade, le Temple depuis que David et Salomon ont remplacé la tente itinérante par un somptueux édifice. Dieu vit dans sa maison où des pontifes et des lévites le servent comme on sert un roi vivant et bien-aimé : là il reçoit ses fils et sujets, les Benéi Israël, et là il fait entendre ses volontés.

À l'époque nomade et dès leur sortie d'Égypte, selon l'Exode, les Hébreux édifient une tente au centre de leur campement, pour demeure de YHWH Élohim [5]. Les descriptions très précises de la Bible et ce que nous connaissons d'autres sanctuaires de l'époque ont permis de reconstituer cette Tente d'assignation, son coffre en bois d'acacia recouvert d'or pur, les barres qui servaient à le porter d'étape en étape, son absolutoire d'or pur surmonté par deux griffons d'or, des *kéroubîm* fondus d'une seule coulée, sa table recouverte d'or sur laquelle les pains d'assignation étaient offerts, son candélabre à sept branches richement ornées, ses autels, ses dix tentures de trente coudées sur quatre, artistiquement tissées, son toit de peaux de dugon, son voile d'azur, de pourpre et d'écarlate qui recouvrait le coffre du témoignage où les tablettes de l'Alliance étaient religieusement gardées. L'entrée de la tente était protégée par un rideau brodé d'azur, de pourpre et d'écarlate.

Le sanctuaire était divisé en deux parties : la plus importante, où se trouvait le coffre du pacte, était appelée le sanctuaire des sanctuaires. C'était la demeure de YHWH. Les pains d'assignation placés en face de YHWH étaient consommés chaque semaine par les pontifes [6], tandis que les holocaustes montaient vers lui «en odeur agréable» et que l'autel d'encens, près de l'ouverture, répandait ses parfums.

Pour tout Israël, le tabernacle est la manifestation concrète de la présence réelle de YHWH Élohim parmi son peuple. C'est lui qui donne son sens à la vie : il incarne et illustre la foi de l'Hébreu en la sainteté de son Dieu et de sa nation, le peuple-pontife qui sert YHWH Élohim, unique et saint, dans la splendeur de sa gloire.

La «sainteté» de la tente était protégée avec une farouche ferveur : personne ne pouvait s'en approcher sans être en état de pureté et sans raison licite. Les Hébreux n'étaient admis que dans la cour extérieure du sanctuaire, les pontifes seuls pénétraient à l'intérieur et seul le grand pontife avait accès au sanctuaire des sanctuaires une fois l'an, le jour de l'Expiation, *Yom Kippour*. Soulignons que le tabernacle était une offrande du peuple à son Dieu : tout y était fait en matériaux nobles, l'or pour ce qui était dans le sanctuaire des sanctuaires, le bronze pour la partie réservée au peuple.

Le sanctuaire est réellement le centre de la vie nationale. Il est le lieu de la présence de YHWH Élohim et, de ce fait, pour les Hébreux, le centre du ciel et de la terre. Il n'y a pas de lieu plus privilégié pour la prière – Joël et Mikhal le pensent – que le Temple de Jérusalem [7].

Cependant, depuis qu'il a cessé d'être un peuple nomade voué à un sanctuaire unique, la Tente d'assignation, Israël a eu d'autres sanctuaires que celui de sa capitale, le plus glorieux. Avant que celui-ci ne fût construit par Salomon, le plus important était situé à Silo [8]; une tradition affirme que c'était la tente d'assignation qui était restée là après la conquête de la terre de Canaan [9]. Par la suite, le temple de Silo devint un bâtiment de pierres où se trouvait le coffre du pacte, le plus sacré des objets de culte d'Israël, celui qui cimentait l'unité des douze tribus. Ce temple a été détruit probablement au IXe siècle, à la fin de la période des Juges, et ses ruines n'ont pas encore été excavées.

Les temples de Bethel et de Dân sont encore mentionnés dans les récits de ce temps, le premier lié au souvenir de Jacob, le second datant de l'installation dans le pays de la tribu de Dân [10]. Jéroboam y érigea des veaux d'or [11]. Le temple de Dân fut détruit lorsque la tribu de Naphtali vaincue fut exilée par Teglât-Pilesser en 732 [12] et celui de Bethel probablement dix ans plus tard.

Notons encore l'existence des temples de Gilgal, près de

Jéricho où Samuel jugeait et où Saül, le premier roi d'Israël, fut couronné, et, non loin, celui de Misspeh [13]. La Bible mentionne encore les temples de Nob, de Hébron, de Beth-Lehem, d'Ophra, de Gibat-Saül, du mont Ephraïm [14]. Aucune preuve archéologique de l'existence de ces temples n'a pu encore être découverte. Par contre, le temple d'Arad, dont la Bible ne parle pas, a été excavé par Y. Aharoni de 1962 à 1967 : ce vaste bâtiment semble avoir été en usage du Xe siècle au début du IXe siècle av. J.-C., pendant toute la période royale. Il y avait là des lévites en charge : nous retrouvons leurs noms sur les ostraca découverts sur place. Arad était en communication étroite avec Jérusalem et constituait un lieu de culte officiel à la frontière sud du royaume de Juda. Nous sommes là en face d'une découverte qui éclaire de l'extérieur ce que la Bible nous dit du Temple de Jérusalem.

Le Temple de Jérusalem

Bien des fois Joël et Mikhal sont montés en chantant vers le mont Moryah où le Temple est bâti. Là, au nord de la ville, Salomon avait bâti sa citadelle royale entre la colline de l'Ophel et celle du Temple. Ce vaste complexe comprenait une cour extérieure avec un portique monumental et deux grands bâtiments, le Porche du Trône et la Forêt du Liban, appelée ainsi à cause de ses nombreuses colonnes de cèdres importés du Liban : il servait d'arsenal à la garde royale. Le premier était la résidence et la chambre de justice du roi. Au sud de ces palais s'élevait le Temple de YHWH : l'ensemble constituait la «Jérusalem d'en-haut», celle que les pèlerins arrivant de la ville basse, la «Jérusalem d'en-bas», celle des hommes, contemplaient, éblouis, en levant la tête vers ses hauts remparts, ses colonnades, ses luxueux bâtiments. Les Hébreux ne pouvaient en douter : YHWH habitait certainement là auprès de son roi, de ses pontifes, de ses lévites.

Le Temple comprenait trois parties : le vestibule ou *oulâm*, l'aula ou *heikhal* et la cella ou *debir*. La longueur totale de l'édifice était d'environ 44 m sur une largeur de 22 m. Tout autour, le Temple était flanqué sur ses trois côtés au nord, à l'ouest et au sud par une construction de 10 m de hauteur divisée en trois étages et comprenant 90 cellules : les fenêtres donnaient sur l'aula.

Joël et Mikhal ont-ils entendu parler du temple de Louqsor avec ses 260 m x 55 m ou de celui de Karnak dont la salle hypostyle mesurait à elle seule 103 m x 52 m ou encore de celui de Ur en Chaldée dédié à Sin, le dieu lunaire, ce gigantesque quadrilatère de 350 x 248 x 400 x 197 mètres, flanqué d'une haute tour rectangulaire de 65 x 43 mètres de côté ? Quoi qu'il en soit, à leurs yeux, le Temple de YHWH était le plus beau du monde et il pouvait apparaître tel par le luxe de ses décorations et la splendeur de ses liturgies. Les murs, le plafond et le sol étaient garnis de bois de cèdre, recouvert de motifs d'or. Dans le sanctuaire des sanctuaires, le coffre du pacte était gardé par des *Kéroubim*, sorte de griffons au corps de lion et à la tête d'hommes, dont les ailes déployées ombraient le coffre et servaient de siège à la présence de YHWH. Les *Kéroubim*, en bois d'olivier recouvert d'or, mesuraient 5, 50 m de haut et leurs ailes avaient 2, 75 m. Il y avait encore la table d'or pour les pains de proposition, l'autel d'or pour les parfums, et dix candélabres d'or pur avec leurs accessoires également faits d'or pur. Dans l'atrium se dressait l'autel de bronze des holocaustes, la mer d'airain, immense vasque de bronze reposant sur douze taureaux de bronze ; dix conques de bronze montées sur roues servaient au transport de l'eau [15].

Joël sait que Salomon a bâti ce temple avec l'appui de Hiram, le roi de Tyr. Le cuivre, le bronze nécessaires aux œuvres d'art provenaient des mines situées près des rives de la mer Rouge. 30 000 ouvriers et 150 000 esclaves commandés par 3 300 chefs de travaux travaillèrent sept années à l'édification de l'ensemble, y compris les hauts remparts qui entouraient la montagne sacrée. Vue de la vallée du Cédron, celle-ci ne manquait pas d'émouvoir les pèlerins qui y montaient en chantant des Psaumes.

Les bâtiments, le porche d'accueil avec ses deux hautes colonnes de bronze, Yakhin et Bo'az, impressionnaient les foules, mais ce qui attirait davantage, c'était la splendeur des liturgies. Les lévites chantaient les poèmes sacrés en s'accompagnant de lyres, de harpes, de cymbales. Joël venait là pour apporter ses dîmes et ses offrandes à YHWH et obtenir l'absolution de ses fautes, de ses torts, de ses carences. Dès qu'il avait rempli ses devoirs, il se sentait allégé, libéré, d'où l'allégresse inlassablement décrite des foules accourues en processions pour la célébration du sabbat et des fêtes. Elles venaient non seulement de Jérusalem et de Judée, mais de Samarie, de Galilée, et même des îles lointaines : non seulement des Hébreux, mais des hommes de toutes les nations accouraient pour admirer l'une des merveilles du monde antique, le sanctuaire que le Dieu d'Abraham, d'Isaac et de Jacob habitait.

Les pèlerins chantaient en s'accompagnant d'instruments de musique : ils apportaient les prémices de leurs champs et les premiers-nés de leurs troupeaux sur les autels du sanctuaire. Alors Jérusalem était pleine d'une foule en fête, haute en couleurs, où grouillaient parmi les hommes, les femmes, les enfants et les vieillards solennellement vêtus de tuniques et de pagnes, moutons et chèvres, génisses et bœufs. Sous le ciel lumineux, les fêtes se prolongeaient tard dans la nuit et, dès l'aurore, les chants retentissaient à nouveau.

Pontifes et lévites

Les pontifes et les lévites jouent un rôle prépondérant dans la vie quotidienne du peuple d'Israël. Le pontife, *kohen*, est le principal servant des liturgies de YHWH ; il exerce ses fonctions de plein droit s'il appartient à la tribu de Lévi et s'il a eu «les mains remplies», c'est-à-dire s'il a été consacré, «*messié*» et habillé pour l'exercice licite de ses fonctions au sanctuaire en tant que serviteur du Dieu-Roi réellement vivant et présent. Les autres lévites, sans être tous des pontifes, sont attachés au service du Temple où les fonctions sont multiples et fort diversifiées [16]. Plus anciennement, cependant, tout homme d'Israël pouvait exercer les fonctions de pontife dans un sanctuaire [17]. Par la suite le privilège d'être pontife devint héréditaire dans la seule tribu de Lévi qui veillait jalousement au respect de ses droits. Il est possible que des autels d'importance secondaire aient pu faire appel, à certaines époques, à tout homme d'Israël pour l'offrande de sacrifices populaires.

Les pontifes étaient strictement organisés, hiérarchisés et spécialisés. Le grand pontife avait des droits et des devoirs particuliers dans les liturgies. Il anime les cérémonies les plus importantes. Il a des habits de cérémonie de pourpre et d'or, une tiare, un diadème et il reçoit une onction ; autant de signes du sacerdoce royal qu'il exerce auprès de YHWH Élohim, roi d'Israël [18].

Les autres pontifes sont employés à offrir les sacrifices et à recevoir les offrandes sur l'autel extérieur dans la cour du sanctuaire ; leur rang dans la hiérarchie religieuse est déterminé par leur ascendance. Leurs fonctions les plus importantes sont d'ordre liturgique : ils font les aspersions de sang, brûlent l'encens et bénissent le peuple au nom de YHWH. La bénédiction, d'un mot hébreu difficilement traduisible en français, consiste à demander d'être devant YHWH dans un état tel qu'il puisse permette le déferlement sur l'homme et sur le peuple des bienfaits de Dieu. Les pontifes, en diverses circonstances liturgiques, faisaient entendre leur bénédiction en se tenant près de l'autel, les mains et les bras levés sur le peuple

« YHWH te bénira : il te garde.
YHWH éclairera sa face vers toi : il te gracie.
YHWH chargera sa face vers toi : il met la paix sur toi[19]. »

Ces trois versets répètent par trois fois le *Nom* ineffable, imprononçable de YHWH, l'Élohim d'Israël, ainsi qu'il est dit :

« Ils mettent mon nom sur les Benié Israël :
moi, je les bénis. »

Comme Melki-Sédèch bénissant Abraham, les pontifes
remplissent une fonction vitale en permettant au peuple de
se mettre en état de recevoir les dons du ciel [20].

Ce sont encore les pontifes ordinaires qui font retenir aux
cérémonies le shofar, cette corne de bélier, et les trompettes
qui sonnent aux fêtes et aux néoménies quand les holocaustes
et les sacrifices sont effectués sur les autels.

Plus importante encore était la fonction des pontifes désignés pour assurer l'élévation et le déplacement du coffre du
pacte, lieu réel de la présence du Dieu vivant parmi son
peuple. À l'époque nomade ils étaient préposés au voyage
du coffre d'étape en étape. En temps de guerre ils devaient
amener le coffre sur le champ de bataille pour que YHWH
Élohim Sebaôt puisse combattre avec les armées de son
peuple [21]. Après l'installation du coffre du pacte dans le
sanctuaire des sanctuaires bâti par Salomon, la coutume de
déplacer le coffre sacré fut annulée et remplacée par des
prières et des sacrifices propitiatoires.

Les pontifes d'autrefois, comme les prêtres chrétiens
d'aujourd'hui, encensaient l'autel, s'occupaient d'entretenir
et d'allumer les lampes du sanctuaire, notamment la lampe
permanente, ils veillaient à l'exposition des pains sur la table
d'or et aux libations [22]. Par surcroît, le grand pontife portait un pectoral dont les pierres rappelaient devant YHWH
les douze tribus ; les clochettes d'or suspendues au pan de son
vêtement [23] tintaient à l'entrée et à la sortie des liturgies du
matin et du soir. Toutes les fonctions des pontifes accom-
plies à l'intérieur du sanctuaire se complètent les unes les
autres : elles fournissent symboliquement à la divinité qui
vit dans le sanctuaire la nourriture, la boisson, les parfums,
l'éclairage des lampes et même la musique. Elles évoquent
le souvenir d'Israël par le pectoral et sa volonté de consécration à Dieu sur le liséré d'or au front du grand pontife :
« Sacré pour YHWH. » Ici Dieu est présent parmi le peuple
comme le peuple devant Dieu.

Mais le pontife, comme le prêtre moderne, a d'autres fonctions que liturgiques : de même qu'il pourvoit aux besoins vitaux du Dieu vivant, il est au service des hommes et des femmes de son peuple. Il interroge en leurs noms les *Ourim* et les *Toumim* qui répondent aux questions posées à Dieu [24]. Il organise les ordalies prévues par la loi pour la femme soupçonnée d'adultère [25]. Il assure la purification du peuple. Relativement à cette dernière fonction, rappelons que les Anciens considéraient les maladies et les épidémies comme des manifestations psychosomatiques causées par les impuretés, les torts, les carences ou les fautes des humains. La guérison ne pouvait intervenir qu'après l'expulsion de la cause du mal, l'impureté du cœur de l'homme. La Tora de pureté implique le respect des tabous alimentaires, la guérison des lèpres et des écoulements, l'abstention de tout contact avec des cadavres. Les pontifes assuraient la purification des Hébreux souillés par ces tares en des liturgies apparemment fort anciennes. Ils expulsaient ainsi les immondices de l'être même des fidèles par la vertu du sang des sacrifices offerts [26].

La plus solennelle de ces cérémonies de purification avait lieu le Jour de l'Expiation, *Yom Kippour* [27]. À cette occasion, le grand pontife chassait au désert un bouc émissaire, préalablement chargé des fautes, des torts, des carences d'Israël. Le sang des sacrifices servait à purifier non seulement le peuple, mais les nations, ainsi que le sanctuaire des sanctuaires. Un rituel technique très précis adaptait la nature de l'offrande à la gravité des fautes. Il fallait non seulement chasser la souillure, mais encore armer la personne contre son retour : ainsi Aaron encense le camp des Hébreux pour empêcher le retour d'une épidémie [28].

Les pontifes et les lévites avaient aussi des fonctions judiciaires et éducatives qu'ils exerçaient à côté des Anciens de la tribu, du clan et de la cité, détenteurs principaux de ces charges [29]. Gardiens de la Torah, les pontifes en étaient tout naturellement les propagateurs. En leur qualité de serviteurs de YHWH, de maîtres de toute purification rituelle, et de juges, ils avaient l'obligation d'enseigner. Ils entendaient ce devoir de la façon la plus large : non seulement la loi rituelle, mais ses enseignements religieux et moraux, ainsi que les usages qu'elle impliquait nécessairement. Ils étaient les gardiens des Livres sacrés dont ils assuraient la transmission vivante de génération en génération [30]. Ils devaient lire la Tora au peuple rassemblé dans le sanctuaire pour la fête des Tabernacles, l'année de la Relâche, *Shemita* [31]. Les Hébreux savent que la sainteté des pontifes et des lévites naît de leur qualité de serviteurs de YHWH Élohim, reçue héréditairement en pure grâce. D'où le respect que le peuple leur voue : les serviteurs de Saül refusent de porter la main contre les pontifes malgré l'ordre formel du roi [32]. La sainteté des pontifes est le reflet vivant de celle de Dieu et du Temple qu'il habite.

Cette sainteté se reflétait sur leurs habits cérémoniels qu'ils portaient à l'intérieur du sanctuaire seulement. Ceux-ci se composaient de huit pièces ; quatre vêtements étaient faits de lin fin : l'aube, *ketonêt*, qui descendait probablement jusqu'aux chevilles avec des manches longues ; la ceinture, *abnêt*, tissée de lin et de laine, la tiare, *misnefêt*, du grand pontife, et la toque plus simple du pontife ordinaire, enfin le caleçon qui recouvrait les hanches et les cuisses. Le grand pontife et lui seul portait quatre autres vêtements de cérémonie, richement faits de laine et de lin, tissés de fils d'or et d'argent : l'*éphod*, d'une splendeur royale, le pectoral, *hoshên*, enchâssé de douze pierres précieuses et sur lequel reposaient les ourim et les *toumim* ; le *manteau de l'éphod*, tout d'azur ; des clochettes d'or pendaient à son bord orné de grenades brodées de fils de laine et de lin teintés de pourpre ; le diadème d'or pur porteur des mots : «Sacré pour YHWH». Remarquons l'absence de chaussures ; en fait les pontifes servaient pieds nus à l'intérieur du sanctuaire, terre sanctifiée par la présence réelle de YHWH. Ainsi vêtu, le grand pontife présentait une majesté royale où le peuple pouvait voir le reflet de la majesté du roi des rois, YHWH Élohim [33].

La sainteté de la fonction exigeait l'intégrité morale et physique des pontifes : un pontife infirme ne pouvait pénétrer dans le sanctuaire ; pour y servir, ils devaient être parfaits, comme le sacrifice qu'ils offraient. Ils devaient se laver les mains et les pieds dans la vasque qui se trouvait dans la cour du sanctuaire et s'abstenir aux heures de service, ou dans leurs périodes de vœux, de toute boisson alcoolisée. Le pontife ne devait jamais se souiller au contact d'un mort, à moins qu'il ne s'agisse d'un très proche parent, ni s'adonner aux rites de deuil, généralement imités des pratiques païennes [34].

Le devoir de pureté des pontifes était plus strict aux jours « où ses mains devaient être remplies » : pendant les sept jours qui précédaient sa consécration, il devait s'y préparer à l'intérieur du sanctuaire d'où il lui était interdit de sortir, puisque rien ne devait le souiller [35]. Les pontifes ne devaient pas avoir de longues chevelures [36]. Il leur était encore interdit d'épouser des prostituées ou des répudiées : le grand pontife ne pouvait épouser qu'une vierge d'Israël. La prostitution était en principe interdite par la loi; la fille de pontife qui s'y adonnait était passible de mort [37].

La subsistance des pontifes était assurée par les revenus du sanctuaire, notamment par l'offrande des sacrifices, même dans les quarante-huit villes qui leur étaient imparties de droit [38].

Le nom de Lévi est donné par la Bible aux membres de la tribu consacrée au service du sanctuaire. Seule une partie des Lévi servait au sanctuaire. Que faisaient les autres? Les différents livres de la Bible ne nous donnent pas une claire réponse à ce problème de droit et de fait, que les exégètes ne cessent de discuter. Au temps des Juges et au début de l'époque royale les Lévi étaient des candidats permanents à la prêtrise : ceux qui n'étaient pas rattachés à un sanctuaire parcouraient le pays pour trouver un emploi d'autant plus nécessaire que leur tribu ne possédait pas de territoire propre : YHWH seul était leur possession [39]. En cas de besoin ils devaient recourir à l'ensemble des tribus pour assurer la défense de leurs droits, comme ce Lévi dont la femme avait été violée et assassinée. Ne pouvant recourir à sa tribu pour être défendu, il envoie un morceau du cadavre de la victime aux onze tribus établies sur une terre pour qu'elles viennent châtier les coupables [40].

Dans chaque sanctuaire, la division du travail était rigoureuse entre pontifes consacrés à la direction des liturgies et lévites voués aux travaux annexes, tandis que les œuvres serviles étaient laissées aux *netinim*, sortes d'oblats attachés au Sanctuaire de Jérusalem. Le chant, la musique liturgique, la composition et l'enseignement des cantiques, la garde et peut-être la fabrication des instrument de musique leur étaient réservés.

Le sanctuaire de Jérusalem attirait des foules immenses et ses trésors étaient fabuleux : les lévites étaient donc chargés de la garde des portes avec le titre de gardiens du seuil. Ils devaient prévenir les vols mais plus couramment la profanation du sanctuaire dont ils devaient aussi tenir les comptes [41]. Ils étaient également chargés des travaux de construction et de réparation des différents bâtiments [42]. Mais, en propre, ils ne possèdent rien d'autre que les revenus du sanctuaire, c'est-à-dire les dîmes. Cette exigence de la loi semble n'avoir pas toujours été respectée : des lévites, sous une forme ou sous une autre, possédaient des champs dont les récoltes leur permettaient de subsister [43].

L'autel

L'autel sert à sacrifier les bêtes : sur les parois, le sang rédempteur coule tandis que le sacrifice ou la libation est offert à la divinité dont il est en quelque sorte la table [44]. Tous les peuples de l'Antiquité avaient des autels pour offrir leurs sacrifices aux divinités. En Israël, il faut distinguer les autels populaires qui pouvaient aisément devenir des lieux de culte, des hauts lieux, *bamôt*, que les prophètes ne cessent de condamner quand ils servent aux cultes et aux débauches idolâtres. Les autels populaires, élevés pour célébrer des événements de l'histoire nationale ou tribale, poussaient parfois à l'édification de sanctuaires secondaires dont la Bible nous donne de nombreux exemples [45]. Abraham élève de tels autels à Alôn-Moré, près de Sichem, entre Beth El et 'Aï, à

Aloné-Mamré, en terre de Moryah [46]. Ces autels se situaient souvent près de hauts lieux, au milieu de bosquets qui participaient au caractère sacré du culte qui y était rendu. Après la construction du sanctuaire de Jérusalem ces hauts lieux, ces arbres sacrés, les stèles qui pouvaient s'y élever furent condamnés par les partisans de l'extrême centralisation du culte, mais ils ne disparurent jamais tout à fait de la piété populaire.

Les autels en usage en Israël étaient faits de terre, de pierre ou de bronze. Le temple de Jérusalem possédait de surcroît deux autels d'or pour l'offrande de l'encens [47]. Les autels de terre étaient sans doute les plus répandus parmi le peuple, mais nous n'en avons que de très rares et parfois hypothétiques restes archéologiques. Par contre nous possédons de nombreux exemples d'autels de pierre, de formes variées : parfois il s'agit d'un rocher naturel dégrossi sur place [48], d'une grande pierre ronde ou carrée, plate ou ornée de «cornes» en coins pour l'adapter à ses fonctions sacrificielles; parfois il est fait d'une construction de plusieurs pierres ou d'un monolithe comme celui qui a été découvert à Hassor et qui pèse quelque 5 tonnes. Ce sont des *galgal* semblables que Jacob érigea à Guilad [49]. L'autel du sanctuaire de Jérusalem était un carré de bronze de 20 coudées sur 10 de hauteur, selon les mesures données par le livre des Chroniques : pontifes et bêtes montaient sur l'autel par un plan incliné; de là, le nom hébraïque de l'holocauste, '*ola*, une *montée* : la bête montait sur l'autel et sa fumée s'élevait en odeur agréable vers le ciel.

L'autel était sacré par la vertu du rite qui s'y accomplissait au moment du sacrifice, comme par l'événement que son élévation rappelait : celui de Jérusalem commémorait le sacrifice d'Abraham.

Les sacrifices

Le sacrifice que Joël vient faire sur l'autel du sanctuaire est essentiellement un repas offert à la gloire de la divinité : lorsque la bête sacrifiée est offerte tout entière, il s'agit d'un holocauste, *'ola*, ou d'une offrande, *minha*. Dans le cas où la bête est mangée en totalité ou en partie par ceux qui l'offrent le sacrifice s'appelle *zébah*, sacrifice. La cérémonie du sacrifice n'est pas sans rappeler celles que les Grecs célébraient pour les divinités de l'Olympe : seule une petite partie de la bête est offerte, le reste servant à un repas où les participants se fortifient en mangeant une viande offerte à la divinité. Les Hébreux aiment ces fêtes qui rappellent les glorieux souvenirs du temps où les Patriarches et les Juges eux-mêmes se régénéraient l'âme et le corps en ces repas communiels. Les sacrifices offerts par eux au sanctuaire sont cuits et consommés dans l'enceinte sacrée elle-même. Cette centralisation du culte s'est accompagnée d'une licence : il était désormais possible en Israël d'abattre une bête loin de Jérusalem, sans avoir besoin de l'élever en sacrifice sur l'autel du sanctuaire. C'était manifestement révolutionnaire par rapport aux usages ancestraux ; mais l'abattage d'une bête égorgée et saignée gardait toujours un caractère religieux marqué par les prières qui accompagnaient le geste du sacrificateur et la mort de l'animal.

Le sang et la graisse de tout sacrifice étaient dus à la divinité. La législation biblique condamne les sacrifices offerts aux idoles, ou ceux, si répandus dans l'Antiquité, que les parents offraient à la mémoire de leurs morts [50]. Manger d'un sacrifice, c'est se pénétrer d'une force en vérité divine.

L'Hébreu vit ainsi dans une société fondée sur l'oblation : à ses yeux tout est don de YHWH, don auquel il doit répondre par ses offrandes. La coutume de l'Orient fait un devoir d'accompagner toute relation humaine de cadeaux fondés sur la réciprocité : les rois en reçoivent et n'échappent pas à l'obligation d'en donner [51]. L'offrande est une marque de reconnaissance mais aussi de soumission. L'Hébreu, s'il entend consulter un homme de Dieu, prêtre ou prophète, se fait précéder par des offrandes. Il en est de même lorsqu'il rencontre son créateur, son roi et son Dieu YHWH Élohim. Son offrande, *minha*, est toujours faite de céréales, généralement de blé, un blé qui peut être offert tel quel, grillé sans avoir été moulu ou préparé en gâteaux sans levain [52].

L'offrande de blé est généralement accompagnée d'huile et d'encens; elle est toujours salée. L'offrande est consumée sur l'autel de la divinité en tout ou en partie; dans ce dernier cas, ce qu'il en reste est mangé par les pontifes dans la cour du sanctuaire. L'offrande de céréales pouvait remplacer chez les pauvres les coûteux sacrifices d'animaux. Elle se faisait aussi à l'époque des prémices de la récolte.

Le *quorban* ou présent était le sacrifice le plus populaire en Israël : il était consommé en partie par ceux qui l'offraient et par les pontifes; tous devaient être en état de pureté rituelle puisqu'il s'agissait, en cette manducation, de participer au repas de la divinité. Celle-ci recevait sur l'autel la partie de la bête qui lui était consacrée, elle y brûlait en «odeur agréable à YHWH».

Le sang, qui est l'être même du vivant, était répandu sur l'autel pour emporter l'effacement, l'absolution des fautes, des torts, des carences du sacrifiant. Un rituel d'une extrême complexité (mais ne s'agit-il pas d'un repas sacré où tout est de la plus haute importance?) réglait les moindres détails du sacrifice et de la destination du sang, des graisses et de la viande : l'holocauste était entièrement brûlé à la gloire de Dieu tandis que les autres sacrifices, de pacification, d'expiation ou d'oblation, *shelamim, zebah, hatât,* étaient en partie consommés par les sacrifiants et par les pontifes, et ces derniers finirent par acquérir la réputation d'être irascibles à force de se nourrir de viandes!

Il est difficile à une mentalité moderne de comprendre comment et pourquoi le culte sacrificiel constituait le centre de la vie nationale et religieuse de la plupart des peuples de l'Antiquité. Accompagnons donc notre Hébreu, Joël, au sanctuaire de Jérusalem pour essayer de pénétrer ce qu'il pense à l'heure où les pontifes offrent la multitude des bêtes sacrifiées, bœufs, moutons et chevreaux, pigeons ou tourterelles. Remarquons qu'il s'agit toujours d'un animal domestique. Des animaux sauvages propres à la consommation ne sont jamais offerts en sacrifice. Joël se fraie un chemin à travers la foule compacte qui se presse vers le sanctuaire en chantant des Psaumes et des cantiques. Il conduit d'une main ferme un bœuf qu'il a spécialement élevé à cette fin, vers la haute rampe qui monte à l'autel. Le bœuf, admirable de propreté, tout orné de guirlandes, approche du vaste autel de bronze qui domine à quelque cinq mètres de hauteur la cour du sanctuaire. L'homme impose sa main sur la tête de l'animal qui va être égorgé : le sens de cet acte rituel n'est pas explicité dans nos textes : il constitue un transfert de l'homme à la bête et de la bête à l'homme des forces bénéfiques ou maléfiques qui vont se libérer avec le sang du sacrifice. Le pontife a préparé le bois sur lequel l'holocauste brûlera après avoir été dûment soumis à une série de gestes rituels : le pontife et le fidèle doivent balancer devant l'autel la viande que le feu va consumer. Le sacrificateur a laissé couler le sang rédempteur : il en asperge les murs de l'autel qu'il encense ; le sang efface les fautes, absout, purifie, apaise. La manducation de certains sacrifices fait aussi partie de la cérémonie rituelle : il assure la participation du pontife et parfois du fidèle au repas sacré.

Les sacrifices étaient de règle dans de nombreuses circonstances particulières, comme celle d'une femme relevant de ses couches : il fallait offrir un mouton 40 jours après la naissance d'un fils, un pigeon ou une tourterelle 60 jours après celle d'une fille. Si la femme était pauvre, elle pouvait offrir deux tourterelles ou deux pigeonneaux à la place d'un mouton, l'un en holocauste, l'autre en sacrifice d'expiation. À la suite d'un écoulement ou d'une lèpre ou du vœu d'un *nazir*, il était également nécessaire d'offrir des sacrifices. L'assemblée d'Israël ajoutait aussi ses propres sacrifices dans les grandes circonstances de l'inauguration d'un sanctuaire ou de la consécration des prêtres et de leurs vêtements cérémoniels [53].

Si les sacrifices de bêtes dans la liturgie des Anciens nous paraissent barbares, rappelons que les sacrifices humains étaient des réalités constantes dans l'Antiquité. Et nos guerres ne paraîtront-elles pas aux historiens de l'avenir comme de gigantesques holocaustes offerts sur l'autel de la nation, de la classe, de la race ?

La Bible souligne des faits où la soif des dieux était satisfaite par le sang de sacrifices humains. Mesha', roi de Moab, offre à ses dieux l'holocauste de son fils aîné, non sans succès d'ailleurs [54]. Jephté sacrifie sa fille pour s'acquitter d'un vœu [55]. La loi exigeait par surcroît le massacre de toute âme vivante dans les villes interdites [56].

Le culte de Moloch était célébré normalement en Judée; il consistait à brûler les fils et les filles des adorateurs de cette idole [57]. La prédication prophétique s'élève violemment contre ces cultes. Mais il est possible de déceler dans la Bible d'autres traces de sacrifices humains, par exemple, l'ordre qu'Abraham reçoit de YHWH de lui sacrifier son fils unique Isaac [58]. Le récit admet pour évident que la plus haute preuve de fidélité envers Dieu consiste à offrir la vie d'un fils, comme aujourd'hui, on considère comme un acte de patriotisme normal de sacrifier les soldats sur l'autel de la patrie. Le rachat des premiers-nés a pu être considéré comme un vestige des temps antérieurs où ils étaient sacrifiés à la divinité. Et l'empalement des sept fils de Saül, s'il n'est pas proprement un sacrifice, constitue une vengeance en même temps qu'un acte politique qui a l'apparence d'un rituel de mise à mort réservé à ceux qui violent une alliance [59].

Les liturgies d'Israël

Adorer YHWH se dit en hébreu, le servir, être son esclave, se prosterner devant lui, rechercher sa face. Les fêtes hébraïques sont des «rendez-vous» où les fidèles rencontrent leur Dieu dans la joie d'une noce : le symbolisme du mariage est constamment utilisé par les prophètes pour définir la relation d'Israël avec YHWH.

La critique contemporaine a renoncé à définir le culte patriarcal comme étant d'essence animiste. Les patriarches sont l'objet de la visitation de leur Dieu; ils élèvent des sanctuaires aux lieux où se sont situées des théophanies. Ils y offrent des sacrifices selon des rituels qui comprennent des purifications, des libations, des offrandes d'huile, des bénédictions. À l'époque de Moïse, les liturgies se précisent : le rituel de confession accompagne le sacrifice et la

manducation du repas sacré. Les théophanies précèdent les
rituels de communion [60]. Les anciennes coutumes patriarcales, d'essence personnelle et familiale, sont codifiées au
service de la nouvelle foi : la Tente d'assignation abrite la
présence réelle de YHWH. Tandis que Moïse communie avec
son Dieu, une colonne de nuée s'élève à l'entrée de la tente,
et le peuple se lève et se prosterne dans l'adoration.

Lors de la conquête, la tendance au syncrétisme s'accentue inévitablement. Les sanctuaires cananéens servent au culte
des Hébreux ; chaque ville, chaque village aspire à avoir son
propre lieu de culte. Les usages païens se mêlent aux pratiques du monothéisme pur, en des liturgies que censurent les
voyants d'Israël.

Avec le pouvoir monarchique, les liturgies d'Israël s'établissent en un centre stable par opposition à l'errance des
temps nomades. Le symbolisme du Temple constitue désormais l'âme des liturgies auxquelles Joël et Mikhal
s'empressent d'accourir. Les cinq grandes fêtes annuelles sont
célébrées avec éclat. Les Psaumes constituent le livre de prière
dont l'influence grandit. Les sacrifices, les offrandes et les
processions, la musique vocale et instrumentale, les danses
sacrées attirent de grandes foules à Jérusalem, source de la
Tora et de la parole de YHWH. Les prêtres délivrent des
oracles qui éclairent la foule : ils parlent au nom de YHWH
dont ils interprètent la volonté et dont ils racontent la geste
miraculeuse au peuple rassemblé dans la joie divine que les
prophètes et les poètes d'Israël ne cessent de chanter. Mais
les prophètes dénoncent à l'envi les déviations du culte : ils
condamnent les violations de la loi, la prostitution sacrée,
l'hypocrisie d'une religion pratiquée sans véritable repentir
du cœur ; les sacrifices qui ne sont pas accompagnés d'une
vraie pénitence sont odieux à YHWH. Il préfère la justice et
la miséricorde aux manifestations extérieures du sabbat, des
néoménies, ou des pèlerinages. Lorsque le cœur est incirconcis, il est vain de se prosterner devant YHWH. Ils ne
condamnent pas seulement l'adoration des faux dieux, de la
chair, de la puissance, de l'argent ou de la nature mais, avec
autant de force, la fausse adoration du vrai Dieu.

Les anges

Le mot *malakh* dérive de la racine *lakh* qui signifie envoyer, servir, dans la langue d'Ougarit, en arabe, en éthiopien comme en hébreu. «L'ange» est donc un messager envoyé par un homme, un roi, ou un Dieu. Dans ce dernier cas, les anges apparaissent aux hommes pour révéler la volonté de YHWH; un messager empêche Abraham de sacrifier Isaac, se révèle à Moïse dans le buisson, à Balaam pour barrer la route à son âne, parle à Élie, etc. David reçoit un messager qui lui annonce de mauvaises nouvelles. Un messager harangue le peuple à *Bokhim* [61]. Le messager de YHWH semble bien être un homme : il parle, il entend, marche, si bien que ses interlocuteurs ne savent pas toujours qu'il est ange [62]. Les trois visiteurs d'Abraham qui lui annoncent la naissance d'Isaac sont présentés comme des hommes : un style allusif conduit le lecteur à penser que ce sont des anges et l'un d'eux, Dieu en personne [63]. Les deux visiteurs de Sodome sont parfois décrits comme des hommes et parfois comme des messagers de YHWH [64]. En l'homme qui lutte avec lui, Jacob découvre le visage de Dieu : c'est un messager de YHWH [65].

Dieu, l'ange et l'homme peuvent ainsi se confondre en une même personne. Les prophètes prennent toujours le soin de dire qu'ils parlent au nom de YHWH, pas les anges qui agissent et ordonnent de leur propre autorité puisqu'ils sont par définition mandatés par YHWH [66]. L'ambivalence est fréquente et le texte la souligne constamment : l'ange parle au nom de YHWH, YHWH est présent dans la personne et les paroles de l'ange qui a forme d'homme. L'ange est Dieu et homme sans être totalement ni l'un ni l'autre. L'assimilation de l'ange à l'homme est encore plus fréquente dans le langage quotidien : le roi David a la réputation d'avoir la sagesse d' «un ange d'Élohim» et probablement le grand pontife aussi [67]. L'ange existe en fonction d'une mission précise : il vient sauver et parfois perdre, bâtir et parfois détruire. Il arrache Israël à l'esclavage d'Égypte et le guide à travers le désert à la place de Dieu lui-même. Mais la main qui panse peut aussi blesser : l'ange frappe les Assyriens comme

Israël lui-même. Dans ce cas c'est l'ange destructeur qui apparaît aussi sous le nom de Satan, l'adversaire, dans le livre de Job.

Ainsi les cieux que Dieu habite sont-ils pleins d'anges ils constituent la cour du roi des rois, la milice des cieux [68]. Celle-ci a ses accès sur terre pour y accomplir la volonté de Dieu. L'échelle que Jacob contemple sert aux anges à monter et à descendre du ciel où Dieu trône, entouré de Bénéi Élohim, de *seraphîm* et de *Keroubîm*, sortes de griffons ailés à corps d'animal et à figure humaine.

Les *Keroubîm* sont attelés au char qui véhicule la gloire de YHWH [69] : ils forment un organisme vivant, permanent qui anime la vie universelle. Isaïe, dans sa vision, découvre des *seraphîm*, non des *kéroubîm*, en contemplant la gloire de YHWH : l'un d'eux prend un tison pour purifier ses lèvres [70]. Zacharie voit des anges qui agissent ou qui parlent en lui. Au retour de l'exil de Babylone, à l'époque du Second Temple, l'angélologie prend une place plus importante dans la vie religieuse des Hébreux. Le livre de Daniel en témoigne : les anges emplissent l'univers où ils manifestent et réalisent la volonté de YHWH Élohim. Ils sont organisés en groupes hiérarchisés qui ont chacun une mission particulière.

Depuis la destruction du Premier Temple, l'exil d'Israël puis l'occupation de sa terre par les Perses suivis par les Grecs et les Romains, la conscience de l'immédiate proximité de Dieu s'estompe au bénéfice des intermédiaires privilégiés que sont les anges [71].

Dans le livre de Daniel, un ange sauve les trois jeunes gens de la fournaise, un ange délivre Daniel de la fosse aux lions, un ange lui explique la parabole de l'arbre aux branches coupées, des anges se découvrent à lui sous les noms de Mikaël ou de Gabriel et sous la forme d'un homme; un ange à l'aspect redoutable lui révèle l'avenir et un autre lui annonce qu'il devra combattre le chef du royaume de Perse, lui-même suivi par le chef de la Grèce. Des anges interviennent pour révéler à Daniel le sens des énigmes qu'il doit résoudre [72]. Cette prolifération des intermédiaires entre Dieu et les hommes révèle à la fois l'exil de Dieu et celui des hommes dans l'univers brisé des Hébreux, après la victoire des Assyriens, des Babyloniens, des Perses, des Grecs puis des Romains. Dans l'exil de Dieu et de sa parole, ils se tournent vers ses anges pour trouver en eux le réconfort et l'espoir.

Satan et les démons

L'homme de la Bible habite dans un univers qui exclut l'indifférence. Si la lumière est le lieu illuminé par la présence de Dieu et de ses anges, les ténèbres servent de résidence à Satan et à sa cour de démons.

Satan, l'adversaire, a beau être soumis lui aussi à la volonté de YHWH Élohim, il n'en prend pas moins le parti de contredire toutes ses décisions et d'entraver, dans la mesure de ses possibilités, les réalisations. Cependant, nous sommes loin de trouver dans la Bible hébraïque une démonologie aussi élaborée qu'en Mésopotamie ou en Perse. Il semble que les auteurs de la Bible entendent censurer la croyance à Satan qui hante la conscience païenne et probablement les croyances populaires des Hébreux, au bénéfice de la foi en YHWH Élohim.

Satan ne fait que de brèves apparitions dans les livres de la Bible. Nous le voyons agir en face de YHWH dans les deux premiers chapitres de Job où il est décrit, au milieu des fils d'Élohim, comme l'un de ses agents qui vaquent sur terre pour y observer et y inspirer l'action des hommes. Satan est l'inspirateur de l'épreuve que YHWH inflige à Job et d'où sortira l'admirable poème.

Le terme Satan apparaît quelquefois encore dans la Bible hébraïque avec des sens différents. Dans l'histoire de Balaam, il désigne l'ennemi en tant que tel plutôt que l'entité du mal [73]. Dans le livre des Rois, le nom de Satan apparaît quatre fois encore [74] mais à chaque fois ce Satan désigne un ennemi bien humain.

Les derniers livres de la Bible font une place plus large, plus explicite au prince des ténèbres. Zacharie [75] lui attribue, comme dans Job, le rôle d'accusateur du grand pontife Josué, tandis que dans les Chroniques [76] il remplit un rôle différent,

celui de pousser les hommes vers le crime, avec la nette tendance d'attribuer à Satan les fautes de David [77]. Il se spécialise
dans ces fonctions de tentateur à l'époque perse et par la suite
à l'époque hellénistique et romaine où la démonologie prend
l'ampleur que l'on sait dans la littérature intertestamentaire
et dans le Nouveau Testament comme, par la suite, dans toute
la littérature talmudique et rabbinique.

La Bible hébraïque ne parle de lui que d'une manière allusive et rarement, nous l'avons vu. L'esprit du mal est
constamment bridé par Dieu, source de tout bien. YHWH
permet à Satan d'éprouver Job, mais non de le mettre à mort.
Les allusions aux démons qui accompagnent Satan sont également fort rares dans la Bible [78]. Mais il ne faudrait pas
déduire de cette constatation une conclusion erronée :
l'homme de la Bible est hanté par le problème du mal. Il
suffit de lire les Psaumes pour s'en convaincre. Le prince des
ténèbres y est nanti d'une carte d'identité redoutable qui ne
compte pas moins de 112 noms, surnoms, titres et qualités.
Il est l'Adam du mal, le menteur, l'insensé, l'homme de
violence, de ruse, d'iniquité, de sang, le porteur d'infamie,
le forgeron du trouble, le lanceur de flamme, le guetteur
d'âme, le blasphémateur, le roi de la terre, le bourreau,
l'exterminateur, le révolté... Les yeux agressifs, le cœur enflé,
meneur de la meute des criminels et des faiseurs de guerre,
il est l'ennemi de la justice, l'oppresseur, l'oublieux de Dieu,
l'ennemi de la paix. Satan, l'adversaire, l'accusateur, y est
décrit comme le détenteur du sceptre du mal dont il incarne
dans la littérature biblique l'incompréhensible réalité.

On comprend dès lors la place si importante faite à la
démonologie dans les deux religions issues de la Bible, le
judaïsme et le christianisme.

Les noms de Dieu

Un Dieu se connaît d'abord par son nom. L'Hébreu entend
chaque jour les noms, étranges à ses oreilles, des dieux des
nations : leur panthéon est aussi rempli d'idoles que le ciel

d'étoiles. Les premiers des dieux cananéens sont Astarté et son époux El, lointain parent de l'Élohim des Hébreux. Avec leur fils Ba'al, ils sont les dieux des cieux et de la vie, comme Gad est celui de la chance, Dagôn, de la fertilité et Mêt de la mort. Les Cananéens ont encore cent autres divinités qu'ils adorent derrière chaque arbre, chaque source, chaque buisson, comme les Araméens, les Assyriens, les Babyloniens : El, Ashima, Ba'al, Haddad, Ashour, Istar, Bel, Mardouk sont confrontés avec les dieux de l'Égypte, Amôn, Assir, Râs'. Les noms des dieux de peuples plus lointains, les Hittites, les Arabes, les Perses, sans parler des Grecs et des Romains, tintent aux oreilles des Hébreux comme autant d'injures à l'idée qu'ils ont du Dieu unique. Son nom, nous l'avons vu, est YHWH Élohim. L'Hébreu voit en lui la source de toute création et de toute vie : il est un Dieu «biologique». Le mot Élohim évoque d'abord une idée de force vitale : la racine de ce mot sert à dénommer le bélier ou le chêne, la puissance, la volonté suprême et le même mot Élohim sert aussi à désigner les dieux des panthéons païens. Le substantif a beau être, en hébreu, un pluriel, les Élohim, et être ainsi entendu quand il désigne les idoles des nations, les Hébreux l'entendent en tant que singulier puisque leur Élohim est unique et qu'il est seul à régner sur terre comme au ciel. Pour plus de certitude, les Hébreux parlent d'Eloha pour désigner ce Dieu toujours présent à toutes les heures de leur vie et plus singulièrement encore, ils le désignent par le tétragramme YHWH qui revient 6 823 fois dans la Bible hébraïque lui valant ainsi le titre de Livre de YHWH. En dehors de la Bible, le nom YHWH se trouve dans des inscriptions de Lakhish et dans celle de Mesha', roi de Moab. Tandis qu'El est aussi l'un des dieux des panthéons païens, YHWH est le nom particulier du Dieu d'Israël, celui qu'il a révélé à Moïse et qui n'appartient qu'à lui, à ses pontifes, à son peuple.

L'étymologie de ce nom comme sa prononciation gardent leur secret. Mais dans la Bible, il désigne celui qui a été, qui est, qui sera, l'être absolu. Alors que les Juifs auront scrupule à écrire ce nom autrement que sous une forme allusive, il semble bien qu'à l'époque royale il s'écrivait clairement, avec ses quatre lettres sans abréviation. YHWH donne naissance à la forme *Ehyé, je serai*, ce qui est le mantra divin révélé à Moïse. Il est difficile de traduire la phrase « *Ehye asher ehye* » : «Je serai ce que je serai.» La conjonction asher pourrait plus exactement se traduire par deux points : « *Je serai : je serai*» emportant la double et dynamique affirmation de l'être. Les Hébreux utilisent plus fréquemment le diminutif de YHWH qu'ils prononcent Yah. Sous cette forme, le nom divin se trouve dans un grand nombre de noms et de mots.

Le mot *Adonaï* est le pluriel construit de *Adôn*, qui s'écrit en hébreu ADN, curieusement, si l'on songe à ce que ce sigle signifie en science moderne. Le pluriel est probablement dérivé de l'expression *Adonaï Élohim*, les *Maîtres-Élohim* [79]. Dans le langage courant le mot Adonaï, rarement employé dans la Bible, a fini par signifier le nom imprononçable et ineffable de YHWH appelé aussi *'Elyon*, le suprême, ou *El Shaddaï*, le Dieu de toutes les fécondités.

Le nom de *Sebaôt* s'entend dans les sens ambivalents de Dieu des milices célestes, Dieu de toute la multitude des créatures ou des myriades angéliques… Si Dieu est unique, les expressions qui le désignent dans la bouche des hommes de la Bible sont innombrables : il est le saint d'Israël, le Roc, le meneur de Jacob, le tremblement d'Isaac. Dans tous les cas, il est cet Autre, *hou*, ce *Lui* avec lequel l'homme peut constamment dialoguer, qui interroge, qui parle, répond : « *Oui, moi (je suis) Lui* [80].» Il est possible que ce nom Lui, hou, soit une forme ancienne du nom YHWH.

Ces noms multiples désignent dans l'esprit des hommes de la Bible une même, une unique réalité. Mais il n'est pas indifférent d'employer les uns ou les autres. La théorie documentaire est née, on le sait, du fait que certains textes du Pentateuque emploient de préférence le mot Élohim, d'autres YHWH pour désigner Dieu : d'où l'hypothèse qu'ils avaient des auteurs différents. Ces théories qui ont occupé la critique du XIXe siècle et du début du XXe siècle sont remises en question par les découvertes archéologiques, qui attestent que l'alternance des noms des dieux est de règle dans la

littérature des peuples de l'Orient ancien et qu'elle répond
à d'autres critères. Les Hébreux n'expriment pas exactement
la même pensée selon qu'ils désignent la divinité sous son
nom générique Élohim ou sous le nom par lequel elle est
connue en Israël, YHWH. Ainsi dans le récit du sacrifice
d'Isaac le nom d'Élohim est toujours employé pour désigner le Dieu de rigueur tandis que YHWH est le Dieu de
grâce. Ces constatations devraient permettre de reconsidé-
rer les conclusions de la critique.

L'habitant du ciel

En contemplant le ciel de son pays, qui marie l'éclat de
l'azur méditerranéen, les violences d'un climat subtropical
et la limpidité de l'air du désert, en admirant ses couleurs
qui vont du rouge vif au violet le plus dense, passant par le
bleu pâle, presque blanc, et par toutes les nuances de l'arc-
en-ciel, Joël reconnaît la gloire de son Dieu et l'œuvre de
ses mains [81]. C'est à son dialogue sans fin avec YHWH
Élohim que le peuple consacre tout son génie et non à la philosophie, aux arts, aux métiers ; à rien d'autre qu'à son
affrontement avec ce Dieu qui l'a séduit.

Le peuple sait qu'il doit son existence au choix de YHWH.
Il n'est pas un peuple qui crée ses dieux, mais celui que Dieu
a créé et choisi en se révélant à ses pères, à Abraham, Isaac,
Jacob, à Moïse et à David, qu'il a pétri de ses mains pour
des fins définies et contraignantes.

Les récits de la vocation d'Abraham, de la constitution
des douze tribus, de leur vie nomade, puis de leur asservissement en Égypte et de leur miraculeuse délivrance par Moïse,
hantent toutes les consciences et font l'objet de l'enseignement quotidien des pères à leurs enfants, des maîtres à leurs
élèves. Telle est la vision fondamentale dans laquelle le
peuple puise, du commencement jusqu'à la fin, l'énergie de
sa vocation, celle d'un peuple théophore, ayant partie liée
avec son Dieu, comme avec le destin de l'humanité. Sa

prétention était commune à la plupart des peuples de l'Antiquité qui croyaient, comme lui, avoir été choisis par leurs dieux pour la gloire d'un destin exceptionnel; ce qui semble avoir été particulier aux Hébreux, c'est d'avoir fait de leur Dieu, connu dans sa transcendance, le centre à peu près exclusif de leur vie nationale et religieuse, et d'avoir subordonné leur destin à sa loi, avec une persévérance qui savait franchir le seuil de la frénésie : ils avaient conscience d'être les élus et les alliés du Créateur de l'univers

YHWH, tel est le nom du Dieu des Hébreux. Ce peuple de la mémoire, qui a compté chaque consonne, chaque voyelle, chaque accent de ses Écritures, sans rien en perdre, dans le courant d'une histoire quatre fois millénaire, ajoute un paradoxe à ce tour de force : il a oublié comment se prononçait le nom de son Dieu – l'essentiel à ses yeux.

Car ce nom ineffable ne pouvait être prononcé publiquement qu'une fois l'an, dans le sanctuaire des sanctuaires, au Temple, par le grand pontife, pendant la cérémonie du Grand Pardon. Depuis la destruction du Temple, la véritable prononciation de ce nom s'est perdue, sans grande chance d'être retrouvée avec certitude. La lecture habituellement admise aujourd'hui par la critique, Yahwé, est une hypothèse invérifiable, tandis que Jéhovah constituait une erreur de lecture.

Dieu est la source, l'essence et le devenir de l'Être. Il est aussi une présence personnelle et les Hébreux, pour en parler, emploient toutes sortes d'anthropomorphismes : Dieu parle, il va et vient, monte et descend, se réjouit et s'attriste, fait des projets et se repent, s'irrite, punit ou récompense, se refuse, se cache, se donne et pardonne. Il crée l'homme à son image et l'homme n'hésite pas à lui attribuer les gestes, les mobiles, les pensées et les sentiments de l'humanité : cette ressemblance mystérieuse sera en définitive le fondement essentiel de la contestation de Job aux lisières d'un humanisme intégral. Dieu *est* avant toute chose et il est le créateur de toute réalité. Il est le Très-Haut, le Dieu des armées célestes, *Adonaï Sebaot*, le feu dévorant au cœur des hiérarchies angéliques. Il est l'unique, l'incomparable, le Saint et la source de toute sainteté. Au-dessus de tout concept, de toute pensée, de toute louange, il est le Maître de l'éternité. *Élohim* est aussi son nom, centre éternel des forces plurielles par lesquelles il se manifeste au sein de l'univers dont il est l'inventeur, l'architecte, le réalisateur, le sauveur.

Maître du monde, il est doué d'omniscience, de prescience, d'ubiquité. Il est le maître de l'histoire, le Seigneur de la guerre et de la paix, le souverain de toutes les nations de la terre. Il est celui qui se révèle à Abraham, donne sa parole à Jacob, son verbe à Moïse; il est celui qui fait alliance avec Israël, le constitue en tant que peuple, l'arrache à la servitude de l'idolâtrie, le fait monter d'Égypte, le libère de sa prison, l'établit en Terre sainte, le protège de ses ennemis, et, s'il doit le châtier de ses infidélités, il le délivre en fin de compte de la mort. Il est celui qui couronne les rois et sauve les humbles, le protecteur des pauvres, des veuves, des étrangers, des orphelins. Il est réellement présent au Temple de Jérusalem. Là son peuple peut lui parler, le prier, l'adorer.

Il est la source de toute vie comme de toute loi. Il est le seul législateur d'Israël. Moïse sur le Sinaï reçoit des mains de Dieu sa loi gravée sur le roc par le doigt divin. Les dix commandements constituent la charte du peuple dont dérive la législation hébraïque. La loi est un absolu issu de la pérennité divine et qui oriente le monde, en fonction de sa source, vers ses fins dernières.

Il n'est pas de domaine où Dieu ne légifère. Il est le Créateur de tout l'univers et le juge de toute chair. Non seulement il promulgue la loi mais encore il veille à son respect en récompensant ceux qui l'observent, en punissant toutes ses violations. Dieu est ainsi le juge d'éternité, le nourricier, le guérisseur, le libérateur. Il confère à l'homme l'étincelle divine qui le justifie et l'élève jusqu'à la connaissance et la contemplation de son mystère, source de tout génie, de toute vérité, de toute vie. Ayant arraché Israël à son esclavage d'Égypte, il le ramène de toutes ses dispersions : car il assure à jamais le triomphe de l'Alliance primordiale qui résout tous les conflits et permet le triomphe de Dieu, roi de toute la création, libérateur, en sa justice et son amour, de toutes les créatures.

Le Dieu d' Israël est ainsi, par essence, transcendant et souverain. S'il chevauche les nuées, s'il visite la tour de Babel et disperse de ses propres mains ceux qui l'ont construite, s'il ferme la porte de l'Arche derrière Noé, s'il descend du ciel où il réside pour chercher Adam au Paradis, s'il écrase les raisins du pressoir comme un vendangeur, s'il apparaît comme un héros, un foudre de guerre, un juge impitoyable qui éprouve tous les sentiments de la créature, la joie, la tristesse, le dégoût, le repentir, la jalousie, cela n'est que manière de parler : l'Hébreu sait que son Dieu se situe au-delà du créé, dans l'infini, l'éternité et la transcendance de l'être, à la source de l'univers qui n'est devant lui que néant.

« Je serai qui je serai », ces mots clés soulignent, dans la théophanie mosaïque, l'une des dialectiques les plus constantes et les plus profondes de la Bible, celle du dialogue : le Dieu des Hébreux est celui du Verbe. Il crée l'univers grâce à sa parole qui est créatrice, formatrice, salvatrice. Il parle à l'homme pour le conseiller, le guider, le réprimander, le sauver. Il dialogue avec lui : Moïse parlait à Dieu comme l'homme à son prochain. Et ce dialogue permanent anime le dynamisme interne de l'histoire et des Écritures des Hébreux. Car le Créateur est aussi le maître, le Seigneur, le roi, le père, l'ami. Ces noms, sous forme d'images, traduisent pour l'Hébreu la vie intérieure de son Dieu. Il est aussi le rocher d' Israël : cette métaphore tend à devenir un nom propre.

Dieu est invisible, cependant, présent partout, d'une réalité essentielle à toute vie, à toute création. Dieu est unique ; il n'y a qu'un seul Dieu et nul n'est semblable à lui. Ce principe cardinal de la pensée biblique s'inscrit en faux contre les croyances de tous les peuples et de toutes les époques de l'Antiquité. Les Hébreux affirment aussi avec force le caractère unique et prodigieux de la visitation dont ils ont été l'objet de la part de leur Dieu. Ils ressentent sa présence comme une révélation absolue qui ne permet ni le doute ni l'échappatoire.

Cette révélation irrésistible, évidente à leurs yeux, comme la lumière du soleil, est également inéluctable : Dieu est omniprésent, omniscient et omnipotent. Aussi, chaque théophanie joue dans la conscience de ceux qui en sont l'objet comme un traumatisme, dont l'effet se répercute sur le peuple de génération en génération : Dieu tient son peuple parce qu'il vit dans sa conscience en tant que présence inouïe, merveilleuse, miraculeuse et sainte.

Nouvelle échelle des valeurs

Les mythes de la création existent en Mésopotamie, chez les Cananéens et dans la plupart des grandes civilisations de l'Antiquité. La Genèse situe au sommet de la création universelle l'homme conçu à l'image et dans l'ombre du Créateur ; ici, la cosmogonie est subordonnée à l'anthropologie et met au premier plan la vocation divine de la condition humaine. Nous sommes au seuil d'un tournant révolutionnaire de la pensée humaine : désormais, une source est une source, un arbre, un arbre et non plus des divinités redoutables dont il faut se concilier les grâces. Les tabous, les totems, les interdits immémoriaux, les divinités astrales sont déchus de leur dignité et l'homme, arraché du trône où les rois se laissaient adorer comme des dieux : l'Être est la seule, l'unique divinité digne d'être servie, non pas les idoles de pierre et de bois et d'idées, non pas la créature, non pas la matière, non pas l'argent, non pas la nation ou le sexe.

Une nouvelle échelle des valeurs se définit à partir de la fulgurante intuition de l'unité du réel. Elle prend le contre-pied de tous les instincts et de toutes les tendances de l'homme : elle exige qu'il soit saint, alors qu'il est déchiré par le partage ; qu'il soit juste, alors qu'il est asservi à toute iniquité ; qu'il ne tue pas, qu'il ne vole pas, alors qu'il vit de sang et de rapines ; qu'il ne convoite pas alors qu'il est tout entier désir, et ne peut vivre hors de sa condition, sauf par élection et grâce. Oui, un Dieu jaloux, qui demande à l'homme d'être tout le contraire de ce que la nature a fait de lui – qui exige non le progrès mais la mutation des êtres, sauvés par l'alchimie nouvelle de l'élection et de l'amour.

Car le Dieu des Hébreux est aussi un Dieu d'amour, de justice et de paix. Il ne se passe aucun drame dans la vie intérieure de la divinité qui est toute-puissance souveraine, volonté pure, plénitude d'unité. Leur pensée ignore les mythologies de la guerre des dieux. Le drame qui conditionne l'homme ne se situe plus sur l'Olympe, il descend sur la terre, il devient l'héritage exclusif des hommes, non plus des Dieux. Le combat cesse de se dérouler entre dieux ennemis : il devient la part des hommes et s'insère dans le dessein plus grandiose du devenir de l'humanité.

Le royaume de Dieu

Devant la pression constante des empires qui entourent et finiront par détruire leur petit peuple, les Hébreux se réfugient dans l'espérance du royaume de Dieu, le royaume de YHWH. L'antique notion partagée par les nations de l'Antiquité, du Dieu roi, se remplit chez les Hébreux d'un contenu nouveau et révolutionnaire, celui de leur monothéisme.

Comme ils l'ont appris des livres de la Bible, ils voient en Dieu le roi de son peuple : YHWH promulgue sa loi, nomme le souverain et ses ministres, veille au ravitaillement et à la sécurité de ses enfants, récompense le bien et punit le crime. La notion du Dieu roi est si profondément enracinée que les prophètes verront toujours d'un œil critique l'établissement d'une royauté humaine en Israël [82]. À leurs yeux, celle-ci constitue une sorte de trahison par rapport à la seule royauté admissible, celle de YHWH Élohim régnant directement sur son peuple, sans autre intermédiaire que sa parole portée par ses élus.

Les prophètes projettent dans l'avenir le temps où YHWH règnera totalement sur son peuple : alors viendra la rédemption d'Israël, précédée par le châtiment de ses crimes [83]. Le jour de YHWH sera celui de l'établissement de son royaume non seulement pour son peuple mais encore pour toute la terre. Dieu peut sauver son peuple parce que sa puissance est

infinie. Créateur des cieux et de la terre, il est le souverain
légitime de toutes les nations : son pouvoir universel fonde
sa vocation de sauveur du monde [84]. La nature elle-même le
proclamera pour son roi, à jamais, prouvant sa supériorité
sur les dieux des nations [85].

Sept Psaumes [86] résument l'aspiration des Hébreux au
royaume de Dieu. Cette espérance pénètre la vie quotidienne
des hommes de la Bible et trouve dans leurs écrits sa plus
haute expression lyrique. Dieu est ainsi célébré dans les liturgies du Temple en tant que roi d'Israël et roi du monde. Le
royaume de Dieu est décrit par opposition aux empires de
ce monde : ces derniers, illégitimes, sont fondés sur la violence et les abus de souverains barbares. Le royaume de
YHWH a pour roi le Créateur des cieux et de la terre. Sa
loi, légitime en sa source, est fondée sur les impératifs de
la justice, de la paix et de l'amour.

L'amour, fondement du monothéisme éthique

Au cours des cinq siècles de la monarchie, les inspirés
d'Israël édifient, à partir des traditions de la vie patriarcale
et de l'époque des Juges, un édifice conceptuel dont la méditation des siècles n'a pas épuisé la richesse. Il s'agit là encore
non pas d'une dialectique rationnelle, mais d'affirmations
massives qui tendent à traduire les pouvoirs de la vision et à
ordonner l'homme aux réalités de sa vocation divine.

Le fondement de leur éthique se trouve dans l'amour.
L'antique commandement : «Tu aimeras ton prochain comme
toi-même», identique en son essence à cet autre : « Tu aimeras YHWH ton Élohim de tout ton cœur, de tout ton être,
de toutes tes intensités» exprime l'un des fondements onto-
logiques de l'univers des Hébreux et définit l'ordre réel qui
doit assurer les relations normales des personnes. Car l'individu fait partie du corps social, il est une créature qui
conditionne l'harmonie de l'univers et doit, par conséquent,
se plier à sa loi. L'amour n'est pas un sentiment plus ou moins
profond qui peut exister ou non : il est la réalité et la source

de toute vie et de toute paix. Lorsque le «conseil de paix» triomphe entre deux personnes, l'amour jaillit entre elles, car leur volonté devient identique [87]. L'union des volontés, voilà le miracle que permet l'amour à la source de toute vie.

La paix et la bénédiction, comme l'amour et la vie, sont si étroitement liées qu'il est impossible de les dissocier; ce sont les deux aspects d'une même plénitude de force et de vie. Car la paix est au mal ce que la lumière est aux ténèbres [88]. Celui qui a la paix possède tout le bien, toute la plénitude de la vie et de la bénédiction, le salut et la délivrance, la liberté et la lumière, la joie et la fécondité, l'amour enfin.

La paix accompagne partout celui qui jouit de la bénédiction : il est en paix avec sa maison, sa postérité, ses amis, ses biens. Le tout découle d'une même source, la perfection de son âme et de sa vie en Dieu. La paix est une réalité surnaturelle et toute puissante qui défie tous les risques et tous les dangers. Celui qui a la bénédiction est toujours sauvé de tout mal par son Dieu; la mort, la famine, la plaie, l'angoisse, la guerre, la médisance, la calomnie, la sécheresse, le gel, les bêtes sauvages, la maladie ne pourront l'atteindre, car Dieu est son salut [89]. La paix est au triomphe du royaume de Dieu et au règne de sa loi. Ainsi s'enracine l'espoir de l'abolition des guerres et d'une ère où l'on oubliera l'art des combats [90].

Le rêve hébraïque se nourrit de l'attente d'une rénovation des réalités du paradis terrestre à l'heure du triomphe de Dieu et de son Messie. Les prophètes donnent les thèmes majeurs de la théorie messianique : celle-ci ne se développera pleinement qu'au retour de l'Exil. Plus tard, elle aura le retentissement que l'on sait au sein du judaïsme et plus encore du christianisme.

Dieu vivant parmi son peuple

L'intervention de Dieu dans l'histoire dont il est le maître assure la victoire de l'innocent sur le réprouvé, du bien sur le mal et prépare, tout au bout de la nuit, l'allégresse des aurores messianiques.

Le péché emporte en soi sa sanction. Le jugement de Dieu est de tous les instants et concerne tous les vivants. Une idée centrale commande la métaphysique du jugement de Dieu : l'homme est identique à ce qu'il veut être. Il s'identifie à ce qu'il aime, et la réponse à son unique question – être ou ne pas être, vivre en Dieu ou disparaître dans le néant – vient de lui et, dans sa liberté, s'inscrit pour lui sur les balances de l'éternité Ainsi se précise la notion du jugement de Dieu, de «Jour du Seigneur» : il surviendra pour Israël et pour les nations. La nature, la création entière seront jugées au jour de l'enfantement messianique des cieux nouveaux et de la terre nouvelle. Les nations qui résistent à Dieu ou à son Messie seront baptisées, taillées en pièces. Les rois qui attaquent Sion seront pris de panique, mis en déroute, détruits à jamais dans les apocalypses, où Gog de Magog est englouti dans ses enfers. La victoire du Dieu d'Israël aboutira à la conversion des nations : toutes les familles de la terre se prosterneront devant lui, le célébreront et se soumettront enfin à sa loi de justice et d'amour. L'orgueil des puissants sera brisé. Le juste meurtri, l'homme des douleurs et son peuple, jadis voués à l'abjection, deviendront la pierre angulaire de l'humanité sauvée et réconciliée. Le triomphe de Dieu permet le retour des exilés, la renaissance de Sion, la reconstruction de Jérusalem : le Temple redeviendra le lieu de la présence réelle du Dieu d'Abraham, la source d'un salut universel et éternel. La vision se précise et s'amplifie : des extrémités de la terre, les nations et les peuples apportent leurs offrandes au Dieu d'Israël. Son Messie règne à jamais, son diadème étincelle aux aurores de gloire. Le reste d'Israël est sauvé, les exilés sont rachetés du malheur, pacifiés, convertis : la loi de Dieu est désormais gravée dans leur cœur et les guide sans risque de chute – ils sont purs, justes, prospères, forts. La paix règne à jamais parmi les nations ; la guerre, la misère, l'injustice, la faim, la maladie, l'ignorance, la haine, le péché sont à jamais bannis de la terre. Cette formidable mutation sera possible parce que la connaissance de Dieu recouvrira le monde comme l'eau le fond des mers. Elle amènera le pardon, l'amour de la paix, du bien, de la justice; un cœur nouveau, un cœur de chair et non de pierre, sera donné à l'homme. Le triomphe du Messie sera marqué par l'avènement d'une humanité parfaite. La mort elle-même sera vaincue : «Un grand nombre de ceux qui dorment au pays de la poussière s'éveilleront, les uns pour la vie éternelle, les autres pour l'opprobre, pour l'horreur éternelle. Les sages resplendiront comme la splendeur du firmament et ceux qui ont enseigné la justice à un grand nombre, comme les étoiles pour toute l'éternité [91].» Ainsi les réalités de la justice divine triompheront d'une manière absolue et leur effet sera rétroactif, dans les ultimes accomplissements de la promesse.

Liberté, allégresse, espérance d'Israël

Le mythe sur lequel repose l'existence nationale, d'autant plus puissant qu'il a une réalité historique et certaine, est celui de la sortie d'Égypte et de la libération. La Pâque hébraïque est la fête principale : elle rappelle aux Hébreux la dureté de l'esclavage sous la férule de Pharaon, la grandeur de Moïse, le miracle de YHWH, le Dieu libérateur, et les bienfaits de la liberté. Jamais, sans doute, l'idéal de la délivrance n'a été vécu avec plus d'intensité que par les Hébreux. Là encore nous sommes en présence d'un fait global, pleinement significatif : la Pâque célèbre le passage de l'esclavage à la liberté, de l'angoisse à l'allégresse, des ténèbres à la lumière, de la mort à la vie. Elle consacre aussi la défaite de Pharaon et de son peuple devant Moïse et ses esclaves hébreux. Elle manifeste ainsi le triomphe de YHWH Dieu d'Israël sur les dieux des nations. La Pâque est d'ailleurs vécue chaque année en tant qu'événement contemporain. Chaque âge doit se délivrer de ses Pharaons et vivre le miracle de sa libération. Chaque personne en Israël se sent concernée directement par l'événement majeur de la vie nationale qui est aussi annonciateur de la délivrance absolue, de l'ultime Pâque messianique.

Joël se sait libre par la grâce de YHWH, son Dieu. Il est délivré de son asservissement aux mythes et aux mystères païens, il est libéré des panthéons des nations et de la multiplicité de leurs idoles. Il se sent également libre par rapport à la nature : celle-ci n'est plus connue en tant que puissance aveugle et fatale. La nature aussi est une créature de YHWH. De ce fait elle cesse d'être redoutable : l'homme créé à l'image et à la ressemblance de YHWH a pour vocation de la dominer et de la cultiver. Mais il ne doit pas devenir l'esclave de son propre travail : le repos du septième jour le délivre de son asservissement à l'œuvre de ses mains. La loi l'arrache à la tentation de l'accumulation capitaliste en interdisant le prêt à intérêt et en ordonnant la révision du cadastre à époques fixes. L'Hébreu est enfin délivré par sa foi de la haine et de la peur : il vit dans la sublime douceur de la présence divine, il n'a pas peur de la mort : celle-ci aussi sera vaincue. Il est absolument réconcilié avec sa condition, d'où l'incroyable allégresse de sa vie.

Jamais la joie de l'homme n'a été chantée avec plus de ferveur ni plus de génie que par les Hébreux : le livre des Psaumes constitue le livre à jamais actuel des chants de la félicité de l'âme humaine. Il s'agit là d'une joie drue, dure, illuminée par les certitudes d'une connaissance initiatique, par la lucidité d'une impérissable vision. L'Hébreu, même aux heures les plus décevantes et les plus cruelles de sa vie et de son histoire, sait que trois moments articulent le devenir de l'homme : la nuit est livrée à l'iniquité du Réprouvé que le Juste, dans l'oblation de son âme, doit savoir affronter jusqu'au martyre. Tout au bout de la nuit survient le jugement de YHWH qui marque l'inévitable défaite du Réprouvé et assure le triomphe du Bien ; l'aurore enfin succède à la nuit et proclame la gloire du règne messianique. Quand le malheur arrive, Joël sait attendre l'heure de la joie.

Car la vie quotidienne de ces hommes chevelus est consacrée à la joie de leur noce avec YHWH. Leurs jours sont tissés dans l'allégresse de leur Alliance, que leurs poètes ne cessent de célébrer dans une liturgie sans fin. Ils chantent le Dieu transcendant et permanent qu'ils aiment et qu'ils servent : ils

chantent la création entière qui est l'œuvre de ses mains, les
cieux, la terre, les abîmes admirés dans la lumière de Dieu.
Une extrême familiarité attache Joël à la terre : il se sait le
frère du soleil, des étoiles, de la lune, des animaux qui
l'entourent. À en perdre haleine, il chante la création et son
chef-d'œuvre, l'homme – son corps, son âme, son génie. Il
chante enfin l'amour qui tapisse sa demeure. Et le Cantique
des Cantiques, écrit à la gloire de la vie amoureuse du couple,
enfin libéré, est en quelque sorte le chant national des Hébreux.

Leur joie n'est pas aveugle : elle connaît le poids de chair
et de sang de l'homme, ses limites et la tragédie réelle de
sa condition. Mais elle se nourrit en cela de lucide espérance : l'homme doit se fier à YHWH jusqu'à l'heure de la
pleine délivrance... Cinq synonymes reviennent dans la Bible
pour désigner l'espoir de l'homme. YHWH, tel est le vrai
nom de l'espérance, et c'est pourquoi, même en face de la
mort, il n'est pas vain d'espérer. L'espérance est un lien vivant
tressé entre le Dieu de la délivrance et Israël, dans l'attente
des réalités eschatologiques où l'ordre réel du monde sera
à jamais rétabli dans la vérité de l'amour et la pénitude de
la paix.

Épilogue

« Et YHWH sera leur lumière.
Is. LX, *19.*
« ton roi… parlera de paix pour les nations. »
Zac. IX, *10.*

Épilogue

Eschatologie et messianisme

Deux pôles extrêmes animent le dynamisme interne du peuple de la Bible : le souvenir du Paradis perdu et l'espoir de la restauration lors de l'accomplissement des fins dernières d'Israël et de l'humanité. La toute-puissance de ces deux mythes explique peut-être l'acharnement des Hébreux à persévérer dans l'être réussissant à sauver leur foi, leur langue, leur culture du naufrage des siècles.

Le souvenir du Paradis perdu se rénove dans l'admiration des gloires du passé d'Israël, de son élection dans la personne des patriarches, de son association à l'œuvre de Dieu dont il est un partenaire et un allié, créé à son image. La puissance des traditions exalte les courages à l'heure où la nation doit se battre pour survivre, avec d'autant plus d'efficacité que l'avenir d'Israël est lié dans la conscience des Hébreux à celui de l'humanité pour laquelle il validera la promesse, dans la grâce de YHWH. Car l'attente des fins dernières se nourrit des certitudes du passé et l'inspire, dans la foi que YHWH, créateur du monde et allié d'Isarël, amènera sa création au point extrême du salut d'Israël et des nations. L'état présent du monde, les tragédies qu'Israël traverse, les réalités du mal, de la guerre, de la haine, les succès des nations, l'arrogance des réprouvés sont transitoires et passeront comme un cauchemar qui s'efface au matin. Cela est sûr parce que YHWH vient, parce qu'il va créer un ciel nouveau et une nouvelle terre, conformes, cette fois, à la plénitude de sa promesse et de son alliance.

L'apparition de YHWH dans une théophanie décisive constitue le noyau central qui supporte l'eschatologie et le messianisme d'Israël. Une fois de plus l'histoire constitue ici l'expression essentielle de la pensée religieuse des Hébreux. Les prophètes décrivent le jour de YHWH dans les termes mêmes où sont présentées les théophanies d'antan, celles d'Abraham, la sortie d'Égypte, le don de la Tora au Sinaï, la guerre de conquête, l'alliance avec David [1]. YHWH surgira pour juger la terre, condamner le criminel, sauver l'innocent, rétablir Israël et châtier les nations impies. Leur révolte, les guerres qu'elles déchaînent provoqueront leur châtiment et leur conversion. Les nations qui se dressent contre Dieu ou contre son messie seront écrasées, les rois qui attaquent Sion seront mis en déroute – YHWH lui-même se dressera pour défendre son héritage et fouler aux pieds ses ennemis afin d'assurer à jamais le triomphe de Sion.

Ces espérances sont d'autant plus vives dans la nation que son sort est plus précaire. Le salut est ainsi lié au jugement de YHWH qui est un Dieu miséricordieux et juste. Il vaincra ses ennemis dans l'univers entier, et cette victoire cosmique, obtenue grâce à ses alliés, sera manifeste dans l'histoire d'Israël et des nations [2]. La victoire de YHWH ne sera pas aveugle : elle a pour finalité de détruire l'iniquité qui s'oppose au règne de l'amour. Elle abattra les faux dieux [3], les puissances du mal [4], comme l'iniquité d'Israël [5]. Le châtiment viendra par l'épée, la faim, la peste, le feu, le tremblement de terre ou la déportation et les horreurs issues de la guerre [6]. Le jour de YHWH préludera ainsi nécessairement au triomphe du bien sur la terre, car le châtiment du mal droit précéder le règne de la justice.

Le jour de YHWH précède la restauration d'Israël dans la splendeur de l'Eden :

> « Oui, YHWH réconforte Siyôn,
> il réconforte toutes ses ruines.
> Il fait de son désert un Eden,
> de sa steppe un jardin de YHWH.

> La liesse et la joie s'y trouvent,
> la merci, la voix du chant [7]. »

La paix régnera sur la terre, même parmi les espèces animales, la mortalité infantile sera supprimée ; la vie humaine sera si longue qu'un décès survenant à cent ans sera considéré comme prématuré [8]. Car au jour de YHWH, le Dieu vivant marquera le triomphe de la vie sur la mort. Cette idée ne cessera de s'affirmer avec une force grandissante au cours des siècles. Aux origines, le mythe du Paradis retrouvé se cristallise dans l'attente de la Terre promise. Celle-ci conquise, l'espoir se reporte sur le temps où elle sera délivrée du mal, au jour de sa rédemption finale. 'Amos, le premier des grands prophètes écrivains, met l'accent sur les catastrophes qui accompagnent le jour de YHWH [9] qui sera fait de ténèbres et non de lumière [10]. Le salut ne viendra que pour les amants de YHWH : eux seuls seront protégés des catastrophes apocalyptiques rendues inévitables par les crimes d'Israël et des nations. Pour eux le royaume de David sera restauré dans son antique grandeur [11], à l'ère de paix et de bonheur qui suivra le jugement de YHWH. Osée met aussi l'accent sur Israël qui se situe pour lui au centre de l'eschatologie : il sera délivré malgré ses crimes, grâce à l'amour de YHWH restauré dans sa force originelle. Isaïe et Michée élargissent leur vision aux dimensions de l'univers ; le salut de Dieu concernera non seulement Israël et les nations mais la nature elle-même ; les cieux et la terre seront rénovés au jour de YHWH.

Sophonie marie avec force le destin de la nation avec l'accomplissement des fins dernières de l'humanité.

L'iniquité de Juda et d'Israël ne sera pas jugée avec moins de sévérité que celle des nations qui seront purifiées dans le feu de la colère de YHWH. Jérémie, Nahum, Habaquq, Ézéchiel, Aggée, Zacharie, dans les tragédies sanglantes qui clôturent l'histoire des royaumes de Juda et d'Israël, trouvent les incomparables accents du lyrisme eschatologique, qui atteint les sommets de son expression dans certains Psaumes et surtout dans les derniers chapitres (XL à LXV) du livre d'Isaïe. Le deutéro-Isaïe constitue le résumé

doctrinal le plus complet de l'eschatologie messianique
d'Israël.

Le jour de YHWH a amené ses châtiments : l'ère nouvelle
de la rédemption survient. YHWH délivre son peuple dans
sa grâce et sa miséricorde : une nouvelle Pâque marque la
renaissance de Sion, où affluent, venant de l'univers entier,
les rescapés de l'Apocalypse. Jérusalem et le Temple sont
réédifiés [12]. YHWH règne à Sion sur son peuple rédimé et
délivré à jamais de ses ennemis.

Le salut d'Israël prélude à la rédemption des nations. Le
serviteur de la paix triomphera dans la lumière, la vérité et
l'amour : les aveugles verront, les sourds entendront, les captifs seront libérés. Le peuple de YHWH sera la lumière des
nations et, grâce à lui, le salut atteindra les extrémités de
l'univers muté en des réalités nouvelles et inouïes, toutes de
bonté, d'amour, de justice et de miséricorde. L'exil d'Israël
et de Juda accentue la revendication d'un salut universel qui
force même les portes de la mort et rende justice à la souffrance des hommes par la résurrection des morts. Ézéchiel et
Daniel poussent à ses ultimes dévoilements l'eschatologie
des Hébreux. La voie est ouverte aux symboles apocalyptiques qui ne cesseront, désormais, de hanter la nation et, après
le triomphe du christianisme, une large partie de l'humanité.

La littérature apocryphe et pseudépigraphique fraiera la
voie aux enseignements de Jésus et du Nouveau Testament :
la revendication des triomphes de la vie, de la justice et de
l'amour sera désormais universelle dans son essence et sa finalité. La terre entière est ainsi vouée aux exigences du royaume
de Dieu et à ses délivrances.

Au terme, on rencontre l'annonce du Messie qui apportera
la libération attendue par Israël et par les nations. Le messie est l'oint de YHWH, le *meshiah*. Élu par lui, il reçoit la
même onction que celle des rois et des prêtres [13] : il est conçu
et espéré comme un roi et un prêtre idéal, en qui et par qui
se réaliseront toutes les promesses de l'Alliance. Il fera régner
la paix et la bénédiction après avoir défait tous ses ennemis ;
son pouvoir vient de YHWH dont il est le fils, l'aîné, le bien-
aimé [14].

Isaïe et Michée, dans l'esprit de l'antique tradition, prévoient pour ce personnage extraordinaire une naissance
mystérieuse :

« De toi, il sortira pour moi afin d'être
le gouverneur d'Israël :
ses origines sont antiques
aux jours de la perpétuité…
Jusqu'au temps où la parturiente enfantera…
il se dressera, il les fera paître
dans l'énergie de YHWH
Oui, alors il grandira jusqu'aux confins de la terre.
Et il sera cela : la paix [15]. »

Isaïe pousse jusqu'au détail la description de la paix para-
disiaque qu'instaure le rejeton de la souche de Jessé :

« Le loup demeure avec le mouton
la panthère s'accroupit avec l'agneau,
le veau, le lionceau, le buffle ensemble
un petit garçon les conduit…
Le nourrisson s'ébat sur le trou de l'aspic
sur l'antre de la vipère :
sevré il la manie de sa main.
Ils ne méfont ni ne détruisent
dans toute la montagne de mon sanctuaire ;
oui, la terre s'est remplie
de la connaissance de YHWH,
comme les eaux recouvrent la mer [16]. »

L'antique rêve qui hante la nation depuis la promesse faite
à Abraham, celui de voir Israël devenir une puissance mondiale grâce au triomphe surnaturel de YHWH, non par la
force ni par les armes, mais par les pouvoirs de la divine
omnipotence, se confirme et devient le refuge, dans la prière
et l'espérance, lorsque l'adversité fait rage. Le terme de la
vocation d'Israël n'est pas d'assurer le triomphe d'une nation
sur les autres, mais sur elles toutes, celui de YHWH par une

réconciliation surnaturelle de l'humanité et de la nature avec
le verbe de Dieu. Ici encore la domination du roi d'Israël
est conçue comme allant «de la mer à la mer et du fleuve
aux extrémités de la terre». Mais ce triomphe survient dans
le cadre d'un désarmement général :

> « Je trancherai le char d'Ephraïm,
> le cheval de Yeroushalaïm.
> Il sera tranché, l'arc de la guerre.
> Il parlera de paix pour les nations [17]. »

Car, en ce jour, le cœur de pierre des hommes sera circoncis. Il sera remplacé par un cœur de chair et la loi de
YHWH y sera gravée [18]. Les aveugles verront, les sourds entendront. Un salut éternel sera alors le lot d'Israël, revenu de
tous ses exils, lorsque la paix et le bonheur constitueront le
sort de toute l'humanité [19]. Pour décrire la splendeur du
triomphe de YHWH, Isaïe trouve ses plus sublimes accents.
Le jour de YHWH sera celui du triomphe de son esprit
saint et de l'avènement du messie; car il est le représentant,
le témoin et l'instrument du Créateur des cieux et de la terre.
Il annoncera et réalisera la mutation de l'homme, d'Israël
et des nations, réconciliés et pacifiés sur une nouvelle terre,
sous des cieux nouveaux.

D'où l'urgence de l'espérance messianique au cœur de
chaque Hébreu, depuis les plus lointaines origines [20]. Cette
attente a pu changer de forme et d'expression conceptuelle.
Elle constitue cependant la caractéristique la plus originale
et la plus quotidienne de la vie de Juda et d'Israël. Isaïe,
Michée, Jérémie, Ézéchiel, Aggée et Zacharie, le deutéro-
Isaïe et le deutéro-Zacharie ont tous une vision différente –
et qui se prête d'ailleurs à de multiples interprétations –,
mais tous attendent l'heure de la délivrance qui métamor-
phosera enfin les réalités de la vie nationale, internationale
et universelle, dans la révolution et la rénovation de la création tout entière.

L'histoire et l'utopie

Une telle audace révolutionnaire, un tel manque de réalisme ne sont pas sans surprendre chez un peuple de montagnards, dont la pensée se caractérise par une précision ascétique, par une inlassable chasteté de l'expression. Les voilà tout à coup, dans un envol qui finira par ébranler l'humanité, rêvant au Grand Jour et prévoyant un bouleversement beaucoup plus radical, une révolution infiniment plus totale que toutes celles – ses filles d'ailleurs – qui seront proposées au cours de l'histoire politique du monde, y compris en notre temps, par le marxisme, le léninisme, le trotskisme ou le maoïsme. À relire, tant de siècles plus tard, les textes prophétiques, on s'égarerait à voir en eux une *utopie*.

Les prophètes annoncent ou prévoient une révolution totale de la société, une mutation absolue de la création non pas au nom d'un idéal social, moral ou philosophique, mais comme conséquence de leur connaissance de YHWH. Leur Dieu avait décliné son identité à Moïse : « *Ehyé* asher éhyé », « Je serai qui je serai [21]... » C'est parce que YHWH est *qui il est* que l'histoire universelle a un commencement, un sens, une finalité. Elle n'est pas absurde malgré la cruauté sauvage de ses déroulements. Elle ne constitue pas non plus une suite aveugle de cycles fermés dont l'homme est l'éternelle victime. L'histoire s'oriente dès les origines sur la voie au terme de laquelle l'humanité constatera le triomphe de YHWH. Là encore, il ne s'agit pas d'imaginer que les Hébreux ont une philosophie de l'histoire. Non pas une philosophie, mais une connaissance *sub specie aeternitatis* du passé, du présent, de l'avenir de leur peuple et des nations conduits par la toute-puissance de YHWH vers le havre d'un salut d'éternité. Aussi la doctrine des prophètes n'est-elle pas le fruit d'une utopie, mais d'une vision et d'une prédiction. La justice sociale, la paix, la métamorphose de l'humanité et de la nature surviendront parce que YHWH le dit et qu'il le veut : dans son Royaume, le riche et le pauvre, le carnivore et l'herbivore, Israël et les nations finiront par coexister en paix.

Durant cinq siècles, les Hébreux reçoivent le message de leurs prophètes et épousent cet étrange destin qui devient désormais le leur : celui de dépositaires et de témoins d'une Tora dont la fécondité va donner naissance à trois religions monothéistes : le judaïsme, le christianisme et l'Islam

Génération après génération, ils reçoivent, conservent et transmettent des enseignements qui finiront par incliner le destin de l'humanité et par rénover ses pensées, ses aspirations, son langage.

Un Grec visitant le Proche-Orient au temps de Salomon, d'Isaïe, d'Ézéchiel, par exemple, aurait vu très peu de différences entre le pays des Hébreux, celui des Assyriens, des Babyloniens, des Syriens, des Phéniciens ou des Égyptiens. Même habitat, même diète générale, même manière de construire les temples, même régime monarchique, mêmes techniques de transformation des métaux, même manière de faire la guerre et même façon de se vêtir, de travailler la terre, de récolter ses produits. Sur le plan matériel, il aurait été difficile au voyageur de constater une différence essentielle entre la cité hébraïque et celle des peuples voisins.

Sur le plan social et politique, la différenciation est déjà plus facile : les rapports humains entre rois et sujets, entre riches et pauvres, entre citoyens et étrangers, entre employeurs et salariés ou entre maîtres et esclaves; le statut de la propriété, sa réglementation; la conception de la vie privée de l'homme et de la femme, la place occupée par les aspirations morales dans la vie sociale donnent à la cité hébraïque un visage qui offre, malgré certaines ressemblances, un caractère de grande originalité dans l'ensemble du monde antique.

Mais dans l'idée qu'ils ont de YHWH et dans leur vision de l'avenir de l'humanité, les Hébreux innovent d'une manière absolue.

Leur Dieu est un Dieu unique, transcendant, jaloux. Cette simple affirmation finira par saper les bases sur lesquelles reposent toutes les sociétés de l'Antiquité, dont les divinités sont désormais dénoncées comme mensongères, inefficaces et mortes. Les Hébreux – et eux seuls – amorcent cette révolution dans l'histoire de la pensée universelle :

elle mettra fin au règne des idoles, de leurs mythes et de leurs mystères.

Cette constatation essentielle s'accompagne d'une cruelle dénonciation de l'homme naturel : une condamnation sans appel est lancée contre le meurtre, le vol, l'injustice, la haine, la guerre, la fornication bestiale, le mensonge, le désir même. Des aspirations inouïes vers la sainteté, la justice, les exigences extrêmes que YHWH, en sa loi, a pour l'homme, s'emparent de lui et l'obligent à rêver d'une autre nature humaine, spirituelle celle-là, qui permettrait la réconciliation cosmique annoncée par les prophètes.

Enfin une vision messianique inspire le dynamisme interne de l'histoire des Hébreux : ils proposent à l'humanité un idéal de justice, d'amour et de paix. Ils annoncent la vérité de leur croyance jalouse et prédisent ses accomplissements toujours prochains. Là encore, les siècles dont nous venons de décrire les jours marquent dans l'histoire des civilisations un tournant décisif, que la naissance du judaïsme et du christianisme ne manquera pas d'accentuer.

Le rêve d'une rédemption universelle se précise et se généralise. Ainsi l'utopie aura-t-elle une possibilité nouvelle de devenir histoire et d'inspirer la marche sanglante de l'humanité sur la voie de son unité réelle.

L'idéal très concret des anciens Hébreux, à l'époque des Patriarches, des Juges ou même au début de l'époque royale, s'élargit, s'universalise et se systématise aux époques ultérieures pour devenir dans certains textes d'Isaïe, de Jérémie, de Zacharie ou d'Ézéchiel une vision d'essence surnaturelle qui renie la vie et la nature telles qu'elles sont, pour revendiquer leur mutation, la création d'une terre nouvelle, de cieux nouveaux et d'un homme parfait délivré de tout vice en son âme de telle sorte que la chute serait pour lui non seulement inconcevable mais impossible.

Car Dieu, Créateur du monde, est aussi le maître souverain du destin des hommes et du cours de leur histoire. Celle-ci est conçue dans sa totalité et dans sa finalité : elle a un but, l'établissement du royaume de Dieu. Toute l'histoire sainte, l'élection d'Abraham, la sortie d'Égypte, l'Alliance, le don de la loi et de la prophétie sont autant d'étapes vers ce but suprême. Ainsi l'élection d'Israël et sa passion, dans l'optique biblique, ne constituent pas un amoindrissement de Dieu dans le cadre d'une tribu, mais un acte nécessaire au procès du salut universel. Le peuple de l'Alliance doit devenir l'instrument de l'alliance des peuples, le porteur du salut promis.

Dieu a élu Israël pour que, peuple théophore en ses prophètes, ses apôtres, ses saints, ses justes, il transmette aux nations la révélation qu'il a reçue au Sinaï : l'histoire de l'humanité constitue ainsi la catégorie la plus universelle de la pensée biblique. La Création a un sens, et l'humanité, trahie par ses propres crimes, doit s'allier à Dieu pour permettre les accomplissements des liturgies de la création. Ce n'est pas par hasard que la Bible a été appelée une Histoire sainte. À vrai dire, rares sont ses livres qui se situent hors du genre historique : tous ont pour but évident la réalisation des desseins de Dieu sur son peuple et sur toutes les créatures. L'histoire constitue ainsi le drame central de la création. Elle a un commencement et s'oriente, à travers les mille péripéties de ses développements, vers une fin. Elle se présente, dans la conscience des prophètes d'Israël, comme un rite sacré dont la scène est l'univers et l'enjeu, l'accomplissement et la libération de l'homme.

Le salut, la rédemption, la libération sont riches d'un contenu positif : ils doivent non seulement délivrer du mal, mais assurer le triomphe universel du bien.

Car la justice et la vérité sont les supports de la force et la condition de la vie : sans elles, l'amour ne peut durer ni l'alliance se maintenir. La justice, dans tous ses aspects, est une manifestation essentielle de l'alliance. Aux origines les penseurs d'Israël ne distinguent pas entre les notions de droit et de devoir, toutes deux confondues dans la révélation de la volonté divine, dans l'alliance, dans la loi. La notion de justice est centrale dans la pensée hébraïque depuis les origines jusqu'au dramatique récit de Job qui met en cause Dieu et conteste sa réalité au nom de sa justice. Pour les Hébreux la justice est en effet l'unique problème de la vie : sans cesse ils reviennent sur la définition de la justice de Dieu et de celle des hommes.

Les pensées courantes à ce sujet sont débattues à longueur de siècles dans les villes de Juda et d'Israël. Les idées admises sont celles qu'expriment les amis de Job : l'homme doit être juste afin de mériter la bénédiction de Dieu, mais en tout cas il doit tout accepter et s'en remettre avec foi au décret divin. Les rebelles seront engloutis au Shéol tandis que les pacifiques hériteront de la terre au jour du Seigneur. L'abandon de l'homme juste à la volonté de Dieu devient un thème majeur dans Job, les Psaumes, les prophètes. Ainsi l'automatisme de la relation entre justice et bénédiction est contesté : le mystère de la justice de Dieu existe et l'homme ne peut le percer que par la foi et l'abandon : «Assure-toi en YHWH, fais le bien, hante la terre, pâture avec adhésion [22].»

Mais l'exigence de la justice sociale ne cesse de croître et la clameur prophétique ne cesse de monter avec les siècles, contre les puissants, les riches, les violents qui sont au pouvoir à Jérusalem, à Béthel, à Samarie et contre les empires, ceux d'Égypte, de Damas, de Mésopotamie qui complotent la destruction et la guerre. La condamnation des grands de ce monde est massive, sans appel, dans la bouche des prophètes qui dénoncent leur vie vouée au luxe, à la volupté, au pillage des pauvres. Le petit trouve grâce à leurs yeux parce qu'il est sans défense et que sa cause est juste – le riche a toujours tort parce qu'il viole la loi de l'Alliance et nuit à son peuple, et même aux herbes des champs et aux bêtes. Ses méfaits sont d'autant plus absurdes que tout le monde en souffre et que lui-même finira par en être la victime. Car la justice triomphera, et son triomphe marquera la fin de la contradiction la plus grave dans l'univers des Hébreux, celle qui existe entre le mal triomphant, l'iniquité régnante et la justice de Dieu. Les prophètes, semble-t-il, n'ont été intéressés par aucun des problèmes métaphysiques et moraux qui ont préoccupé la pensée des Anciens : la justice seule a hanté leur conscience, et l'évidente contradiction que Job dénonce demeure pour eux un mystère qui ne sera révélé qu'au jour du triomphe de Dieu [23].

Ainsi la méditation prophétique se heurte au mystère du mal et s'ouvre sur une espérance nouvelle qui trouvera ses expressions les plus puissantes au retour de l'Exil, au sein des deux religions qui naîtront des fécondités de la Bible, le judaïsme et le christianisme.

TABLEAU CHRONOLOGIQUE DE LA VIE QUOTIDIENNE DES HÉBREUX
à l'époque nomade, semi-nomade et à l'époque royale

	Égypte	Terre d'Israël	Mésopotamie
Bronze Ancien 3100-2100 (début de l'écriture 3000) 3000	*Ancien Empire, Memphis. Grand Pyramides*	Les Cananéens.	Sumériens et Akkadiens.
Bronze Moyen 2100-1550 2000	*Moyen Empire: Thèbes-2030-1720 Contrôle la côte syro-palestinienne. Invasion et domination des Hyksos-1700-1500*	Vocation d'Abraham. Arrivée en Canaan vers 1750 (?) Descente de Jacob en Égypte vers 1600 (?)	Sumériens, puis Amorites - 2050-1750. Poèmes akkadiens sur Création-Déluge. Hammurabi vers 1750.
Bronze récent 1550-1200 1500	XVIIIe et XIXe dynastie 1580-1200. Thoutmosis III – 1468-1436. – Campagnes en Palestine-Syrie. Aménophis IV-1375-1350 ou Aknaton-Adorateur d'un seul dieu à Aktaton. Séti Ier 1314-1292. Ramsès II – 1291-1225. Construit Pi-Ramsès. – Lutte puis alliance avec les Hittites. Meneptah 1225-1215. Lettres de Tell-El-Amarna (Hapiru, Abdihépa, roi de Jérusalem). Stèles de Séti Ier et Bet Shan. Stèle mentionnant une victoire sur le peuple d'Israël.	En Canaan, les Hourites. Tablettes d'Ougarit (1400-1300) Sortie d'Égypte au désert Vers 1230 Entrée en Canaan	En Asie Mineure et Nord Syrie Hittites Apogée hittite 1350. A partir du xve siècle croissance de la puissance assyrienne.

	Égypte	Terre d'Israël	Mésopotamie
Age de Fer **1200-900** **1200**	XXe dynastie – 1184-1070 Ramsès III – vers 1175. – victoire sur «peuples de la mer» refoulés sur côte de Palestine.	Vers 1200. Début de la conquête Josué. Conquête de Hassor et nom- breux «rois». **Les Juges** Déborah et Baraq. Victoire de Tanak 1125 Gédéon. Victoire des Philistins à Apheq 1050. Début de Samuel – 1040. **Royauté** **Saül** – 1030-1010. – victoires sur Ammonites et Philistins. **David** – 1010-970. – victoires sur Philistins, Moa bites, Araméens de Çoba et Damas, Ammonites, Amalécites, Edomites; – prise de Jérusalem vers 1000. **Salomon** -970-930. – construction du Temple; – commerce– activité littéraire; – les traditions religieuses des Hébreux sont recueillies par Scribes; – utilisation généralisée du chameau.	**Royaumes** **araméens** Aram-Çoba, Aram-Hamat Aram-Maacha, Aram-Rohot, pour un temps, prépondérance à Babylone. Aram-Damas.
1100	XXIIe dynastie – 1070-945.		Vers 1100 Apogée de la puissance assyrienne. *Téglat* *-Phalasar Ier* puis déclin Rézon, roi de Damas – vers 950.

	Égypte	Juda	Prophètes	Israël	Royaumes Araméens	Mésopotamie
Age de Fer II 900-600 950	XXe dynastie 945-925. Shéshonq Ier 945-925. – parcourt vainqueur la terre d'Israël. Stèle à Meguido	Roboam 928-911.		Vers 930 Assemblée de Sichem et Schisme		Décadence assyrienne.
			ABIYYA de Silo.	Jéroboam 928-907. – réside às Tirça. – Temples: Dan et Béthel.	Damas. Tabrimom. Ben-Haddad Ier.	
900	Égypte impuissante.	Temple pillé par Shéshonq Ier. Abiyam 911-908. Assa 908-867. – s'aille à Ben-Haddad Ier contre Baasha.	JEHU BEN HANANI	Nadad 907-906. Baasha 906-883. Massacre maison de Jéroboam. Ela 883-882. (Zimri 882). Omri 882-871. bâtit Samarie. Achab 871-851. épouse Jézabel fille du roi de Tyr Ittobaal;		Réveil de l'Assyrie. 883-859 Assurbanipal.
			ELIE			

	Égypte	Juda	Prophètes	Israël	Royaumes Araméens	Mésopotamie
850		Josaphat 867-851.		– Temple de Baal ; – Victoire d'Apheq sur Ben-Haddad II, meurt ; bataille de Ramot. Ochozias 851. Joram 850-842. Stèle de Mésha roi de Moab 840. – Guerre conre Jéhu 842-814.	Ben-Haddad II.	858-824 Salmanasar III. 853 Bataille de Karkar.
		Joram 851-843. épouse Athalie fille d'Omri (ou fille d'Achab?) Ochozias 843. Athalie 842-836. Joas 836-799.	ELISÉE	Joachaz 814-800 se libère des Araméens de Damas.	Hazaël	841 Salmanasar III ; – atteint la mer ; – bat Hazaël, reçoit tribut de Jéhu et de Tyr-Sidon ; – bat aussi Ben-Haddad III. 810-783 Adadnirari III ; – tribut de Ben-Haddad III ; – tribut d'Israël.
800					Ben-Haddad III.	

	Égypte	Juda	Prophètes	Israël	Damas	Mésopotamie
800	Faiblesse de l'Égypte.	Amasias 799-769; – défaite à Bet Shemesh devant Joas d'Israël; – tué à Lakhish. Ozias 785-740. (ou Azarias (lépreux).		Joas 800-785.		Faiblesse de l'Assyrie.
			Vers 750 AMOS.	Jéroboam 785-749 (Ostraca de Samarie); – recouvre le territoire de Hamat à la Araba. Zacharie 749.		Téglat-Phalasar III 745-727 soumet Babylone; – impose tribut à Damas, aux rois de l'Ouest, à Menahem;
			Vers 744 OSÉE.	Shallum 748. Menahem 748-737. – tribut à Téglat-Phalasar III.	Raçon	
750	XXIVe dynastie.	Yotam 740-734. Achaz 733-727. siège de Jérusalem par Raçon de Damas et Péqah d'Israël; – alliance avec l'Assyrie.	740 Vocation d'ISAIE. Oracle de l'Emmanuel	Peqahya 737-735. Peqah 735-731. Osée 731-721 (?) paie tribut à l'Assyrie mais complote avec l'Égypte.	Fin de Damas	– reçoit tribut d'Achaz; – fait périr Raçon. Salmanasar V 726-722.

Mésopotamie	Israël	Prophètes	Juda	Égypte	
Sargon II 721-705. – 721 Siège et prise et Samarie.	– Osée emprisonné; – prise de Samarie 721 (?); – déportations : – envoie en Samarie de populations étrangères. Fin du Royaume de Samarie.	Vers 722 MICHÉE. La littérature des *Psaumes* se définit de la fin du Xᵉ au Vᵉ siècle. *Proverbes* ch. XXV sq.	Ézéchias 727-687. – inscription du Canal de Siloé; – expédition de Sennachérib qui impose tribut.	XXVᵉ dynastie nubienne	
– 711 Sargon prend Ashdod. Sennachérib 704-681. – 701 Victoire d'Elteqeh sur Eqronites et Égyptiens; – campagne en Arabie et prise de Lakhish; – entre 721 et 701, révoltes de Babylone contre l'Assyrie.					700

	Égypte	Juda	Prophètes	Mésopotamie
700	XXVe dynastie nubienne Tirhaqa 685-664.	Manassé 687-642 Cultes païens dans le Temple.		Asarhaddon 680-699. – enlève la Basse-Égypte; – impose tribut aux rois de l'Ouest dont Manassé. Assurbanipal 669-621. – impose tribut à Manassé; – refoule l'Égyptien Tirhaqa au-delà de Thèbes; – campagne contre Tanoutamon et pillage de Thèbes; Bibliothèque de Ninive.
650	XXVIe dynastie. Psammétique I 663-609. – vers 650 chasse les Assyriens d'Égypte;	Amon 642-640. Josias 640-609.	Vers 630 SOPHONIE. 627 Vocation de JÉRÉMIE.	
	– vers 625 arrête l'invasion scythe.	622 découvert du «Livre de la Loi»; – réforme religieuse;	Écrits d'esprit deutéronomique: JOSUÉ, JUGES, SAMUEL, ROIS 615 (?) HABAQUQ 612 (?) NAHUM.	Nabopolassar 625-605, – rétablit suprématie de Babylone; – 612 prise de Ninive par Cyaxare, roi des Mèdes, et Nabopolassar. Fin de l'Empire assyrien; – 609 fin des Assyriens.
600	Néko 609-593	– tué à Meguido par Néko. Joachaz 609. – remplacé sur ordre de Néko par Joiaquim 608-598. Joiakim 598. – siège de Jérusalem 597; déportation à Babylone.	ÉZÉCHIEL.	– 605 Néko battu à Karkémish. Nabuchodonosor 605-562.
	Psammétique II 593-589. Hophra 589-566.	Sédécias 598-587. – prise de Jérusalem le 9 Ab 586.		

Exil – Restauration – Dispersion

	Égypte	Terre d'Israël	Prophètes	Syrie Mésopotamie
600		587 } Plusieurs déportations 581 } à Babylone.	627-585 JÉRÉMIE 593-571 EZÉCHIEL	
550			550 2e ISAIE	555-538 Nabonide Balthasar
		538 Édit de Cyrus. Retour. Sheshbassar gouverneur 537 Zorobabel. Fondation du 2e Temple. 515 Fin de la construction du 2e Temple. Opposition des Samaritains.	Au cours du VIe siècle à Babylone, canonisation du Pentateuque.	539-529 Cyrus, roi des Mèdes et des Perses domine Babylone.
	525 Égypte conquise par Cambyse.			529-522 Cambyse, fils de Cyrus. 522-486 Darius. 486-465 Xerxès-Assuérus prend Athènes – battu à Salamine.
500			Vers 520 ZACHARIE AGGÉE.	
450		468? 458) Missions d'ESDRAS 398) 445 NÉHÉMIE. Reconstruction des remparts. Esdras lit la Tora au peuple.	Vers 460 MALACHIE Job – Cantique – RUTH. ABDIAS.	465-423 Artaxerxès Ier. 423-404 Darius II.

Exil – Restauration – Dispersion

	Égypte	Terre d'Israël	Prophètes		Syrie Mésopotamie
400	404 Égypte redevint libre.	400 Législation du *Pentateuque* sanctionnée par Artaxerxès.	Au cours du IVᵉ siècle canonisation des *Prophètes*.		404-358 Artaxerxès II.
350		350 Israël semble bénéficier d'une certaine autonomie, bat monnaie.	JOEL. *Chroniques.*	Platon	358-338 Artaxerxès III.
	342 Égypte reconquise par les Perses.		ESDRAS-NÉHÉMIE. JONAS. TOBIE.	Aristote	336-330 Darius III.
		333 Alexandre à Jérusalem (?)			Alexandre de Macédoine (336-323) soumet Syrie et Perse.
	332 Alexandre soumet l'Égypte. 331 Fonde Alexandrie.				

Fin de l'époque perse

Époque Hellénistique

Orient partagé à la mort d'Alexandre entre :

	Lagides → Égypte	Terre d'Israël		Séleucides → Syrie
300	Les Prolémées (323-30). Prolémée II (285-246).	Judée soumise aux Lagides jusqu'en 200.	Traduction des Septante. Qohélet – ESTHER (?).	Séleucus I (305-208) fonde Antioche.
250				Antiochus III (223-187).
200	Combats entre Égypte et Antiochus III. Égypte vaincue à Panion : Banias 200.	217 à Raphia, Ptolémée IV bat Antiochus III. 201 Antiochus III conquiert Israël. 169 Antiochus IV pille le Temple. 167-164 La grande persécution d'Antiochus IV. Début de la révolte des Maccabées. Mattathias (se succèdent Judas, Jonathan, Siméon). 164 Nouvelle Dédicace du Temple (25 Kislev). 161 Défaite de Nicanor (13 Adar).	SIRACIDE. DANIEL.	Séleucus IV (187-175) – ministre : Héliodore. Antiochus IV (175-164).
150		141 Retrait des garnisons séleucides. 134 Jean Hyrcan. Gouvernement des Asmonéens, mais leurs disputes amènent l'intervention de Rome.		
100			Vers 100 — *Livres des Maccabées. Judith.*	

Fin de l'époque hellénistique.
62 Prise de Jérusalem par Pompée.

Époque Romaine

	Israël	Écrits	Rome
50	40 Invasion Parthes. 37 Hérode prend Jérusalem, règne jusqu'à sa mort (en 4 après J.-C.). 20 Embellissements du Temple.	Vers 50 *Sagesse*.	44 Assassinat de César. 31 Bataille d'Actium. 27 Octave devient Auguste (meurt 14 après J.-C.).
	Ère chrétienne		
50	4 (?) Naissance de Jésus-Christ. 6 à 41 Judée province romaine. 41 à 70 Certaines parties gouvernées par rois ou tétrarques, mais révoltes contre Rome. 70 Siège de Jérusalem. Destruction du Temple (9 Ab).		
100	73 Prise de Massada. 132-135 Révolte de Bar-Khokba battu à Bettar (135). 135 Mort de Rabbi Akiva. Le Sanhédrin continue de se réunir à Yabné, Usha, Sheparam, Beit-Shéarim, Sephoris, Tibériade.	IIe siècle Canon des *Ketouvim*, les Hagiographes	
400		Vers 200 Rédaction de la *Mishna*. Vers 400 *Talmud* de Jérusalem.	
450		Vers 450 *Talmud* babylonien.	

Notes

Prologue

Nous les connaissons intimement
1. Jg. XI, 29-39.
2. 2 S. XI.

Le visage d'Abraham
3. Gn. XI, 27 ; XXVIII, 1-9 ; Nb. XII, 1 ; Ne. XIII, 23.

Portrait de Joël
4. 1 S. X, 23 ; Dt. I, 28 ; II, 10.
5. 1 S. XVII, 4.
6. Ct. VI et passim.
7. Ct. V, 11 ; IV, 1 ; VI, 5.
8. Jg. XIII, 5 ; XVI, 17.
8 *bis.* 2 S. XIV, 26 ; l'expression «à l'extrémité des jours et des jours» doit être entendue dans le sens d'une fois par an. Son poids pesait alors 200 sicles, soit environ 2, 280 kg.
   9. Ez. XLIV. 20.
  10. Lv. X, 6.
  11. Gn. XXVII, 11.

Observons nos squelettes
12. 1 R. XVIII, 46.
13. 2 S. I, 23 ; II, 18.
14. Jg. XIV, 6 ; 1 S. XVII, 34-36.
15. 2 S. XXIII, 20.
16. 1 S. XVI, 18.

Durée et valeur de la vie des Hébreux
17. Cf. Is. I, 2.

18. Dt. XXXIV, 7; Nb. XXXIII, 39; Jos. XXIV, 29.

19. Il s'agit de Roboam (58), Josaphat (60), Joram (40), Ochozias (23), Amazias (54), Ozias (68), Yotam (41), Achaz (36), Ezéchias (54), Manassé (78), Amon (24), Josias (39 ans); cf. 1. R. XIV, 21 à 2 R. XXII, 1. Les Septante qui donnent des chiffres sensiblement différents aboutissent à fixer l'âge moyen de ces rois à plus de 52 ans.

20. Ps. XC, 10.

21. Is. LXV, 20.

22. Nb. IV, 3; VIII, 26.

23. Nb. VIII, 24; 1 Ch. XXIII, 3 et 24.

24. Lv. XXVII, 1-7. *Le shéqel* ou sicle d'or est mentionné en Gn. XXIV, 22 et Jos. VII, 21. D'or ou d'argent (Gn. XXIII, 16; 2 S. XIV, 26; 2 R. XV, 20; Za. XI, 12-13), il pesait soit de 22 à 23 g par référence au *shéqel* babylonien (de 11 à 11, 5 g pour le *shéqel* léger), soit de 14, 5 à 15, 3 g par référence au *shéqel* phénicien (de 7, 3 à 7, 7 g pour le *shéqel* léger). À l'époque du premier Temple, le *shéqel* en circulation en Israël était le *shéqel* babylonien léger. Il serait artificiel et, faute de données sûres, arbitraire d'essayer de fixer la valeur du *shéqel* d'or ou d'argent en valeur actuelle.

25. Gn. XI, 30; XXX, 1.

26. Jg. XIII, 2; 1 S. I, 2-7.

27. 2 S. VI, 23.

28. Gn. I, 28.

29. Ps. CXXVII, 3.

30. Gn. XXV, 21.

31. 2 R. IV, 8-17.

32. Gn. XXX, 1.

33. Gn. XXX, 14-21.

34. Gn. XXXVIII, 9.

35. Gn. XXXV, 18.

PREMIÈRE PORTE
L'HOMME ET LA TERRE

La société

Un peuple nomade

1. Notamment les chap. II à IX de 1 Ch.

2. On peut les rapprocher de certains textes relatifs aux tribus arabes postérieurs à la naissance de l'Islam.

3. Jg. VI, 1-5; 1 S. XXX.

4. Gn. XII, 16; XIII, 2-12; XVIII, 1-8; XX, 14-15; XXI, 25-26; XXVI, 12-22; XXX, 43; XXXI, 17-18; XXXII, 13-15; XXXIII, 18-20; XXXVI, 6-8; XXXVII, 2; XLII, 1-5; XLIII, 11; XLVI, 6, 31, 34; XLVII, 6-11.

5. Jr. Ex. XX, 24; Gn. XLIX. Dt. XXXIII.

6. Jr. XXXV. Ces Rékhabites étaient sans doute apparentés aux Madianites parmi lesquels Moïse avait pris une épouse, cf. 1 Ch. II, 55.

7. Gn. IX, 5-6; Nb. XXXV, 19; Jg. XVIII-XXI; 2 S. III, 30; XIV, 4-7; XXI, 1-14.

8. Ex. XX, 12-17; XXI, 15-17; XXII, 15-16; 21; Lv. XVIII, 6-18. Dt. XXV, 2-10; Ex. XXII, 20. Dt. X, 19.

9. Ex. XXI, 13-14; Nb. XXXV. Dt. XIX. Nb. II, 34.

10. Jg. VI, 15; 1 S. XVII, 18; XXII, 7.

11. 1 S. IX, 16; Nb. XXI, 18. 1 S. II, 8; Jg. V, 9; XI, 11.

12. Nb. I, 44; II, 7.

Une mosaïque de nations
13. Dt. XXVI, 5.

14. Nb. XXIV, 24; Ez. XXVII, 21; Pr. XXX, 1; Is. LX, 7; XXI, 14.

15. Gn. XXIII.

La mutation
16. Nb. XXII, 4; Jg. XI, 5-11; Dt. XXXI, 28; Jr. XXIX, 1; 2 S. XII, 17.

17. Ils sont compétents en matière de rachat du sang (meurtre ou assassinat); de rébellion d'un fils, de diffamation d'une vierge et en cas de lévirat (Dt. XIX, 12; XXI, 3-6; XXI, 19; XXII, 15; XXV, 9).

18. Dt. XXI, 1.

19. Ex. IX, 7; XXIV, 1-9; Dt. XXVII, 1; XXXI, 9; Jos. VIII 33; 1 S. VIII, 4; Jg. XI, 5-11; Jos. VIII, 10; 2 S. XVII, 4-15; III, 17; V, 3; 1 S. IV, 3; 1 R. VIII, 1-3; 1 Ch. XVI, 25; Jos. VIII, 6; 1 Ch. XXI, 16.

20. Dt. XXI, 19; XXII, 15; XXV, 7; Rt. IV, 1; Lm. V, 14; Jb. XXIX, 7.

Un nouveau mode de vie
21. Jg. XI, 3.

Données démographiques
22. Gn. XLVI, 8-27; Ex. I, 5; Dt. X, 22.

23. Ex. XII, 37; Nb. XI, 21.

24. Ex. XXX, 11; Nb I, 1-4; I, 1-18; 20-46; II, 32; Ex. XXXVIII, 26.

25. Nb. III, 39.

26. Nb. XXVI, 51.

27. Les chiffres de ce recensement sont de 1 300 000 conscrits pour Israël et Juda dans 2 S. XXIV, 9 et de 1 570 000 dans 1 Ch. XXI, 5.

Les riches et les pauvres
28. Is. v, 8.
29. Mi. ii, 1-2.
30. 1 R. xxi, 1-16.
31. Lv. xxv, 23-35; 39-40.
32. I. Mendelsohn : *Slavery in Ancient East*, p. 23 sq.
33. Is. xxi, 16.
34. Dt. xxiv, 14-15; Lv. xix, 13.
35. Is. iii, 18.
36. Jr. xxxvii, 21.
37. Ne. iii, 31-32.
38. Is. vii, 3.
39. Ne. iii, 3.
40. 1 Ch. iv, 21.
41. 1 Ch. iv, 22; cf. de Vaux : *Institutions de l'Ancien Testament*, p. 121.
42. 1 R. ix, 26-28; x, 11-12.
43. 1 R. xx, 34; cf. 1 R. v, 15-26; ix, 10-14; 1 R. x, 1-13.

« Israël a engraissé : il rue... »
44. Dt. xix.
45. Dt. xxi, 18-21.
46. Dt. xxii, 18.
47. Dt. xxii, 22-24.
48. Dt. xxv.
49. 1 S. xxv, 18
50. Jb. i, 3.
51. 1 S. xvi, 20.
52. Ex. xxii, 24-25.
53. Dt. xv, 7-11.
54. Dt. xv sq.
55. Dt. xv, 1.
56. Ex. xiii, 11.

« Une même loi régira le citoyen et l'étranger... »
57. Dt. xiv, 29.
58. Dt. xiv, 28.
59. Lv. xxv, 8 sq.
60. Nb. xxxv, 15.
61. Lv. xix, 10; xxiii, 22; Dt. xxiv, 19-21; Jr. vii, 6.
62. Ex. xxii, 20; xxiii, 9; Lv. xix, 34.
63. Ez. xlvii, 23.
64. Lv. xvii, 15.
65. Ex. xiii, 48; Lv xvi, 29; Nb. xv, 29; xix, 20; Ez. xiv, 7.
66. Nb. ix, 14.

Vous les aurez pour esclaves

67. Si. XXXIII, 25-28
68. Si. XXXIII, 32.
69. Jb. XXXI, 15.
70. Dt. XXI, 10-14.
71. Dt. XXIII, 16.
72. 2 Ch. XXVIII, 8-15; Jg., passim.
73. Nb. XXXI, 15-18.
74. 1 R. IX, 27; 2 Ch. VIII, 9.
75. Ex. XXI, 32.
76. Lv. XXV, 39-43.
77. Lv. XXV, 47-53
78. Dt. XV, 12-18
79. Dt. XV, 17.
80. Gn. XVII, 12-13.
81. Ex. XII, 44; XX, 10; XXIII, 12; Pr. XVII, 2; Gn. XV, 3; Dt. XXI, 10-14.

Les «Barbus»

82. 1 S. XXX, 26-31; Nb. XXII, 7; Jg. VIII, 5-16; Ez. VIII, 11; Jb. XXIX, 9; Gn. XII, 15; Jr. XXV, 19; XXXVIII, 17; Est. I, 3; 1 R. IX, 22; 2 R. XXIII, 8; 1 S. VIII, 12; XVII, 18; 2 S. XXIV, 2-4.
83. 1 S. II, 8; Ps. 113, 8; 118, 9; Pr. XIX, 6; Jr. XXVII, 20; 1 R. XXI, 8-11.

Le roi

84. Dt. XVII, 14-20; III, 18; Os. XIII, 10; Ez. XXXVII, 25; Ag. II, 23; Za. III, 8.
85. Ex. XXII, 27.
86. 2 S. XXI, 17; Ps. 132, 17.
87. 2 S. XXIV.
88. 2 S. VII, 14; Ps. LXXXIX, 27-28; Ps. II, 7-8; XLV, 7; CX, 1; LXXXIX, 15-30.
89. Dt. VI, 15.
90. 2 S. V, 3; 1 S. X, 25; 2 R. XI, 17; 1 R. XIV, 7; 2 S. XXIII, 5.
91. 1 R. XII, 28; Am. VII, 13.
92. 1 R. III, 9.
93. 2 S. XIV, 5; 1 R. III, 16; 2 R. VIII, 3; Jr. XXII, 15-16.
94. 1 R. XV, 28-29; XVI, 10-12; 2 R. X; cf. 2 R. XI.
95. 1 R. I, 33-48.
96. Ps. II, CI, CX.
97. 2 R. XI, 12; Cf. 2 S. I, 10.
98. 1 S. VIII, 11-17.
99. 1 S. XXII, 7.

100. 1 S. XXII, 11 sq.
101. 1 R. II, 10.

Salomon dans toute sa gloire
102. Pour se rattraper, semble-t-il, il prit la forteresse de Tell-el-Foul,
qui date des Maccabées, pour un ouvrage des Croisés.
103. 1 R. IX, 10-24.
104. 1 R. X, 16-17 et 17-21.
105. 1 R. X, 18-20.
106. 1 R. V, 14.
107. A. Parrot : *Le musée du Louvre et la Bible*, Cahiers d'Archéologie
biblique, Paris, 1957, p. 82. n. 2; cf. 1 R. VII, 23 sq.
108. 1 R. X, 1 sq.

La cour
109. 2 S. III, 2-5; V, 13.
110. 1 R. XI, 3.
111. 1 R. XX, 3-7.
112. 2 S. III, 3; 1 R. III, 1; XI, 1; cf. 1 R. XVI, 31; 2 R. VIII, 18.
113. 1 R. XV, 13; 2 R. X, 13; Jr. XIII, 18; XXIX, 2.
114. Os. VIII, 4; XIII, 10-11; cf. Ez. XIII, 10-12; XXI, 30.

L'administration du royaume
115. 1 S. XVIII, 25.
116. 1 S. XIV, 52; X, 26; XVII, 25.
117. 1 Ch. XXVII, 16 sq.
118. 1 R. IV, 7-20.
119. 2 S. XX, 23-26.
120. 2 S. VIII, 6.
121. 1 R. XVI, 9; XVIII, 3; 2 R. X, 5; 2 R. XV, 25.

Impôts et corvées
122. Cf. 1 S. VIII, 17.
123. 1 S. XVII, 25.
124. Cf. 2 R. XV, 19-20; XXIII, 35.
125. 1 S. VIII, 14; 1 R. XVIII, 5; cf. Am. V, 11; Nb XXXI, 28.
126. 1 R. X, 15.
127. 2 S. XX, 24; 1 R. IV, 6; V, 27; cf. 1 R. XV, 23; Jr. XXII, 13.
128. Dt. XX, 11; Jos. XVI, 10; Jg. I, 35; Jos. XVII, 13; Jg. I, 28, 30, 33.
129. Jos. IX, 21-27.
130. 1 R. V, 27.
131. Za. XI, 13. À l'époque perse même les paysans payaient leurs
impôts en argent.
132. 1 R. XII, 18.

La justice

133. Nb. XXVII, 5; Jb. XIII, 18; Jr. XII, 1; Ps. 143, 2; Dt. XXV, 1; Lv. XVIII, 3-4; LVXX, 17; Dt. 1, 17; 1 R. III, 28.

134. Gn. XXXIV, 12; XXXI, 15; XXXI, 30-35; XX, 12; 2 S. XIII, 13; Lv. XVIII, 4; XX, 22-23.

135. Gn. XVI, 3; XXI, 9-14; XXX, 3, 9; XXXVIII, 25.

136. Ex. XVIII, 13; 1 S. VII, 15; 2 S. XV, 2, etc.

137. Jg. II, 16 sq.

138. Ex. XVIII, 13-26; Dt. I, 9-18.

139. Nb. XXXV, 24-25; Lv. IV, 15; Dt. XIX, 12; XXII, 15; XXV, 7-8.

140. Dt. XVI, 18-19.

141. Dt. XVII, 8-9; cf. 2 Ch. XIX, 5.

142. Dt. XXIV, 16; cf. 2 R, XIV, 5, 6; IX, 25; XXI, 1-14.

143. Gn. IX, 5.

144. Ex. XXI, 28-29

145. Lv. XX, 16.

146. Lv. XVIII, 29.

147. Ex. XXI, 29-30.

148. Ex. XXI, 18-19.

149. Dt. XXIV.

150. Z. -W. Falk : *Law in Biblical time*, Jérusalem, 1964.

Lieux et gestes

La cité

1. Gn. IV, 17.

2. Gn. XII, 6; XIII, 3; XIII, 18; XX, 1; XXII, 19; XXIV, 62.

3. Nb. XXXV, 1-8; 1 Ch. VI, 39 sq.; Dt. IV, 41-43; XIX, 1-13; Jos. XX-XXI.

4. 1 R. IX, 19; X, 26; 2 Ch. VIII, 6.

L'art de bâtir

5. 1 R. XXII, 39; Am. VI, 1-4.

6. Jos. VI, 25; 1 R. XVI, 34.

7. Cette technique de protection de la brique par des couches de sable apparaît à Tell El Hassi et à Guérar.

8. 1 Ch. XXII, 2.

9. Gn. XI, 3; Is. XXVII, 9; Dt. XXVII, 4.

10. Is. XLV, 1.

11. Jos. II, 15; 1 S. XIX, 12; Jr. XXII, 13-14; Jg. V, 28; 2 R. IX, 30-33.

12. 2 S. VI, 16; Ct. II, 9; Pr. VII, 6; 2 R. IX, 30.

La maison

13. Jos. II, 6.

14. 1 S. IX, 25.
15. Pr. XXI, 9.
16. 2 R. XXIII, 12.
17. Jg. III, 20; 1 R. XVII, 19; 2 R. IV, 10; Jr. XIX, 13.
18. Am. III, 15.
19. Jr. XXXVI, 22.
20. Dt. VI, 9; XI, 20.
21. 1 R. V, 6; 1 R. X, 26; 2 Ch. I, 14.

La question de l'eau
22. 2 R. XX, 20; 2 Ch. XXXII.

L'agriculture
23. Gn. XII, 10; XXVI, 1 sq; XLI, 27; 2 S. XXI R XVII-XVIII.
24. Ex. IX, 22; Ex. X, 3, Dt. XXVIII. 38; Jl. I, 4, Am. IV, 7, 9; VII, 1-6.
25. 1 R. V, 5; 2 R. XVIII, 32; Is. XXXVI, 17.
26. 1 S. XI, 7; 1 R. XIX, 19.
27. Jg. XIX, 10; 1 S. VIII, 16.
28. Dt. XXII, 10.
29. Is. XXX, 24; 2 R. VII, 16; Is. XXI, 7.
30. 2 S. XI, 1.

L'élevage
31. Jb. XX, 17.
32. 1 Ch. XXVII, 29.
33. Gn. XVIII, 7; 1 R. V, 3.
34. Ez. I, 10.
Les abeilles
35. Is. VII, 19; Dt. XXXII, 13; LXXXI, 17; 1 S. XIV, 25-27; Jg. XIV, 8.
36. Mt. III, 4; Mc. I, 6.
37. Is. VII, 18; Ps. CXVIII, 12; Dt. I, 44.

La chasse et la pêche
38. Gn. X, 9.
39. Gn. XXI, 20.
40. Gn. XXV, 27
41. Dt. XIV, 5.
42. Jr. XVI, 16; Ez. XLVII, 10; Am. IV, 2.
43. Jg. V, 17; Dt. XXXIII, 19.
44. Nb. XXXIV, Dt. XXXIII, 23.
45. Ez. XXVI, 4, 5, 14; Is. XIX, 8; Qo. IX, 12; Ha I 15.

La forêt
46. Ez. XXI, 3; 2 S. XVIII, 8-10.
47. Is. XIV, 8; Ez. XXXI, 3; Za. XI, 2; Is. VII, 2.

Valeur du travail de la terre
48. Is. XVI, 9, 10; Jg. XXI, 19.
49. Cant.

La terre de YHWH
50. Lv. XXV, 1-7; Ex. XXIII, 10; Lv. XX, 22.
51. Lv. XXV, 23.
52. Lv. XXV, 1-22.
53. Cf. Jr. XXXII, 6-11; Dt. XV, 1-13; cf. Lv. XIX.

La terre de beauté
54. Lv. XIV, 23-25; Lv. XXVI.
55. Dt. XX, 19.

Les métiers
56. 2 R. XXIV, 14.
57. 1 S. VIII, 13; Ex. XXXV, 35-36; XXVIII, 32; 2 R. XXIII, 7; 1 Ch. IV, 23; Ex. XXVIII, 6; Ex. XXVIII, 36; XXVI, 1.
58. Ex. XXVI, 14.
59. 1 Ch. IV, 23; Ne. III, 8; 1 S. II, 13; Ez. V, 1; Jg. XVII, 4; 1 Ch. IX, 30.
60. Il existait à Jérusalem un marché aux fromages, le Tyropéon.
61. À Jérusalem, allée des Boulangers, Jr. XXXVII, 21; Champ du Foulon, Is. VII, 3.

Les travaux domestiques
62. Dt. XXIV, 6; cf. Nb. XI, 8; Is. XLVII, 2. La forme du moulin n'a pas varié de l'époque néolithique à l'époque hellénistique : au lieu de se servir de la pierre supérieure comme d'un pilon, on la fait tourner sur un axe fixe; cf. Dt. XXIV, 6; Jg. IX, 53; 2 S. XI, 21.
63. Pr. XXVII, 22; cf. Nb. XI, 8; Lm. V, 13.
64. Cf. «La nourriture».

Le filage
65. Ex. XXXV, 25; Pr. XXXI, 19; cf. 2 S. III, 29.
66. Lv. XIII, 47; Dt. XXII, 11.
67. Is. XIX, 9.
68. 1 Ch. IV, 21.

Le tissage
69. Pr. XXXI, 24; VII, 16; Lv. XIII, 48.
70. Cf. Est. I, 6; Ez. XVI, 10-13; et l'usage que fait Dalila de son métier à tisser d'après les indications de Samson, Jg XVI, 13-14.
71. Is. XXXVIII, 12; Jb. VII, 6.

La teinture et le blanchissage
72. Jg. v, 30.
73. 2 S. xii, 22.
74. Jr. iv, 14; Ps. li, 4.
75. 2 R. xviii, 17; Is. vii, 2.
76. Il pouvait s'agir d'une sorte de nitrate.

L'industrie
77. 2 R. xxii, 14.
78. Is. xliv, 12; xlviii, 4; liv, 16; Jr. i, 18; Dt. iii, 11; viii, 9; Nb. xxxi, 22; 1 S. xiii, 21.
79. 1 Ch. xxix, 7; xxii, 3; cf. 1 S. xiii, 19-21; 2 Ch. xxiv, 12.
80. Gn. xxiv, 22; Nb. xxxi, 50; 2 S. i, 24; Ex. xxxii, 31.
81. 1 R. x, 22; Am. iii, 15; Ez. xxvii, 15; 1 R. vi, 29-32.
82. Jb. xxviii, 17.

Les communications
83. 1 R. ix, 10.
Le commerce
84. 1 R. x, 28-29; Is. xliii, 24; Cant. iii, 6.
85. Gn. xxxvii, 28; Ez. xxvii, 17.
86. 1 R. ix, 26-28; x, 11.
87. 1 R. x, 28-29.
88. 1 R. x, 15; 2 Ch. ix, 13-14.
89. 1 R. xx, 34.
90. 2 S. xii, 3; 2 R. vii, 1; Ne. xiii, 15-17; Jr. xix, 1; xiii, 1, 2; xxxii, 9-10.
91. Pr. xxxi, 14.

Les poids et mesures
92. Lv. xix, 35; Dt. xxv, 13-16; Am. viii,?; Os. xii, 8; Mi. vi, 10.
93. Is. v, 10; Lv. xxvii, 16; 1 R. xviii, 32; Ex. xxvii, 9, xxviii, 16; Ez. xl.
94. Ex. xxxviii, 25-26; Gn. xx, 16; Ex. xxx, 13.
95. Gn. xxxiii, 19; Jos; xxiv, 32; Jb. xlii, 11.

Les vêtements
96. Gn. xxvii, 15; xxxvii, 3; cf. Jos. vii, 21; ix, 13; Jg. v, 30; xiv, 12-13; 2 S. ii, 21.
97. Cf. Rt. 3, 15.
98. Nb. xv, 37; Dt. xxii, 12.
99. Jon. iii, 6.
100. 2 R. ii, 23.
101. Lv. xix, 27.

102. Ex. XXIX, 9; Ez. XXI, 31; Is. LXII, 3.

103. Ez. XVI, 10. Les lacets de chaussures sont mentionnés en Gn. XIV, 23.

104. Ex. III, 5; Jos. V, 15; 2 S. XV, 30; Is. XX, 1-4.

105. Rt. IV, 7; cf. Am. II, 6; VIII, 6.

106. Dt. XXV, 7, 10. Onan (Gn. XXXVIII, 8) veut échapper à l'obligation du lévirat.

107. 2 S. X, 4, 5; Is. XLVII, 2; cf. Ct. V, 7.

108. Gn. XXXVII, 34; 2 S. I, 11; III, 31; Ez. XXIV, 16; Lm. II, 10; Jr. XLI, 5.

Les bijoux

109. Gn. XXIV, 22-30, 47, 53.

110. Ap. XXI.

111. Ex. XXXII.

112. 2 S. XII, 30.

113. 1 R. X, 2-10.

114. 2 Ch. IV, 7.

115. Jr. XXXII, 10-14.

116. Gn. XXXVIII, 18.

117. Gn. XLI, 42.

118. Jr. XL. 5-8.

La nourriture

119. Gn. XIV, 18; Dt. XXIX, 5; Jg. XIX, 19; Jos. IX, 4-5. Lm. II, 12.

120. Ct. II, 3.

121. Salomon avait sur sa table des oies gavées. On ne sait pas exactement à quelle époque la poule a été domestiquée en Israël. Un coq figure sur un sceau du serviteur du roi Yazanahyou au VIe siècle, avant l'époque perse où son élevage se généralise.

122. Lv. XVII, 13; Dt. XII, 16; Lv. XVII, 10.

123. Is. X, 14; cf. Dt. XXII, 6; Jr. XVII, 11; Jb. XXXIX, 14-15.

124. So. I, 10; Ne. III, 3; XII, 39; 2 Ch. XXXIII, 14; cf. Ha, I, 14-17; Is. XIX, 8; Ez. XXVI, 5-14; Lv. XI, 9-12 Dt. XIV, 9-10.

125. Lv. II, 13; Ez. XLII, 24.

126. Nb. XVIII, 19; cf. 2 Ch. XIII, 4-5.

127. Is. V, 11, 14, 22.

128. Gn. XLIII, 16-25; 1 R. XX, 16; Rt. II, 14-17.

129. Is. V, 8-11.

130. Gn. XXVII, 19; XXXVII, 25; 1 S. XX, 24.

131. Am. VI, 4 sq.

132. Dt. VIII, 10.

Le nom d'un peuple

133. J. A. Knudtzon : *El Armana*, Tafeln, II, 877, n° 290.

134. M. Burrows : *What mean these stones?* pp. 99, 140 sq.

135. Ps. CV, 13.

136. Cf. G. A. Danell : *Studies in the name of Israel in the Old Testament*.
137. Gn. XXIX, 35.
138. Daniel Rops : *La vie quotidienne en Palestine*, p. 46.
139. 2 R. XVI, 6.
140. 1 Ch. IV, 18.

DEUXIEME PORTE
L'HOMME ET LE TEMPS

Le fil des jours

Le temps et son sens
1. Gn. I, 1 et 5; Jr. XXXIII, 25; V, 24; XXXI, 34-35; Gn. VIII, 22; Ps. XIX, 2-3; civ, 19 : Jb. XXXVIII, 31-33.
2. Gn. I, 2; Is. XLV, 7.
3. Ez. I, 25-27; Ha. III. 3-4 : Ps. CIV, 1-2 : Jb. X, 21-22.

Le calendrier
4. 2 Ch. XXX, 2; Nb. IX, 11; 1 R. XII, 32.
5. Cf. La tablette calcaire de Guézèr, in de Vaux : *Op. cit.*, I, p. 279.

Le sabbat et les fêtes
6. Gn. II, 2; Ex. XXXIV, 21; XXXI, 12; XX, 8; Dt. V, 12.
7. Is. I, 13; Os. II, 13; 2 R. IV, 23.
8. Nb. X, 10, XXVIII, 1-10; Ex. XL, 2; Nb. XXVIII, 11-15.
9. Ps. LXXXI, 4.
10. Ex. XII.
11. 1 R. IX, 25.
12. Ex. XXIII, 16; XXXIV, 22; Dt. XXXI, 10.
13. Nb. XXIX, 1-6; 7-12.
14. Lv. XXIII, 26-32; Nb. XXIX, 7; Lv. XVI.

La circoncision
15. Gn. XVII, 9-14; cf. Ex. IV, 24-26; Gn. XXXIV, 14-25; Jos. V, 2-9; Lv. XII, 3.
16. Dt. XXX, 6; Jr. IV, 4.
17. Philon : *De specialibus legibus*, I, 2-11.
18. Cf. Ex. XII, 43-49.

Les noms
19. La Bible mentionne 46 cas de dénomination d'un nouveau-né.

28 fois le prénom est choisi par la mère, 18 par le père.

20. Notons que la loi française valide ces 1 400 prénoms pour leur utilisation dans l'état civil des Français.

21. Gn. XXIX et XXX. Ainsi Noga (rayon) a dû naître à l'aube; Laïla, la nuit, Barak, pendant un orage; Hodesh, une néoménie, etc.

L'éducation
22. Ex. II, 3-9; Gn. XXXV, 8.
23. 1 S. I, 21, 28.
24. Gn. XXI, 8.
25. Is. I, 2; XXIII, 4; LI, 18.
26. Nb. XI, 12; Dt. I, 31; Lm. II, 20.

Les livres
27. Jr. XXXVI.
28. Ez. IX, 2.

Apprendre
29. Ne. VIII.

Les usages
30. Gn. XXIV, 65.

L'activité sexuelle
31. Gn. I, 28.
32. Lv. XX, 18
33. Lv. XVIII, 22.
34. Gn. XIX; Jg. XIX.
35. Lv. XVIII, 23; XX, 15-16.
36. Dt. XXIII, 18-19; 1 R XXII, 47.
37. Gn. XXXVIII, 15.
38. Nb. XXV, 1-3.
39. 1 R. XIV, 24; 1 R. XV, 12.
40. Jos, II, 1.
41. Jg. XIV.
42. Lv. XXI, 7-9.
43. Os. V, 3.

La propreté
44. Lv. passim; Nb. XIX, 7-8-19.
45. Cf. 2 R. V, 10-14.
46. Gn. XVIII, 4; Jg. XIX, 21; 1 S. XXV, 41.
47. Ct. V, 3.
48. Cf. Jb. IX, 30.

49. Ex. II, 5.
50. 2 S. XI, 2, 4.
51. 2 S. XII, 20; Ez. XVI, 9; Rt. III, 3; cf. 2 Ch. XXVIII, 15.
52. Dt. XXVIII, 40; Pr. V, 3.
53. Est. II, 12.

Le mariage
54. Jr. XVI, 2; cf. I, 5; XV, 17.
55. 2 S. XIII, 1.
56. Cf. Gn. XXXI, 50.
57. Gn. XI, 29; XX, 12.
58. Lv. XVIII, 7; Dt. XXVII, 20-23.
59. Ex. XXXIV, 11-16.
60. 2 S. III, 3; 1 R. VII, 13-14; XI, 1; XVI, 31; Rt. I, 4.
61. Ez. IX; Ne. X, 31; XIII, 23, 28.
62. Lv. XXI, 14.
63. Gn. XXIX, 27, 28; Jg. XIV.
64. Dt. XXII, 28; cf. Ex. XXII, 16.
65. Dt. XXII, 13.
66. Gn. XVIII; XXI; XXV; 1 S. I, 1-19.
67. Ps. CXXVIII.
68. Jg. XIII; Is. VIII; Os. I; Ps. CXXVII.
69. Lv. XVIII; XX, 10-22; Dt. XI, 17.
70. Ex. XXXIV, 16; Nb. XV, 39; Dt. XXXI, 16.
71. Nb. V, 12-31

La famille
72. Dt. XXIX, 17; Jos. VII, 14; 1 S. X, 21; Ex. VI, 14; Nb. III, 14, etc.
73. Ex. XII, 21.
74. Gn. XIX, 37-38; Jg. XIII, 24; 1 S. I, 20.
75. Gn. XLVI, 8 sq. 2 S. II, 18.
76. Gn. XX, 12; 2 S. XIII, 13 sq.
77. Dt. XXI, 17.
78. Gn. XXXVIII, 24; Jos, VII, 24; Dt. XXI, 18-21.
79. Dt. XXI, 15-17.
80. Gn. XXII; Jg. XI, 30-40.
81. Lv. XXV, 13-16.
82. Dt. XIX; XXI, 1-9; Rt. IV; Jg. XI, 1-7; Dt. XXV, 5.
83. Dt. XXI, 18-21.

La répudiation
84. Dt. XXIV, 1-4.
85. Dt. XXII, 13-19.
86. Dt. XXIV, 1-4; cf. Jr. III, 1; Is. L, 1; Jr. III, 8; cf. Dt. XXI, 15-17. La

femme «haïe» est probablement une répudiée.

Les successions
87. Nb. XXVII, 8-11; XXXVI, 6-9; Dt. III, 18; XVIII, 1.
88. Jos. XVII, 3-6.
89. Gn. XXXI, 14.
90. Dt. XXI, 15, 16, 17.
91. Dt. XXV, 5-6.

Les femmes de la Bible
92. Gn. I, 28.
93. Gn. I, 20.
94. 1 S. XXV, 3; Pr. XXXI, 10.
95. Nb. V, 6-7; Dt. XXIX, 11; Jos. VIII, 35.
96. Nb. VI, 2.
97. Ex. XXXV, 22-29; XXXVIII, 8.
98. 1. S. XXVIII, 7 sq.
99. 1 R. XV, 13.
100. 2 R. XXIII, 7; Jr. VII, 18; XLIV, 15-29; Ez. VIII, 14.
101. Os. IV, 10, 14.
102. Jr. II, 20; V, 7; XIII, 27; XXIX, 23; Ez. XVI, 20.
103. 2 R. XXIII, 7.
104. Lv. XIX, 29.

Divertissements et jeux
105. Jg. XIV; Za. VIII, 5; Jb. XXI, 11.

La tragédie et le ri re
106. Lv. XIX, 12-18; Pr. XXI, 3.
107. Nb. VI.
108. Le Psautier tout entier exprime le rite du passage de la douleur à la joie.
109. Qo. VII, 6.
110. Ps. II, 4.
111. Gn. XXVI, 8.
112. Cf. René Voelysel : *Le rire du Seigneur*, Strasbourg, 1955.

Les rêves.
113. Gn. XV, 12.
114. Mt. XXVII, 19.
115. Gn. XX, 3-7; XXXI, 24.
116. Gn. XXXI, 11-13; XXXVII, 5-11.
117. Gn. XL, 5-20; XLI, 1-36.
118. Nb. XXII, 8-13, 20.

120. 1 S. XXVIII, 6.
121. Dn. II, 1-46; IV, 2-25.
122. Is. VI, 1; Jr. I, 11-13; Ez. I, 1-3; VIII, 1-3; Jl. III, 1.
123. Jb. IV, 12-16; XXXIII, 14-16.
124. 1 S. III; 1 R. III, 5; 2 Ch. I 7.
125. Jl. III, 1-2.

Vivre et survivre

Prédire l'avenir

1. 1 S. X, 6; 2 R. III, 15; cf. Dt. XVIII, 17 sq.
2. Gn. XXXI, 34; Jg. XVII, 5; XVIII, 14; Os. III, 4; Za. X, 2.
3. Lv. XIX, 26; Dt. XVIII, 10; 2 R. XXI, 6; 2 Ch. XXXIII, 6.
4. Gn. XLIV, 5.
5. Ez. XXI, 26.
6. Is. XLVII, 13.
7. Dt. XVIII, 9-11.
8. 1 S. XXVIII, 5 sq.

Magie et divination

9. Lv. V, 2-6; XXI, 1-11; Nb. VI, 9-12; IX, 6-11; XIX, 17-22; XXXI, 21-24.
10. Lv. XIV, 1-7, 49, 57.
11. Ex. XII, 7, 13, 22.
12. Lv. XVI, 2-22.
13. 2 R. II, 8-14.
14. 1 R. XVII, 8; 1 R. XVII, 17-24.
15. Ex. XIII, 2-16; Dt. VI, 4-9; XI, 13-21.
16. Dt. VI, 4-9.
17. Is. III, 16-21.
18. Ex. XXVIII, 33-35.
19. Nb. V, 11-31.

Les sorciers

20. Dt. XVIII, 9-14; Is. XLIV, 25.
21. Ex. XXII, 18; Lv. XX, 27; Dt. XVIII, 9-14; 1 S. XV. 23.
22. Is. VIII, 19-20; XLVII, 8-15; Jr. X, 2-3.
23. Gn. XLI; Ex. VIII; 1 R. XVIII, 22; Dn. II.
24. Nb. XXIII, 23.
25. Is. XLIII, 8-12; Dt. XVIII, 9; Dt. XVIII, 15.
26. Ez. XIII, 17-23.
27. Dt. XVIII, 10-11; cf. 2 Ch. XXXIII, 6; Jr. XXVII, 11.

La médecine
28. Nb. XII, 1-15; 1 R. XIII, 4-6; XVII, 17-24.
29. Nb. XXI, 4-9.
30. 2 R. II, 19-22.
31. 2 R. IV, 18; IV, 38-41; V; XX, 1-11.
32. Dt. XXIII, 10 sq.
33. 1 S. XXV, 36 sq.
34. 1 R. I, 1; XV, 23; 2 Ch. XXI, 19.
35. Gn. I, 21.
36. Ez. XXX, 21.
37. Lv. XV, 2-13.
38. Dt. XXVIII, 4.
39. Lv. XIII, 14.
40. Qo. XII, 3-7.
41. Ez. XIV, 19-21.

Les guerres
La tribu et l'armée
42. Jg. VI, 2-7; VII, 8-11, XVIII, 2; Gn. XXXIII; Jg. XX, 10; 1 S. XVIII, 7;
Jg. III, 27; VI, 34.
43. Jg. XX, 16; 1 Ch. XII, 2; XII, 23 sq.; 2 Ch. XIV, 7.
44. Jg. XX, 1.
45. Jg. VI, 16.
46. 1 S. XXII, 2; cf. 1 S. XXV, 11-18; Jg. IX, 4; XI, 3.

L'armée royale
47. 1 R. IX, 22; 2 Ch. VIII, 4; XI, 11-12; XXVI, 14.
48. 1 S. XIII, 2; XIV, 52; XXIV, 3.
49. 2 R. XXV, 19; Jr. LII, 25; cf. 2 R. IV, 13.
50. Ex. XVIII, 21; 2 R. XI, 4; 2 R. I, 9.
51. 2 Ch. XVIII, 33; 2 R. IX, 17-18; 2 S. XV, 1; 1 S. XXII, 17; XIV, 6.
52. 1 R. XVI, 8-9.
53. 2 R. XI.

Les armes, les chars
54. 1 S. XVII, 40.
55. Jg. IX, 53.
56. Ez. IV, 2; XXI, 27.
57. Ez. XXXIX, 9; Jr. LI, 20.
58. Gn. XLI, 43.

Les combats
59. Jg. III, 11; 1 R. V, 4; 2 Ch. XIV, 5.

60. Ps. LX, 12; Nb. X, 9; 2 Ch. XIII, 12-15.
61. Dt. XXIII, 10-15; cf. 1 S. XXI, 6; 2 S. XI, 11; 1 S. XIV, **23-45**.
62. Dt. XX, 2-4.
63. Dt. XX-XXI.
64. Dt. XX, 16-18; XIII, 15-18.
65. Dt. XX, 10-15; cf. 2 S. VIII, 1-8; 1 R. XX, **30-34**.
66. Dt. XX, 19-20; cf. 2 R. III, 19.
67. Nb. XXXI, 27; 1 S. XXX, 24; 2 S. VIII, 11-12.
68. 1 R. XX, 39-40.
69. Cf. Dt. XX, 18; Nb. XXXI, 15.
70. Jos. X, 11; Jg. V, 19-21; 2 Ch. XX, 20.
71. Jg. V, 8; 1 S. XIII, 19.
72. Cf. Jg. VII, 1; 1 S. XIV, 6; XIII, 22.
73. Jos. VIII; Jg. IX, 30; XX, 29; 1 S. XV, 56.
74. Jg. VII, 4 sq.; Gn. XIV, 15; 1 S. XIV, 36; Jos. X, 9; XI, 7; 1 S. XI, 8.
75. Jos. X, 19; XI, 7-8; Jg. VII, 22-25; VIII, 4-11; cf. 1 S. XIV, 3-6; Jg. III, 28-29; VII, 24-25; XII, 5-6.
76. Jg. IV, 15; V, 20-21.
77. Jg. I, 22-26.
78. Cf. 2 R. XIII, 7.
79. Is. XXII, 9-11; 2 Ch. XXXII, 2, 6.

La fin des guerres
80. Nb. XIII, 1-2; XXXI, 2; Dt. II, 31; III, 2; Jos. 1, 2; VI, 2; VIII, 1; Jg. IV, 6; 1 S. XV, 2-3.
81. Cf. Am. V, 9; Mi. VI, 4-5; Ps. XLIV, 2, 3; LXXVII, 16; LXXVIII, 55, CV, 44.
82. Os. V, 13; Am. VI, 13.
83. Is. II, 7; X, 26; XIV, 1-3; XXX, 15-17; XXXI, 1.
84. Jr. XII, 12; XIII, 9; Ez. XI, 8; Os. XI, 6; Am. IV, 10; VII, 17; Jr. XIV, 15; XXVIII, 8; Ez. V, 12; XIV, 11-22; cf. Is. V, 26-30; Ez. II; Jr. V, 15-17; VI, 22-28; Ha. I, 2-11.
85. Is. XI, 11-16; Mi. IV, 11-13; V, 7; Ps. XLVII, 4; Is. LXIII, 1-7; Ha. III.
86. Is. XIV, 25; XXIX, 7-8; Jl. IV, 9-17; Ag. II, 5; Za. XII, 2; XIV, 1; Ez. XXXVIII-XXXIX.

La sagesse
87. 1 R. III, 4-10.
88. Pr. III, 19; IV, 8; Ps. CIV, 24; CXXXVI, 5.
89. Jb. XXVIII, 28; Ps. CXI 10; Pr. I, 7; XV, **33**.
90. 1 S. X, 12; XXIV, 13; Livre des Proverbes.

La loi, l'ascèse et la vie
91. Dt. XXVIII, 43.

92. Cf. Ex. XXI, 33; XXII, 4; XXI, 35; XXIII, 4 et 5.
93. Dt. XXIV, 16.
94. Nb. XIV, 18; Lv. XXVI, 39.
95. Jos. VII; 2 R. IX, 26; 2 S. XXI, 1.
96. Lv. XX, 6.
97. Dt. XVIII, 10; Ex. XXII, 17.

La prière
98. Pirqei Abbôt.
99. Gn. XVIII, 22-32.
100. Ex. XXXII, 11-14; XXXII, 31-32.
101. Nb. XII, 13.
102. 2 S. VII, 18-29; 1 R. III, 4-15.
103. Ps. III; IV; V; VI; VII; X; XII; XIII; CXL; CXLI; CXLIII; CXLIV.
104. 1 S. I, 8 sq; cf. Gn. XXXV, 1-15; XXVIII, 19-22.
105. 1 R. XVIII, 29-39; Ps. CXLI.
106. Dn. VI, 11.
107. Ez. IX, 8; Dn. VI, 11.

La vieillesse et la mort
108. Gn. XXVII, 21; XLVIII, 1; 1 S. III, 2; 1 R. XIV, 4.
109. 1 R. I, 1-4.
110. Os. VII, 9.
111. Qo. XII, 3-8.
112. Dt. XXXIV, 7.
113. Gn. XLIX; Dt. XXXIII.
114. Ex. XX, 12; Dt. V, 16.
115. Lv. XIX, 32.

Pourquoi mouri r
116. Am. VI, 10.
117. Gn. II, 7; cf. Jb. X, 9.
118. Gn. III, 19
119. Ps. XCI, 6; Jb. XVIII, 13.
120. Ct. VIII, 6; Jr. IX, 20.
121. Ha. II, 5; Is. V, 14; Pr. I, 12.
122. Is. XXV, 8.
123. Cf. pp. 318-319 et Epilogue et Jr. IX, 20; Is. XXXVIII, 11; Ps. XLIX, 15.

Après la mort
124. Dt. XXXII, 39.
125. Is. XIV, 9-12; Ez. XXXII, 17-32; Pr. V, 5; VII, 27.
126. Ps. XXII, 30; Is. XXVI, 19.

127. Pr. XXVIII, 17; Is. XIV, 15; XXXVIII, 18.
128. Ps. VII, 16.
129. Jb. XXVIII, 22; Ps. XCIV, 17; CXV, 17.
130. Ps. LXXXVIII, 12.
131. Ez. XXXI, 14; Dt. XXXII, 22; Lm. III, 55.
132. Jb. X, 21.
133. Jb. X, 21; XVI, 22; VII, 9; 2 S. XII, 23.
134. Gn. XXXVII, 35; Is. XIV, 19.
135. Pr. XXI, 16; Jb. XXX, 23; on ignore le sens exact du mot *rephaïm* qui apparaît aussi dans les textes d'Ougarit avec la même acception.
136. Ez. XXXII, 17-32.
137. Ps. LXXXVIII, 5; Jb. III, 13-19; Qo IX, 4-5; Jb. XIV, 21.
138. Ps. LXXXVIII, 12-13.
139. Ps. XXX, 10; CXV, 17-18.
140. Ez. XXXII, 22-26; Gn. XLVII, 29; XLIX, 29; L, 25; 2 S. XXI, 12-14.
141. 1 R. XIV, 11.
142. Gn. XXV, 8; Jg. II, 10; 1 R. II, 10; 1 Ch. XVII, 11.
143. 1 R. XIV, 11; Jr. XVI, 4; Ez. XXIX, 5.
144. Gn. XLVI, 4.
145. 1 S. XXVIII, 14; 2 R. XIII, 21.
146. Gn. L, 23-26.

La sépulture
147. 2 S. I, 19-27.
148. Tb. IV, 17; 1 S. XXX, 18.

La victoire finale de la vie
149. Gn. V, 24; 2 R. II, 11; Dt. XXXIV, 6.
150. Ps. XLIX, 16; cf. Ps. LXXIII, 24.
151. Ps. XXVIII, 1; CXLIII, 7.
152. Jon. II, 7; Is. XXXVIII, 17; Ps. XXX, 4.
153. Is. LIII, 8-12.
154. 1 S. II, 6.
155. Ps. XVI, 10.
156. 1 R. XVII, 18-24.
157. 2 R. XIII, 20-21.
158. Ez. XXXVII.
159. Is. XXVI, 19; le verbe *fera tomber* est ambivalent, pouvant signifier soit : *avortera des fantômes*, soit *mettra bas, donnera la vie à des fantômes*, cf. Is. XXVI, 14; Pr. XII, 28.
160. Dn. XII, 2; cf. Is. LXVI, 24; Jb. XIV, 22; Qo. III, 20-21.

TROISIEME PORTE
L'HOMME ET LE CIEL

Les Racines du Ciel

La représentation du monde
1. Gn. I, 1; 1 R. VIII, 27; Is. LXVI, 1; Ez. I, 25-26; Jb. I, II.
2. Gn. XLIX, 25; Dt. VIII, 7.
3. Ps. XIX, 5-6; Is. XL, 22; Ex. XXIV, 10; 2 S. XXII, 8; Jb. XXVI, 11.

Ba'al, Astarté, Moloch
4. Jr. VII, 18; XLIV, 17, 19.
5. 2 R. XXI, 6.
6. 2 R. XXIII, 10; Lv. XVIII, 21; XX, 1-5; Dt. XII, 31; XVIII, 10.
7. Jr. VII, 29-34; X, 1-13.
8. Ez. XVI, 20; XX, 26, 30.

Les fous de Dieu
9. Jr. I, 5.
10. Am. III, 8.
11. 2 R. IX, 11; Jr. XIX; Os IX, 7.
12. Is. XX, 21.
13. Ez. III, 22 sq.
14. Ez. XXIV, 15 sq.
15. Ez. V, 1.
16. Is. XXVIII, 10.

Les pouvoirs du Prophète
17. 2 R. XIII, 21.
18. 2 R. II, 1.
19. 1 R. XIV, 1; 2 R. VI, 12, 32; 1 R. XIII, 4; XX, 36 sq; XXI, 19.
20. 2 R. IV, 22.
21. 1 R. XI, 29; XII, 22 sq.; 2 R. VIII, 7 sq.; 2 S XII.

Une contestation universelle
22. Am. II, 6.
23. Mi. III, 3-5.

La langue des prophètes
24. Gn. X, 21, 31.
25. Le plus ancien document alphabétique a été découvert à Byblos : c'est le sarcophage d'Ahiram (vers 1292-1225).

26. Esd. IV, 8-VI, 18; VII, 12-26.
27. Dn. II, 4-VII, 28.
28. Jr. X, 11.
29. Gn. XXXI, 47.
30. L'araméen est parlé à Mossoul et dans ses environs ainsi que dans deux villages du Liban. Le syriaque a survécu en tant que langue liturgique de l'Eglise syriaque.

La création littéraire
31. Ex. XX, 2-17; Dt. V, 6-21.
32. Ex. XX, 22-XXIII, 33
33. 2 S I-XXIV.

Le miracle
34. Ex. XIV; Jg. V.
35. Gn. XVII, 15.
36. Gn. XXV, 21.
37. Gn. XXX, 22.
38. Rt. IV, 13.
39. 1 S. I, 19.

L'interprétation des rêves
40. Gn. XL, 8; XLI, 25, 32.
41. Gn. XX; XXVIII; 1 R. III, 5.
42. Gn. XLI, 8; Dn. II.
43. Jg. VII, 13.
44. Jl. III, 1.

La musique, la magie et l'extase
45. Gn. IV, 21.
46. Jg. VII, 18.
47. 2 Ch. V, 12.
48. Mishnah Ketuboth V, 4.
49. 1 Ch. XXV, 1-8.
50. Ex. VII, 11, 12, 22; VIII, 3; Nb. XXII, 6; 1 S. XXVIII.
51. Ex. XXII, 17; Dt. XVIII, 9-14.
52. Ex. VII, 17-20; VIII, 12-13; IX, 23; XIV, 16; Nb. XX, 11; 2 R. IV, 29; 1 R. XIV, 4; XIX, 19-21; 2 R. IV, 34; XIII, 21; II, 8; Ex. IV, 6, 7; VIII, 1-2; X, 12-21.
53. Ex. VIII, 4-9; 24-27; IX, 28-33; X, 17-19; Nb. XI, 2.
54. Is. XX, 1-3; Jr. XIX, XXVII; XXV, 14-20; XXXII, 6-9; Ez. IV; V; XII, 3-20.
55. 2 R. XXII, 14-20; Jr. I, 10; XXVIII, 16-17; XV, 16-17; XX, 9; XXIII, 19-20; Ez. XI, 13; I, 3; III, 14-16; VIII, 1-3, Is. VIII, 11.

56. Nb. XI, 25-30; 1 S. X, 5-6; 10-12; XIX, 20-24; 1 R. XXII, 11-12; 2 R. III, 15.

57. Jg. III, 10; XI, 29; XIV, 6, 19; Is. VIII, 11; Ez. I, 3; VIII, 1-3; III, 14; XXXIII, 22.

58. 2 R. III, 15.

59. Gn. III, 8-24; XII, 7; XV, 18; XVII, 1; XXVI, 2; XXXII. 25, 31; Jr. I, 4; XV, 16-19; Jg. VI, 11; XIII, 3.

60. Gn. XVIII; Jos. V, 13; Ex. III, 5; 1 R. XIX, 13; Is. VI, 5; Ez. II, 1-2; Am. III, 8; Ex. XIX, 24; XX, 18-19; XXXIV, 3; Jg. VI, 22-23.

Les inspirés

61. Dt. XIII, 1-6; Ez. XX, 25; Dt. XVIII, 9-22; 1 R. XX, 35-43.

62. Ex. X, 3; IV, 13; Dt. XXXIV, 11; Jg. VI, 8; Is. VI, 8; Jr. I, 7; Ez. II, 3; III, 4; Gn. XX, 7; Jr. VII, 16; Am. VII, 2-5.

63. 1 S. IX, 6-8; 1 R. XVII, 18-24; 2 R. I, 9; V, 8; VI, 6.

64. 1 S. XIX, 20.

65. 1 R. XX, 35; 2 R. II, 3.

66. Is. II, 1; Am. I, 1; Mi. I, 1; Is. XIII, 1; Ha. I, 1.

67. Ex. XX, 18.

Abraham

68. Gn. XII, 1.

69. Gn. XII, 4 sq.; XII, 10; XIII, 4.

70. Gn. XII-XXII.

Moïse

71. Nb. XII, 6-8; Dt. XVIII, 15; XXXIV, 10

72. Nb. XI, 16-18; 24, 25.

73. Ex. XXXIII, 11; cf. Nb. XII, 8.

74. Ex. XXXIII, 20-23.

75. Ex. VII, 1; IV, 16; cf. Dt. XXXIV, 11-12.

76. Ex. XXIV, 18; XXXIV, 28; Dt. IX, 9-18

77. Ex. III.

Natân, Élie, Élysée

78. Jg. I, 19, 22; VI, 34; 1 S. X, 6-10; XI, 6; XVI, 13; XVIII, 10.

79. 1 S. III, 18-21.

80. 2 S. XII; 1 R. I, 11 sq.; XIII, 1-10; XVIII, 16-17; XVIII, 41 sq.

81. 2 S. XII.

82. 1 R. XVIII, 40.

83. 1 R. XIX.

84. 1 R. XVII-2 R. IX. Ces chapitres constituent sans doute des chefs-d'œuvre littéraires d'une puissance rarement atteinte par ailleurs; ils sont le fruit d'une tradition populaire mise en œuvre par les auteurs des livres des Rois.

85. 2 R. IV, 8, 11-16; V, 3; VIII, 7-15, IV, 18-35; 1 R. XVII, 17-21.
86. 1 R. XVII, 2; XIX, 1-6.
87. 2 R. II, 19-22, IV, 40-41, 38; 42-44; VI, 1-7; X, 8-21; XIII, 14-19.

'Amos
88. Am. IV, 6-11; V, 18-20; VII, 1-3; 4-6; VIII, 8-9; III, 14-15; IV, 10; V, 3; V, 26-27; IX, 10.

Osée
89. Os. V, 11; VII, 5; II, 23-25.

Isaïe
90. Yb. LXIX, 2; Yer San. LXXX, 10; V, 2. D'après cette tradition rabbinique ancienne, Isaïe aurait été assassiné par Menashé roi de Judée (687-642).
91. Is. VI.
92. Is. II, 1-5.

Michée
93. Mi. VII, 20.

Jérémie
94. Jr. IX, 20

Ézéchiel
95. Ez. X, 18.
96. Ez. I, 1.
97. Ez. XVII; XXIII.
98. Ez. XXXVII.

Aux Sources de la Lumière

Le sacré
1. Ex. III, 5; Jos. V, 15; Ex. XIX, 12-13; XXXIV, 3.
2. Lv. XVI, 2; Nb. IV, 4-15; 18-20; VIII, 19.
3. Ex. XXVIII, 36; XXIX, 29; Lv. XXI, 15; XXI, 1-9; Nb. VI, 8.
4. 1 S. VI, 19; Lv. XXII, 9.

Les demeures de Dieu
5. Ex. XXV-XXXI; XXXV-XL.
6. Lv. XXIV, 9.

7. 1 R. VIII, 22-53; Jos. VII, 6-9; 1 S. I, 10-16; 2 S. VII, 18-29.

8. Jg. XVIII, 31.

9. Jos. XVIII, 1.

10. Gn. XXVIII, 22; XXXV, 6; Jg. XVIII, 27-31.

11. 1 R. XII, 28-29.

12. 2. R. XV, 29.

13. 1 S. XI, 14-15; VII, 16; XIII, 4-15.

14. Jg. IX, 4; XX, 1; 1 S. VII, 5-12; X, 17; Gn. XXXI, 44-49; Jos. XXIV, 1; 25-26.

Le temple de Jérusalem

15. 1 R. VI-VIII; 2 Ch. II-IV.

Pontifes et lévites

16. Ex. XXVIII, 1; XXX, 26-30; XL, 9-15; XXIX, 8; Nb. III-IV; Dt. X, 8-9.

17. Ex. XX, 24; XVII, 15; XVIII, 12; XXIV, 4; Jg. VI, 20-28; XIII, 16-23; 1 S. VI, 14; 1 R. I, 9; 2 S. VIII, 18; XX, 25; 1 R. XII, 31; XIII, 33.

18. Lv. XVI, 2; Cf. Lv. IV, 3-21; Nb. III, 32.

19. Dt. X, 8; XXI, 5; Nb. VI, 22-26.

20. Nb. VI, 27.

21. 1 S. IV, 4-11; Ex. XXXII, 29; XV, 24; 1 R. II, 26.

22. Ex. XXX, 7-9; XXVII, 20-21; Lv. XXIV, 1-4; Nb. VIII, 1-3; Lv. XXIV, 5-9; Ex. XXV, 29; Nb. IV, 7.

23. Ex. XXVIII, 12, 29, 35.

24. Nb. XXVII, 21. Il semble que la pratique d'interroger les *ourim* et les *tourim* ait cessé à l'époque de Salomon.

25. Nb. V, 11-31; Cf. Ex. XXII, 7-8.

26. Dt. XXIV, 8; XXI, 5; Ez. XLIV, 23; Lv. XI, 13; XIV, 5-6; Nb. XIX, 4; Lv. IV, 3, 21, 25.

27. Lv. XVI, 14-15; Cf. Ez. XLV, 18-20; Nb. VIII, 7; Ez. XXXVI, 25; Za. XIII, 1.

28. Nb. XVII, 11-13.

29. Dt. XVII, 8-13; XXI, 5; Cf. 1 S. IV, 18; Ez. XLIV, 24

30. Cf. 2 R. XXII, 8.

31. Dt. XXXI, 10-13; XXVII, 9-10.

32. 1 S. XXII, 17; Cf. 1 R. II, 26; Ex. XIX, 6.

33. Ex. XXVIII.

34. Lv. XXI, 1-4; Ez. XLIV, 25; Cf. Lv. XIX, 27-28; Dt. XIV, 1-2.

35. Lv. XXI, 10-12; VIII, 33-35; X, 6-7.

36. Lv. XXI, 5; le grand pontife devait se couper les cheveux tous les vendredis et les pontifes ordinaires tous les mois (San. XXII, 2).

37. Lv. XXI, 9; XXII, 13; XIX, 29.

38. Nb. XXXV, 1-8; XXXI, 1-40.

39. Dt. x, 9.

40. Jg. xix.

41. 1 Ch. vi, 33; ix, 17-33; xvi, 37-42; xxv et xxvi; 2 Ch. v, 12; xvi, 17; xx, 19; xxxi, 14; xxxiv, 8 sq.

42. 2 Ch. xxiv.

43. Lv. xxv, 32-34; Ez. xlv, 5; xlvviii, 12-14; Ne. xiii, 10; xi, 3; xi, 15-18; xii, 27-47.

L'autel

44. Ez. xli, 22; xliii, 13 sq.

45. 1 S. ix, 12-24; vii, 17; 1 R. iii, 4; 2 R. xxiii, 12 sq; 1 R. xii, 31; xiii, 32.

46. Gn. xii, 6-7; viii, 20; xiii, 18; xxvi, 25; xxxi, 54; xxxiii, 18-20; xxxv, 1-7, etc.

47. Ex. xxx, 1-10; xxxvii, 25-28.

48. Cf. Jg. xiii, 19; vi, 20-21.

49. Gn. xxxi, 46-54.

Les sacrifices

50. Dt. xxvi, 13-15; Ps. cvi, 28.

51. 1 S. x, 27; 2 S. ix, 12; 2 R. xvii, 3-4; Os. x, 6; Ps. lxxii, 10. Cf. 2 R. xx, 12; 2 S. viii, 10.

52. Lv. ii, 1; xxiii, 17; ii, 11-16.

53. Ex. xxix, 21; xxix, 7; Lv. viii, 30; ix, Cf. 1 R. xviii, 24.

54. 2 R. iii, 27.

55. Jg. xi, 31.

56. Lv. xxvii, 28-29.

57. 2 R. xxiii, 10; Jr. xxxii, 35; Lv. xviii, 21; xx, 2-6.

58. Gn. xxii, Cf. Mi vi, 7; Ex. xiii, 2; xxxiv, 20; Cf. 1 R. xvi, 34.

59. 2 S. xxi, 1-9; Jos. ix, 15; Nb. xxv, 4.

Les liturgies d'Israël

60. Gn. iv; viii; xiv; xxii; Ex. xviii, 1-12; xix; xxiv xxxiv.

Les anges

61. Gn. xxii, 11-15; Ex. iii, 2; Nb. xxii, 22, 35; 1 R. xix, 5-7; 2 R. i, 3; Jg. ii, 1-5.

62. Jg. xiii, 16.

63. Gn. xviii, 4.

64. Gn. xix, 16.

65. Gn. xxxii, 25; cf. Os. xii, 5.

66. Gn. xvi, 7-14.

67. 2 S. xiv, 20; cf. 1 S. xxix, 9; 2 S. xiv, 17; xix, 28; Za. xii, 8. Philon affirmera plus tard que le grand pontife est le fils de YHWH et de la sagesse.

68. 1 R. XXII, 19; Jb. I, 6; XXIII, 7; cf. Ps. CIII, 19-21; CXLVIII, 1-2.
69. Ez. I, 10.
70. Is. VI.
71. Za, I, 9; II, 2; IV, 1; V, 5.
72. Dn. IV, 10; VII, 7, 10, 16; IX, 21; X, 9 sq., 13, 20, 21.

Satan et les démons
73. Nb. XXII, 22; cf. Ex. XXIII, 22.
74. 1 R. VIII, 37; XI, 14, 23, 25.
75. Za. III, 1.
76. 1 Ch. XXI, 1.
77. Cf. 2 S. XXIV, 1.
78. Cf. Gn. III, 1-3; VI, 1-8.

Les noms de Dieu
79. Gn. XV, 2; XX, 3.
80. Is. XLIII, 10.

L'habitant du ciel
81. Ps. XIX, 2.

Le royaume de Dieu
82. 1 S. VIII; XII; Jg. VIII, 22-23.
83. Ez. XX, 33.
84. Ps. XLVII, 3-4; XXIV; XCIII.
85. Ps. XCVI, 10-13; XCVII, 1; XCVIII, 6-9; XCV, 3, XCVI, 4-5; XCVII, 9; Jr. X, 7-10.
86. Ps. XXIV; XLVII; XCIII; XCVI; XCVII; XCVIII; XCIX.

L'amour fondement du monothéisme éthique
87. Za. VI, 13.
88. Is. XLV, 7; Jr. XXIX, 11.
89. Jb. V, 19; Ez. XXXIV, 25-30.
90. Za. IX, 9-10; Is. IX, 1-6; XI, 10-14; XLV, 25.

Dieu vivant parmi son peuple
91. Dn. XII, 2-4; cf. Ps. XIIX 16; Is. XXV, XXVI.

Épilogue

Eschatologie et messianisme
1. Is. X, 26; XI, 15; XLIII, 16; LI, 10; LII, 12; XLVIII, 21; Os. II, 17; Ez. XXXVII, 26.

2. Is. XXVII, 1.
3. So II, 11.
4. Jr. XXV, 15; Ez. XXV; XXXII.
5. Os. IV, 1-2; Mi. VI, 1-4; Jr. XI, 9-13; XX, 6.
6. Jr. XIV, 12; Ez. VI, 11; Am. I, 4; II, 13; V, 3 sq.; Is. V, 25; Jr. XV.
7. Is. LI, 3; Os. II, 20.
8. Is. LXV, 20.
9. Am. VII; VIII; IX.
10. Am. V, 18-20; VIII, 9.
11. Am. IX, 11-12.
12. Is. XLIV, 28.
13. Ex. XIX, 6.
14. Ps. II; XX; XXI; LXXII parmi les nombreux Psaumes messianiques.
Cf. Paul Vuillaud : *Les Psaumes messianiques.*
15. Mi. V, 2; cf. Is. VII, 14.
16. Is. XI, 1-10.
17. Za. IX, 10.
18. Jr. XXXI, 31-33.
19. Is. XLV; LII; LX; LXVI.
20. Gn. XLIX, 8-12; Nb. XXIV, 5-17.

L'histoire et l'utopie
21. Ex. III, 14.
22. Ps. XXXVII, 1-5.
23. Jr. XII, 1-4; Jb. XXI; Ez. III, 20; XIV, 14-20.

Bibliographie

La Bible est la source première qui ouvre tout accès à la connaissance des Hébreux depuis leurs origines jusqu'à leur Exil. Le lecteur français a à sa disposition de nombreuses tranductions de ce livre. La dernière en date, la mienne, a servi de fondement à la rédaction de cette *Vie quotidienne des hommes de la Bible.* Ce livre-ci constitue, en fait, une introduction à la lecture de la Bible : les notes groupent «de la terre au ciel», les principaux thèmes traités dans les Écritures de telle sorte que le lecteur puisse facilement trouver, au-delà des titres courants et du texte de mon livre, le moyen, grâce à d'abondantes références, d'être guidé dans une lecture anthologique du Livre des livres.

Les encyclopédies bibliques, les dictionnaires de la Bible, nombreux et souvent excellents, en toutes langues, sont indispensables pour un approfondissement des données que nous avons mises en œuvre dans ce livre. En hébreu, l'Encyclopédie de la Bible, *Encyclopedia miqraït,* éd. Bialik, Jérusalem (7 volumes publiés sur les 8 qu'elle comprendra), donne un relevé exhaustif de nos connaissances actuelles sur l'antiquité hébraïque. *L'Encyclopedia Judaica* (en anglais, 16 vol., Jérusalem, 1974) donne aussi des précisions autorisées sur les livres et les réalités de la Bible.

L'archéologie est, après la Bible, la deuxième voie d'accès à la connaissance de la vie quotidienne des hommes de la Bible. Il existe en français d'excellents manuels d'archéologie biblique : ceux d'A. G. Barrois : *Manuel d'archéologie biblique,* Paris, 1953, de M. du Buit : *Archéologie du peuple d'Israël,* Paris, 1958, et surtout l'ouvrage classique de W. P. Albright : *L'archéologie de la Palestine.* En Israël, des dizaines de chantiers archéologiques enrichissent quotidiennement nos connaissances en ce domaine : des publications nombreuses, livres, revues spécialisées, articles de journaux, tiennent en haleine un vaste public des découvertes les plus récentes sur ces matières. *L'Encyclopédie des fouilles en Israël* (en hébreu, Jérusalem, 1970, 2 vol.), *Biblical Archeology* (en anglais, Keter, Jérusalem, 1973), *Biblical personalities and archeology* de Leah Bronner (en anglais, Keter, 1974), l'ouvrage classique de Kathleen Kenyon : *Archeology in the Holy Land* (Londres, 1970), donnent un bilan complet des résultats actuellement obtenus.

Pour la connaissance des civilisations voisines d'Israël, nous renvoyons tout naturellement le lecteur aux ouvrages parus dans cette même collection : *La vie quotidienne en Égypte au temps de Ramsès* par Pierre Montet; *La vie quotidienne à Babylone et en Assyrie*, par Georges Contenau, ainsi qu'aux bibliographies qui concluent ces ouvrages. Aux livres qu'elles signalent, ajoutons pourtant la synthèse offerte par W. P. Albright, *YHWH and the Gods of Canaan.*

Les histoires d'Israël sont indispensables à la connaissance de notre sujet. Nombreuses sont celles qui ont été publiées en français. Nous renvoyons le lecteur à celle que nous croyons la mieux informée : *Histoire d'Israël, vie sociale et religieuse* par S. W. Baron (5 volumes publiés aux Presses Universitaires de France, 1957-1964, sur les 16 volumes de l'édition américaine). Cet ouvrage magistral est accompagné de notes bibliographiques critiques très complètes. Le texte du savant professeur met en œuvre l'information puisée dans des centaines de livres, des milliers d'articles écrits dans toutes les langues. Cette œuvre constitue une source d'information actuellement irremplaçable. La période qui nous concerne est malheureusement traitée de manière fort succincte (I, 1, pp. 3-181).

Les meilleures synthèses publiées sur la vie quotidienne des hommes de la Bible sont probablement celle de Pedersen : *Israël, its life and culture*, 2 vol., Oxford University Press, 1926-1940, et celle de Roland de Vaux : *Les institutions de l'Ancien Testament*, Paris, éd., du Cerf, 1966. La bibliographie qui conclut le 2e volume de cette œuvre comporte

40 pages de références aux livres et aux revues qui ont enrichi le trésor commun des études bibliques en français, allemand et hébreu. Il est significatif que la traduction en hébreu du livre de R. de Vaux ait paru sous le titre *La vie quotidienne des Hébreux au temps de la Bible*. En fait, les essais de synthèse et de reconstition de la vie quotidienne des Hébreux sont anciens, rares et, le plus souvent, incomplets. En anglais, sur le mode analytique, plutôt qu'aux ouvrages du type de *Every day life in Biblical Time* de E. W. Heaton, Londres, 1956, il est préférable de se reporter aux très efficaces ouvrages des Miller : *Encyclopedia of Bible Life* et au *Harper's Bible Dictionary*, New York, 1973.

Il faut à vrai dire remonter à l'ouvrage publié voici 133 ans par Salomon Munk : *La Palestine, description géographique, historique et archéologique*, Paris, 1845, pour y retrouver la première et encore actuelle synthèse fort complète des réalités quotidiennes de la Bible. Cette œuvre comporte 704 fortes pages imprimées en petits caractères sur deux colonnes. Deux cartes et 68 planches enrichissent ce texte, qui, quoique fort ancien, n'a pas perdu tout intérêt.

L'effort de renouveau des études bibliques en France nous a enrichis de plusieurs traductions de la Bible parues dans les trois dernières décennies, tandis que la *Revue des Etudes bibliques*, publiée par les pères dominicains de l'École Biblique de Jérusalem, continue une œuvre bientôt centenaire d'élucidation et d'approfondissement de nos connaissances. Ses articles et ses comptes rendus bibliographiques donnent une idée de l'ampleur grandissante des études bibliques en France et dans le monde.

Table des matières

DEUXIEME PORTE
L'HOMME ET LE TEMPS

TROISIEME PORTE
L'HOMME ET LE CIEL

Les racines du ciel   201

Aux sources de la lumière   253

Imprimé en Espagne, par LITOGRAFIA ROSÉS S.A. (Gava)
HACHETTE LITTÉRATURES – 31, rue de Fleurus – 75006 Paris
Collection n° 25 – Édition 01
Dépôt légal : 02/09